应用技术型高等教育财经类专业“十三五”规划教材

营销渠道管理

柳彩莲　主　编
何　凡　范碧霞　副主编

上海财经大学出版社

图书在版编目(CIP)数据

营销渠道管理/柳彩莲主编.—上海:上海财经大学出版社,2016.5
(应用技术型高等教育财经类专业"十三五"规划教材)
ISBN 978-7-5642-2385-4/F·2385

Ⅰ.①营… Ⅱ.①柳… Ⅲ.①市场营销学-高等学校-教材
Ⅳ.①F713.50

中国版本图书馆 CIP 数据核字(2016)第 048241 号

□ 责任编辑 徐 超
□ 封面设计 张克瑶

YINGXIAOQUDAOGUANLI
营销渠道管理
柳彩莲 主 编
何 凡 范碧霞 副主编

上海财经大学出版社出版发行
(上海市武东路 321 号乙 邮编 200434)
网 址:http://www.sufep.com
电子邮箱:webmaster @ sufep.com
全国新华书店经销
江苏省句容市排印厂印刷装订
2016 年 5 月第 1 版 2016 年 5 月第 1 次印刷

787mm×1092mm 1/16 13.25 印张 339 千字
印数:0 001—4 000 定价:33.00 元

前 言

20 世纪 90 年代开始，营销渠道管理受到了业界的普遍关注，渠道策略在营销组合理论中的作用和地位也日渐突出。这是市场竞争和科学技术不断变化的结果。竞争的升级、信息技术的发展、互联网技术的普及和渠道成员竞争力的增强都促使企业越来越重视渠道的建设。渠道战略已经是企业总体战略的重要一环，是企业核心竞争力的重要途径。市场营销专业的学生必须掌握全面的营销渠道管理的理论和方法，具备相应的渠道管理的技能。因此，顺应市场对营销类人才的需求，"渠道管理"也作为市场营销专业的核心学科被越来越多的高等院校纳入到营销管理的课程体系。

本教材的编写正是顺应了这种发展的趋势。在本教材的编写中融入了来自市场营销专业教师团队的心得体会。教材依据应用型本科院校经济管理类专业人才培养目标和人才培养方案的特点进行教学内容与体系的设计，汇集了编者自身教学改革与研究的成果及营销理论界研究的成果，尽量做到由浅入深、由理论到实践，力图为该类本科院校呈献一部可学、可读、可用的教材。

本教材的主要特色包括以下几个方面：

1. 内容上突出工作任务教学安排。本书基于工作任务的课程规划，依据渠道管理的一般任务引领教材章节的设计。根据市场需求，针对职业岗位职责，通过工作任务分析，以营销渠道管理工作职责—工作任务—工作过程为主线，构建本课程体系。其内容由工作任务篇、基本理念篇、运作管理篇、渠道创新篇和渠道实务篇构成。突出教与学的互融，理论与技能并重的特点。

2. 结构上注重职业能力训练培养。本书以项目为依托、以案例为载体，将营销渠道各项运作管理的理论知识传递给学生，通过项目任务的训练使学生具备开展渠道管理的关键技能。本书以工作任务为起点，串联渠道管理的理论学习与技能培养。每章从渠道引例开篇，每个章节都要标明学习的目标、渠道实践、单元小结、渠道实训和拓展学习等板块，使学生从渠道案例问题开始，练习处理渠道任务，再辅以渠道知识拓展学习，以求将理论与实践结合，提高教学效果。

3. 在方法上以学生为主导。以"学生为本"，还课堂主导于学生是现代教学的发展理念。教师服务学生，学生主导课堂，教师转变为课堂的组织者和指导者角色。本书中的案例练习和渠道实训基于此理论的设计。

本教材由湖北商贸学院柳彩莲担任主编，由湖北商贸学院范碧霞、饶欣、胡文静、王靖、毛洪涛以及何凡老师共同编写。教材编写的具体分工如下：第 1、2、3 章由柳彩莲编写，第 4 章由胡文静编写，第 5 章由饶欣编写，第 6 章由何凡编写，第 7、8 章由范碧霞编写，第 9 章由王靖编写，第 10 章由毛洪涛编写，最后由柳彩莲统稿。特别感谢高等教育出版社出版的由杨明刚编著的《市场营销策划》一书给予编者的编写启发。

本教材编写的时间比较仓促，书中的错漏和不足之处在所难免，恳请各相关教学单位和读者在使用本教材的过程中给予关注，并将意见及时反馈给我们，以便修订时改进。

编　者

2016年3月

目　录

第一部分　工作任务篇

第二部分 基本理论篇

第三部分 运作管理篇

第四部分 渠道创新篇

第五部分 渠道实务篇

第一部分

工作任务篇

第 1 章 营销渠道的工作任务

本章通过介绍、分析营销渠道的功能及流程，使学生明白营销渠道存在的意义、形式，营销渠道人员必备的基本知识与综合技能，增强对后续章节重难点知识的掌控能力。

【学习目标】

1. 了解营销渠道存在和发展的原因；
2. 理解营销渠道的功能和流程及它们之间的关系；
3. 熟悉营销渠道研究的内容；
4. 认识常见的营销渠道术语；
5. 认知渠道管理的职业素质与技能。

【引例】

三星中国渠道变革

近期，三星手机在中国市场上的渠道策略骤变：逐步降低运营商渠道份额，加大社会渠道拓展力度，减少与全国代理商（简称国代商）甚至部分省级代理商合作，在全国各省引入、发展 FD 平台商（FD 是 Fulfillment Distribute 的缩写，即省级直控分销商），加强对三、四级客户的控制。这次渠道变革的核心是：去运营商化、去国代化。这次渠道变革是怎样的一步棋？能挽救三星在中国市场上的颓势吗？

新政策推动三星手机销售渠道更加扁平化

一直以来，三星手机在中国市场销售，运营商渠道与开放渠道并重，电商渠道几乎毫无起色。2010 年以前，开放渠道以国代商为主，即按照产品款型由不同的国代商代理，国代商向各省、市层层分销，每一层拿到一定的利润空间。2010 年底开始，三星推动渠道扁平化变革，开始引进省代商，以及直供零售渠道（如国美、苏宁、迪信通、乐语及专卖店等），三种渠道模式并存较长时间。

此次变革，三星将削减甚至终止与国代/省代商合作，引入 FD 平台商，这是三星在开放渠道上进一步扁平化的重要举措。FD 模式是省级代理制与直供模式相折中的产物。这个模式下三星与 FD 签订销售协议，包括销售数量、市场份额以及市场推广和售后服务等指标。FD

下线的三、四级客户主要由三星开发。与省代商最大的区别在于，FD只承担搭建省一级资金和物流平台的责任，不承担其他分销商需要承担的压货、销售、市场推广等职能，靠达量返利赚钱。FD模式使得三星对终端管理得到加强、对产品价格有效掌控。

FD渠道模式由诺基亚在2003年首创，是手机销售渠道的极大创新，FD最高时承担着诺基亚在中国超过60%的手机销量，曾被业界奉为国内最完善、最高效的手机渠道模式。然而，诺基亚在国内市场的衰落也与FD有着极大的关系。2009年开始，由于窜货罚款等诸多原因，诺基亚渠道体系内利益纷争、拒卖指控不断，四下祸起。从2011年底开始，诺基亚陆续取消FD省代，从而在中国实行了8年、引以为傲的FD渠道模式成为历史。

三星渠道体系不得不变

在产品同质化严重、性价比相当的情况下，渠道体系决定着销售规模。从渠道体系入手，是三星挽回颓势的重要举措之一，能否成功暂且不谈。

3G时代，运营商掌控手机产业链话语权，主要体现在资源撬动上。进入4G时代以来，三家运营商营销费用压降，致使运营商渠道销售速度放缓，厂商纷纷转向传统开放渠道及电商渠道，两者逐步成为终端销售主渠道。

与电商渠道相比，传统开放渠道中间环节占用成本较高。海外厂商在国内发展电商并非易事，苹果、HTC等在这方面均无起色，主要还是依赖渠道商的力量。三星在电商渠道上经验较少，几乎为零。所以，在面对渠道整体大势变化之时，三星首先考虑的是在开放渠道上下功夫。

渠道扁平化是压缩中间成本的有效措施，这个过程中要平衡好自身能力和渠道覆盖规模之间的关系。砍掉国代商和省代商，能够减少这部分成本空间。全面直供的话，在物流与资金等各方面，三星自己吃不消，于是引进了FD作为资金物流平台。这样做的好处是，三星可以进一步控制末梢渠道，更加及时、有效地了解市场销售情况，控制存货周转。

还有一个重要原因是，三星与大型渠道商之间进行着话语权的较量。在面对互联网去中介化的大潮下，国代商也在纷纷转型，减少中间环节，加大直供力量。如天音、中国移动终端公司、联通华盛公司、天翼终端公司等，通过B2B平台或直供系统，大力拓展中小客户，意欲挟客户以令厂商。抓住话语权，才能在销售策略上保持灵活性，发展FD，也是三星与大型渠道商的话语权争夺战。

思考：在渠道变革下，三星中国终要面对因变革所来的机遇与挑战。你认为三星中国将会获得怎样的机遇和挑战？你对三星中国有哪些好的建议呢？

1.1 为什么需要营销渠道

渠道策略是营销组合策略的重要一环。大多数企业为顾客创造价值和建立有效的顾客关系的过程，只是完整的供应链和营销渠道中的一个节点。企业能否在行业竞争中取得有利地位不仅取决于企业本身高效的运作，还取决于企业是否有完备可行的渠道策略。所有配合或参与生产、分销、消费某一生产者的产品和服务的企业和个人都属于营销渠道成员，采取何种营销渠道策略直接影响企业其他营销组合的决策，如：公司的广告决策取决于经销商们需要多大力度的广告支持；企业的定价策略则取决于企还有业选择哪种类型的经销模式；公司的产品组合策略则要看新产品是否适合渠道成员客户群的需求和渠道成员的推广能力。

创造性的渠道策略又是企业一项独特的竞争优势，如曾在化妆品柜台销售的亚都加湿器、在药店销售的薇姿护肤品，以及首创在互联网售书的亚马逊，都在很长一段时间内创造了销售奇迹，相反，那些不怎么注意渠道建设的企业因此而被市场嫌弃。

营销渠道策略还是企业对其供应链上合作伙伴的一种长期性的承诺。与服务于最终端市场的企业不同，面对通过合同或特许方式建立分销关系的厂商，企业不能随意变换分销政策而用自己的商店或网站去替代他们。因此，企业决策层必须依据当前或未来的情势认真地规划公司的渠道策略。

很少有公司直接将它们的商品卖给终端用户；相反，大多数公司通过中间营销机构销售自己的商品。为什么生产商愿意将大部分销售工作交给中间营销机构去运作？这是因为，使用中间营销机构能更高效地为特定市场提供商品，即通过他们在特定市场积累起来的关系、经验、专业知识和经营规模，营销中间机构能做到许多企业自身所不能完成的营销任务。

1.1.1 中间商（营销渠道商）可以简化搜寻工作

由于制造商通常生产品种少、数量大的商品，而终端消费者需要品种繁杂、数量少的商品，因而制造商不可能投入太多的精力去寻找需要该种产品或服务的终端的消费者。同样，终端消费者也不可能直接去寻找自己想要的所有品牌的产品或服务。中间商的存在就为制造商和终端消费者这两者提供服务。制造商只要将所生产的产品直接销售给中间商，消费者就可以在中间商那里购买到他们需要的产品。由于中间商可以汇聚众多制造商的商品，这样就大大减少了制造商寻找目标顾客的成本。而且中间商的存在可以帮助制造商通过整合促销方式将产品送到相应的消费者手里；还可以帮助消费者从中间商那里获得所需要的所有品牌的商品详细信息，从而挑选出最适合自己的产品。中间商的存在，使得消费者不用花费大量的时间来寻找他们所需产品的所有品牌，这极大地减少了消费者的搜寻成本，从而也成功提升了顾客认知价值。市场上那些专售电器的渠道商如苏宁电器等就成功地帮助家电行业制造商快速有效地把所有的家电产品陈列到终端消费者的面前，终端消费者在购买时，不用到生产商那里就能够买到自己想要的产品甚至是产品组合。

1.1.2 营销渠道商可以调节商品组合

制造商是有限品种的大批量生产者，而消费者通常是有限数量的多品种需求者，通过渠道商就可以有计划地调节或解决制造商市场与消费者市场之间关于商品类别和数量之间的差异，由营销渠道商完成对市场上所有商品进行分类、搭配等组合工作，完成制造商销售商品和消费者购买到合适商品的目标。

渠道商在这个过程中，通过将不同种类的供应物按等级进行分类，将供应物分成单独的、相同的商品，从而满足不同层次消费者的需求。批发商和零售商与不同的供应商交易，将许多不同类别的产品搭配到一起向消费者供应，可以大大促进多品种商品的连带销售，也满足了消费者多元化的商品需求。

不同的渠道商在销售过程中承担着不同的职能。批发商为零售商聚集各种商品，而零售商则为消费者聚集各种产品。批发商将产品按照零售商的需要进行分拣，销售给零售商；零售商再按顾客的需要进行分拣，从而满足顾客的需要。整个过程商品被不断地以合适的形式进行分配，最终以合适的方式实现价值。

1.1.3 营销渠道商可以减少交易次数

如果没有渠道商，那么，每一个制造商必须向他的每一个潜在顾客进行销售，从而保证他们的销售量。例如，如果在市场上存在 3 个制造商和 6 位顾客，由于制造商无法判断哪位顾客需要他们的产品，为了不会遗漏任何潜在客户，这 3 个制造商不得不与 6 位顾客接触 18 次（见图 1－1）。如果在制造商和顾客之间存在 1 个中间商，制造商不需要再与每一位顾客接触而只需要与一个中间商进行交易。同样，顾客也可以直接通过中间商购买到他们需要的商品。因此，整个销售过程只需要接触 9 次就能够完成所有的交易，从而使整个接触次数减少了一半（见图 1－2）。在交易中，通过营销渠道的中间商实现集中采购与配送，能够减少市场中的交易次数，提高交易效率，从而减少交易成本。在市场中制造商的数目越大，则使用营销渠道中间商的优势就越明显。

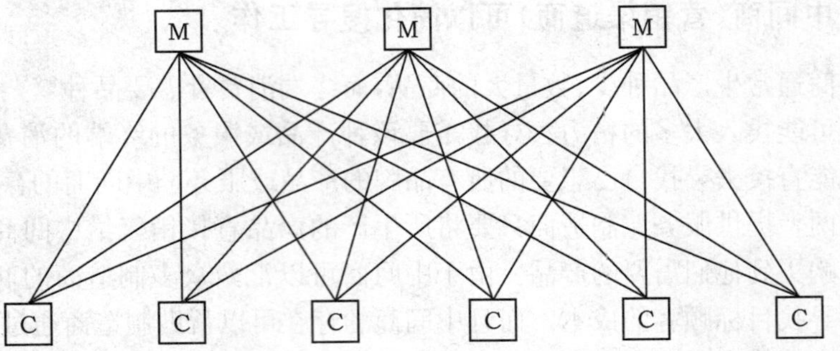

注：交易接触次数：M×C＝3×6＝18，其中，M＝制造商，C＝顾客。

图 1－1 没有中间商的交易次数

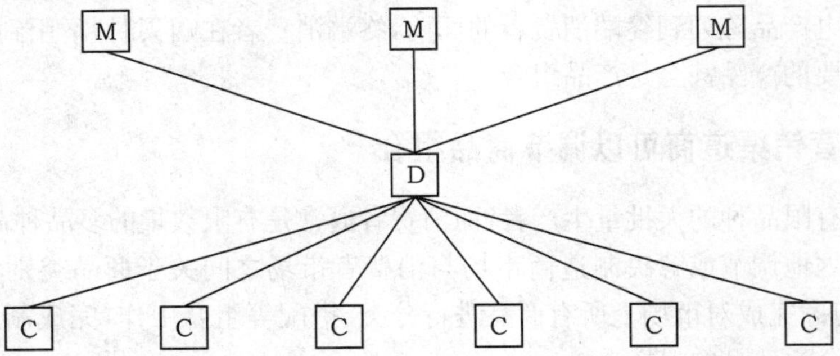

注：交易接触次数：M＋C＝3＋6＝9，其中 M＝制造商，D＝中间商，C＝顾客。

图 1－2 有中间商的交易次数

必须注意的是，当制造商和消费者的数量不变，但参与交易的中间商数量增多时，交易次数反而会增加，如图 1－3 所示。

在上面的例子中，当 3 个制造商使用 1 个中间商时，接触次数是 9 次，而当 3 个制造商使用 2 个中间商时，接触次数就从 9 次变成了 18 次，如果使用 4 个中间商，那么接触的次数将达到 36 次。由此可以得出，随着使用中间商数量的增加，制造商接触的成本也在不断地上升，从而使得制造商从该渠道中得到的回报也相应地不断减少。因此，制造商应该明智地利用中间

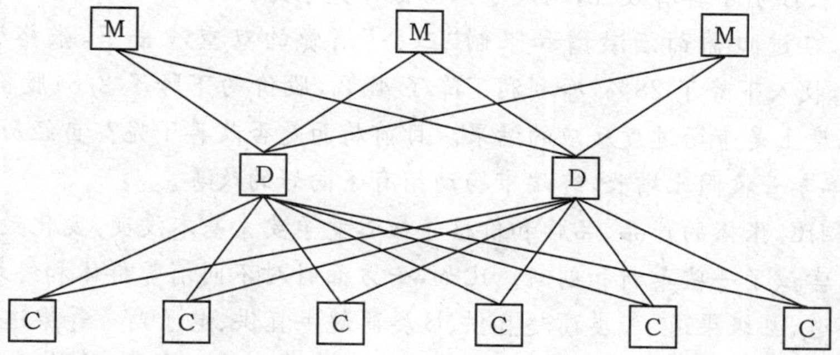

注：交易接触次数：2×(M+C)=2×(3+6)=18，其中 M=制造商，D=中间商，C=顾客。

图 1－3　中间商增多时的交易次数

商，从而帮助制造商减少覆盖一个市场所必需的接触次数，降低制造商的成本。

1.1.4　营销渠道商可以规范交易流程

为降低交易成本，制造商、渠道商往往会对商品交易的数量、方式以及时间进行大量的调研，对渠道设置进行科学的设计，尽量与消费者的消费习惯达成一致，最终形成该商品的消费常态，且制造商和消费者通过与某个中间商的长期重复性交易，交易因此变得规范，既降低了交易成本，又提高了分销效果。

1.1.5　营销渠道商还可以为消费者创造价值

一是中间商通过商品的分类、组合等可以为消费者节约选购时间和路程费用；二是中间商在产品销售过程中对产品进行简单包装和二次加工等，为消费者创造了产品价值；三是中间商为消费者提供的各种服务，如送货等售后服务也为消费者创造了价值。

【渠道实践 1－1】

张裕渠道创造价值

日常生活中，每逢菜价上涨，听到最多的就是钱都让菜贩子赚走了，农民没得到实惠，于是希望整治中间渠道，以为这样可降低终端价格。与此对应，学界有种观点认为交易只实现商品价值，而不创造价值。其实，在市场经济中，交易贯穿整个产业链，与价值创造紧密相连。例如，青菜从田间的几角涨到菜市场的几元，包括收购者、批发者、运输者及菜贩子、卖菜大妈等在内的渠道参与者都在这个链条中创造了各自的价值。农民当然可去城里卖菜，但那会耽搁农活，是自己卖，还是卖给收购者合算，农民会算这笔账。所以，渠道既是价值实现途径，更是价值增值的场所。

消费品企业大多专注于生产，渠道商主要由批发商（经销商或代理商）和零售商（商场、超市、门店等）来完成。以张裕葡萄酒业为例，企业根据自身特点，摸索出了一套与众不同的自建销售公司与经销商相结合的模式：经销商只限于靠近终端市场的最后一端，借以扩大市场覆盖范围。在兴盛期，张裕有近 40 家销售分公司、350 多家办事处（经销处）、3 000 名销售人员（相当于其他葡萄酒企业的总和）及 3 000 多家经销商，构成"三级营销体系"，形成扁平化管理模式，强化了企业渠道话语权和价格执行控制力。与主要竞争对手如长城、王朝等相比，铺货率和市场均衡度均较佳。尽管营销成本和管理难度有所增加，但 2011 年前的股价增长（累计 20

多倍)和收入增长证明了其有效性,构成了张裕核心竞争力。

2011年后,在进口葡萄酒激增和限制"三公"消费的双重冲击下,张裕营收大幅下降,2011～2013年,收入下降了28%,净利润下降了45%,股价约下降了2/3;股价跌幅远超营收跌幅,在某种程度上是市场过度反应的结果。目前局面是否改善了呢?自经历行业调整期后,张裕首次实现单季营收同比增长,终端市场动销有了向好的改善。

与三年前相比,张裕的产品、品牌和价格等核心竞争要素基本没变,变化最大、腾挪空间最大是渠道模式,尝试了一些革新和创新。比如,一方面针对不同消费群体和终端类别划分了中高渠道、中小渠道、县级渠道、A类商超直供、B类商超半直供、电子商务等渠道,有针对性地制定不同营销策略;另一方面加大直营店如先锋专卖店的建设等。当然,这势必会影响现有经销格局,难免涉及与经销商的博弈,能否长期奏效还有待市场检验。但是,我国葡萄酒仍是朝阳行业,尤其是中低端大众市场蕴含很大潜力。张裕毕竟是百年品牌,渠道力强盛,对比进口葡萄酒优势明显,一旦市场复苏,其反转张力会大很多。

宏观领域结构转型是当前经济的主题,但宏观目标要靠微观企业来实现。谈到企业革新和治理优化,以往我们总偏重生产层面的"车间创新",却忽视渠道层面的"营销创新"。小米模式的成功恰恰说明了是渠道,而不是车间最大化了产品附加值。经济转型必然要靠企业转型。未来,新产品中制造成本占比会越来越小,包括各种营销组合在内的渠道毛利占比会越来越大。因此,企业值得为此而加倍努力。

(《上海证券报》2014年10月14日。作者:丁峰)

1.2 营销渠道的功能及流程

1.2.1 渠道功能

营销渠道的最基本功能就是要充当生产者接触消费者的载体,将产品和服务顺利地送达消费者,完成产品的时空转移和所有权的转移,实现商品所有的现实使用价值。在此过程中的营销渠道需要承担的功能主要包括收集与传递信息、促销、接洽、组配、谈判、物流、风险承担和融资等。

(1)收集与传递信息。渠道成员中的许多终端中间商直接接触消费者,能够及时掌握生产商无法获取的市场需求的第一手信息。为提高整个渠道的竞争能力和应变能力,各种渠道成员需要将收集到的有关消费者、竞争者和市场环境的一手信息进行整理和传递。目前成熟的渠道战略都明确界定了成员间需设立通畅的信息共享和交流机制。

(2)促销。渠道中间商通常比生产者更专注于产品销售中的技巧和方法,生产商也愿意借力中间商的营销创意把产品的信息传递给目标消费市场,这样既可以促进商品的销售,还可提升企业在消费市场上的吸引力。有时候当地中间商比制造商更了解当地市场,能针对目标消费者而制定出一系列企划宣传活动。这种主动沟通形式往往是制造商无法达成的,且这种沟通的效果使得消费者更乐于接受企业所传达的产品和服务信息。

(3)谈判。供销双方为了各自所需,就产品或服务的价格、种类、数量以及规格等其他附加条件进行商议,以实现产品或服务所有权的转移。

(4)产品组配。组配是指制造商或中间商按消费者的需求,对商品在分类、分等、包装上进行组合、搭配的活动。消费者的需求呈现个性化和多样化,组配可以减少买卖双方的成本,协调生产市场品种单一与消费者市场品种多样化需求之间的矛盾。

(5)物流。这主要涉及商品的运输和存储活动。商品一旦进入销售领域，渠道成员就对其展开一系列运输和储存活动。有时候这种功能由相关的辅助机构完成，很多终端零售商就是外包给第三方物流公司并由其将商品最后传递给消费者，而不是自己亲自送达。

(6)风险承担。在商品流通的过程中，随着商品所有权的转移，市场风险的载体也在各渠道成员之间不断地转换。如在专业化产品市场中，渠道成员一方面共享专业化带来的利益，另一方面也要承担市场环境变化及其他不可控因素带来的风险。

(7)融资。商品的生产、制造和销售都需要资金的投入，充足的资金是渠道正常运转的保证。常见的融资行为有：制造商通过定金或保证金进行融资；经销商通过要求制造商压货或给予授信赊销额度来减少资金的占用；零售商通过延迟付款，从而在短期内变相增加资金量。当前大型零售商普遍使用这种方式。

上述功能构成了营销渠道的功能集。研究与实践证明，顺利完成整个渠道流程，这些功能是不可或缺的，它们必须全部被执行，但这并不意味着渠道中的某一成员必须独立完成所有功能。渠道成员必须根据实际情况选择是承担全部功能，还是将其中一部分功能转移给其他成员来执行。渠道成员在执行各类功能时会有专长、成本、效率和效益的差异，因此，构建与管理良好渠道也就集中在选择谁来执行这些功能以实现效益最大化。管理者在考虑渠道功能组合时应该注意一个要点，即某个渠道成员可以从渠道中消失，但是其承担的渠道功能不会随之消失，而是在渠道中向前或向后转移到其他成员上，由其他渠道成员完成这些功能，以保障渠道正常运转。

1.2.2　营销渠道的流程

营销渠道的功能表现为各种流程。营销渠道流程是指渠道成员依次执行的一系列功能，是阐述各成员的活动或业务的概念，包括实体流、所有权流、促销流、洽谈流、融资流、风险流、订货流、支付流以及市场信息流，这些流程将各类渠道成员贯穿起来(见图 1—4)。

(1)实体流，也称物流，是产品实体在渠道中的运动，主要包括运输和储存活动。合理的物流配送，是商品顺利走向消费者的基本保障。在竞争日益激烈的市场环境中，物流逐渐化身为商品的“附加产品”，成为影响消费者满意度的重要因素。

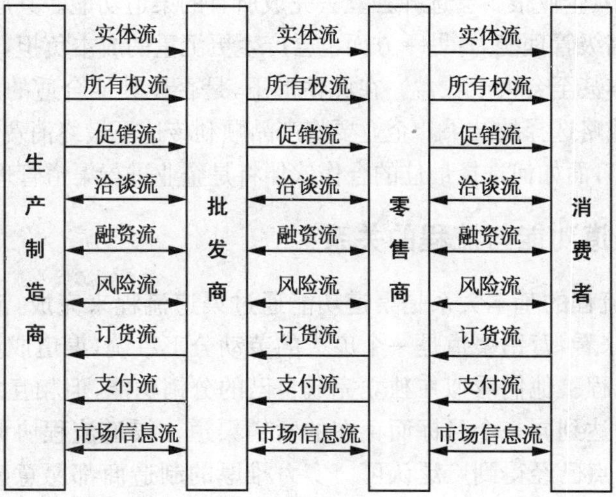

图 1—4　营销渠道的流程

(2)所有权流，指商品所有权或持有权从制造商到批发商、批发商到零售商、零售商再到最终消费者的流转过程。一般情况下，随着商品的买卖活动，所有权流是向前流转的。

(3)促销流，是渠道成员的促销活动流程。促销流分为两种：从制造商流向中间商，称为贸易促销；从制造商直接流向最终消费者，称为最终使用者促销。渠道成员既可以采用常规的媒体广告、冠名活动以及 POP 展示等大规模促销方式，也可以采用人员推销等针对性更强的促销方式。一般而言，快速消费品采用广告促销，工业品则常采用人员推销的方式来进行促销活动。

(4)洽谈流，贯穿于整个渠道中，商品所有权每流转一次，成员之间就需要对商品种类、价格、数量及交易条件等方面进行洽谈。谈判内容越繁杂，谈判次数就会增加，谈判也会更激烈。

(5)融资流，是渠道成员间资金融通的过程。该流程是双向的。融资流既可以是前向的，也可以是后向的。生产制造型公司，会为新进的加盟分销商提供产品和财务上的帮助，这就是前向融资流；消费者为某种产品或服务支付定金购买预售，就构成了后向融资流。

(6)风险流，是营销渠道成员之间分担或转移风险的流程。随着商品所有权的转移，风险主体也在转移。谁对商品具有所有权，谁就对其负责，承担其风险。造成风险的因素有很多，如：交易过程中的产品报废、过时、丢失、返修、违约、保险和税金等；还有存货量过大，影响资金周转；或处理存货造成的损失等。

(7)订货流，是渠道成员定期或不定期向供货机构发出的订货流程。订货流通常是后向的，由用户向零售商、零售商向批发商、批发商向制造商流动。

(8)支付流，是指货款在渠道各成员间的流动，它和订货流一样，是后向流动的。一般来说，它是紧随在订货流之后发生的。

(9)市场信息流，是各成员互相传递信息的流程。它是双向的，体现了渠道成员之间的相互沟通。从渠道上游制造商流出的信息是关于产品和促销等方面的信息，而从渠道下游向上游流动的则是关于市场需求等方面的信息。

从图 1—4 可以明显看出，在以上各种功能流中，实物流、所有权流、促销流的流向都是前向的，从制造商流向最终消费者；支付流、订货流都是后向的，从消费者流向制造商；而融资流、洽谈流、市场信息流和风险流则是双向的，在制造商和消费者之间互相流通。

在现代市场营销中，企业很少会选择独立去完成所有的渠道功能。其原因：一方面是很难具备如此强大的实力和高级管理能力；另一方面也会产生更沉重的成本负担，有时候企业承担某些渠道功能所造成的成本甚至会大于收益。在此情形下，是否让其他合适的成员来承担这些渠道功能是一个企业渠道战略选择的结果。企业要将产品顺利传达至最终消费者，需要资金、物流以及多种媒体的共同推广，而如何选择最佳的合作伙伴将是企业进行渠道管理活动的关键所在。

1.2.3 营销渠道功能与流程的关系

营销渠道功能与流程的基本关系是渠道功能通过渠道流程来完成，流程的效率决定了功能的产出效率。宏观来看，营销渠道是一个庞大的劳动分工系统，渠道成员肩负不同的渠道功能，参与不同的渠道流程。他们看似在独立完成自己的分销功能，但相互之间还需要沟通与协作，因为他们从属于为达到同一个目标而存在的营销渠道。渠道流程协调的关键在于成员之间及时交流信息，这一点已经得到广泛认可。实力雄厚的制造商都愿意建立渠道信息管理系统，作为与批发商、零售商等其他渠道成员交流的手段。一方面，制造商可在第一时间得到来自市场的反馈，重新做出相应的策略调整；另一方面，其他成员也可以在第一时间了解最新产品信息，为新产品的推广和促销做好准备工作。

渠道功能的分配受很多因素的影响，往往是渠道成员间讨价还价的结果。无论采用何种方式完成渠道功能的分工。可以肯定的一点是，合理分工的渠道会有比较高的渠道运行绩效；相反，则会对渠道绩效带来负面影响。

1.3　渠道营销常见术语

大型零售商：重视销售量但不提供专业服务的中间商，如沃尔玛。

经纪商：独立销售人员（一般在消费品行业），联系买卖双方谈判产品买卖合同的价格，例如食品、服装和卫生保健行业。

采购集团：从经销商或制造商大量购买产品的多家公司所属的松散机构，主要为获得批量折扣。有些可能是合作社。

目录公司：购买并储存一系列产品，通过纸质或电子产品目录进行销售的公司。

渠道：一组既相互独立又相互依赖的组织，共同参与产品和服务的流动并销售给终端客户的过程。也可以称为分销、营销或销售渠道（网络）。

经销商：独立的代理销售商，一般会获得一个至若干个供应商的授权许可，以给终端客户提供支持，例如重型设备经销商和汽车经销商。

特许经销商：获得授权或许可，负责主公司的产品或服务在特定地区销售的公司，通常有商标或品牌权利，需支付特许经营费，例如快餐连锁经销商。

百货分销商：购买、储存大量各种类型的产品，并销售给终端客户和经销商的公司。

混合型渠道：非传统渠道，由某领域内的不同公司将其各自功能（如销售、支付、安装、维修等）拼凑组合而成，也可以称为合成渠道。例如，某管道公司可能会在家得宝超市销售产品，而把安装和服务交给签约承包商。

独立代理商/机构：提供专业销售服务的公司，使制造商的产品在当地市场进行良好的市场覆盖，一般没有产品的所有权或没有产品库存，也可以称为制造商代表或代理商、销售代表、经纪商或代理公司。消费品行业销售代表经常会代理互相竞争的几个产品，而其他行业的销售代表更为适合于代理形成互补的几个产品。

出口管理公司：国际性的经纪人或独立销售组织。

影响者/专家：通过其专业意见影响产品流动的公司或个人，例如建造师、设计师、咨询师。

集成商：向终端客户提供咨询服务、整体系统和安装服务的企业。

批销经纪人：提供有限服务（如送货、货架、库存和财务）的批发商。

总代理商：购入大量库存，供应给较小经销商和代理商的分销商。

MRO 分销商：提供维护、维修和运营物料的分销商。MRO 的一种称呼是设施维护供应品，例如固安捷公司。

项目外包：与在某个领域提供专业服务的公司建立合同确定合作关系的过程。例如，制造商与分销商订立合同，由分销商负责管理维修零件仓库。

货物流通：产品通过明确的运输和存储网络，最终流动到客户手中的过程，也称为物流。

经销商/中间商：购买产品并转售的公司。

专卖经销商：提供专业服务的经销商，例如技术支持以及购买、储存和转售产品。

仓储式经销商：备有库存的公司。大多数经销商和一些独立代理商都会备有一定库存，但有部门分销商是零库存分销商。

供应链：从原材料供应商开始，经过制造商、仓储和分销商等环节到终端客户手中的网络。

系统集成商：为复杂的面向系统和解决方案的产品提供技术支持的一种增值经销商。

增值经销商(VAR)：将产品和服务捆绑起来为终端客户提供“一站式销售”的分销商。

价值链：一家公司及其交易伙伴为给客户提供具有竞争力的价值所进行的所有主要活动(例如采购、经营、物流等)。

垂直整合：一家公司扩展经营业务而覆盖整个渠道的所有业务(一般是通过收购另外的公司实现)，而不是利用渠道中独立公司的服务决策。

批发商：将产品销售到消费市场的分销商。

1.4 营销渠道人员职业素养与技能

1.4.1 职业定义

从事渠道开发和渠道管理的人，可以称为渠道工作者，也叫渠道专员。渠道专员是公司市场营销中的一个职位角色，一般公司需要建立不同的销售和代理渠道将自己的产品销售出去。渠道专员就需要去指定的区域，寻找与自己公司产品有关联的一些行业代理公司，建立沟通和代理关系，渠道专员就是代理商或大型直接客户的联络员，广义上也属于营销人员的一类。

1.4.2 工作任务和职责

营销渠道人员的工作内容因企业的不同而有所差别，但渠道人员的主要工作就是负责公司产品销售渠道的开发、管理和维护工作。具体工作任务和工作职责如表1—1所示。

表1—1 营销渠道人员的工作任务和职责

营销渠道人员的工作任务	营销渠道人员的工作职责
·参与对开发市场同类产品的市场调研及报告 ·组织公司及同类产品比对并制定合理的入市价格 ·负责市场开发，寻找销售渠道 ·负责执行客户的订单及收款工作 ·负责进行客户的维护及服务工作 ·定期总结分析销售情况，制定改进的对策并实施的工作 ·督促库存盘点及产品增减的建议 ·进行相关周、月报表整理提交工作 ·策划提供区域内经销商的营销活动方案及相关支持工作	·参与制定渠道开发、选择、管理总体方案，并在批准后实施 ·寻找并管理渠道合作者 ·新渠道开发 ·行业推广渠道发展趋势分析 ·审查渠道合作者的资格 ·渠道合作者的考评筛选工作 ·负责对渠道合作者提供持续支持 ·执行渠道合作者的培训、售前协助、售后客户服务和技术支持等 ·配合执行渠道开发成本分析和控制方案 ·渠道管理策略持续改进

1.4.3 基本素质

要成为一名合格的营销渠道人员，必须在个人素质和知识结构上达到一定的水平。具体要求如下：

（1）职业道德，主要包括：遵守国家法律、法规和各项政策；始终把公司利益放在第一位，不借工作之便谋求个人私利；实事求是，量力而行，不接受不符合条件的渠道成员；为渠道成员保守商业秘密，不得与渠道成员联合损害公司利益；严格按照合约规定执行渠道政策，不得索取约定之外的其他报酬；团结渠道成员，共同成长。

（2）基本知识。营销渠道人员首先需要学习相关政策法规，了解国家产业政策；其次，需要学习市场营销学、经济学、管理学、公共关系学等经营管理类的专业知识，了解和掌握经营管理的基本概念、方法、原理、模式和最新理念等，学会分析市场主要的经济现象和市场动态的本质，能够剖析主要经济现象的因果关系，形成理性预测经济与市场走势的思维和方法；还需要学习企业诊断方法、心理学、哲学等知识，能够了解人的心理活动规律，利用这些规律，制定适合的渠道政策；能够通过财务指标来判断合作渠道公司的现状和未来走势，最终挑选出最能发挥渠道效用的合作伙伴。

营销渠道人员除了掌握经营管理类专业知识外，在实际工作中，还需要掌握服务于工作分析的信息整理类的工具知识，如：学会使用信息工具，了解国家经济社会信息政策，获取有关信息的渠道；了解和掌握互联网查询方法；了解电话、传真、电子邮件等信息工具的使用方法；了解全国各种主要媒体的传播特点。学会市场调查，设计市场调查表，获取相关数据信息并进行整理分析。还需要掌握统计学的相关知识，熟悉文案书写格式，掌握可行性分析报告、项目建议书、市场分析报告等常用的与经营管理、渠道管理工作相关的文本和文件格式。

营销渠道工作是动态的、开放的，要随着社会发展和科技进步与时俱进。由于宏观环境的不断发展和变化，新的经营管理的理念、新的公司、新的事物都要求人们不断地学习运用最新知识来调整企业的经营战略和经营策略。作为营销的重要一环，企业渠道专员也应该不断地接受新知识，不断更新自身的知识结构，才能顺应时代潮流，适应企业渠道管理的要求。

【渠道实践 1-2】

渠道总监的岗位职责

职位名称：渠道总监

直接上级：总经理

工作职责：负责公司渠道建设可行性研究，设计渠道建设总体思路，渠道策略的制定和执行工作；负责渠道工作的优化与推进；负责渠道部的日常管理工作。

具体职责：

制定渠道发展战略，规划产品渠道选择，规范渠道运行管理；

制定渠道管理制度和工作流程，开拓新的营销渠道；

调整渠道策略，保障渠道运行效益，合理解决渠道冲突；

做好对下级单位渠道管理的检查、考核工作；

负责对上级单位的对接工作；

协调部门内部与其他部门的关系；

指导/检查/控制本部门各项工作的实施；

对渠道市场进行合理的预测和分析；

完成领导交办的其他工作。

任职条件：

教育背景：本科以上文化程度或3年以上本公司年资。

从业经验：渠道、营销工作10年以上，5年以上管理经验。

计算机操作：能熟练使用常用办公软件WORD、EXCEL、POWERPOINT、INTERNET等。

外语水平：基本阅读及听说能力。

专业知识：运营管理、市场营销、销售技巧、团队建设与管理。

业务了解范围：了解同行业发展，行业竞争状况。

关键能力：经营决策能力、沟通协调能力、战略规划能力、团队管理能力、危机处理能力。

素质要求：善于协调、沟通，责任心、事业心强；有良好的敬业精神和职业道德操守，有很强的感召力和凝聚力。

1.4.4 基本技能

营销渠道人员特别需要具备综合技能，主要包括：市场调研能力、创意创新能力、沟通协调能力、战略规划能力、团队管理能力、危机处理能力。

(1)市场调研能力。营销渠道人员要有深谋远虑、提前布局的战略眼光。市场调研能力如何，直接影响到营销渠道规划的结果。

(2)创意创新能力。营销渠道人员需要具备理念创新、思路创新、方法创新、知识创新等创意能力，从渠道设计开始，到选择和管理渠道成员，每个环节都需要有创新能力。

【渠道实践1—3】

三棵树渠道创新

三棵树以其形象且朗朗上口的名字为大多数人所熟记，而且蕴涵了企业"环保、健康、低碳"的发展理念。多年来，三棵树在涂料市场上独辟蹊径、东征西战，通过扁平化的渠道将产品和品牌文化传播出去。在涂料行业的发展史上多品牌策略被众多企业采用。采用多品牌策略，涂料厂家可以在最短的时间内抢占不同领域的细分市场。但是多品牌形成的"四平八稳"状态不可避免地分流了企业有限的资源。因此，三棵树自创办之初就确定发展单一品牌策略。涂料行业包括工业漆、汽车漆、家居漆等漆料产品。三棵树做自己最擅长的民用漆。单一品牌策略，最大化地聚集优势资源，迅速地从市场中突围。而且单一品牌战略也坚定经销商的信心，誓与三棵树一起谋求利益共进退。

对于我国发展尚未成熟的涂料行业来说，全国范围内具有影响力的涂料品牌非常少。少数一线品牌的主要影响力集中在各大城市和部分中小城市；而中国众多的二、三级城市则被区域品牌占据。大多数涂料企业往往不具备对终端的精细管理和掌控能力，因此采用了发展省级经销商的渠道模式：每个省找一家总代理，由其自行发展地市级代理商。这种做法有非常明显的弊端：渠道过长，导致涂料企业对市场反应迟缓、区域市场覆盖面不广、渠道和终端网点质量不高、品牌监控不力。因此，三棵树果断实施渠道扁平化策略，采用乡镇包围城市的方式，直接面向地市级甚至县级市场发展代理商。2002年诞生之初，三棵树没有实力与大品牌在一线市场竞争，采取了避强定位。

到2006年，三棵树通过市场调研发现：虽然三棵树的渠道与其他涂料厂家相比少了一级，但是仍然有"市—县—镇"三级，对于发展更低一级市场的零售网点来说仍然存在障碍。因此，三棵树制定了新的渠道政策：地市级代理商对其下属分销商不能以整个县为单位，必须直接下沉到乡镇；在乡镇三棵树的渠道全部采取专卖店的形式来推进以零售为中心的渠道模式，从而改变了整个行业以批发为主的模式。到 2009 年，三棵树已经拥有 5 000 多家专卖店和店中店。同年，三棵树的“千城万镇工程”启动，目标是将渠道拓展到无数个潜力巨大的乡镇。

以区域市场为根据地，三棵树采取“分销到镇”的渠道深化策略，将分销网络覆盖到乡镇市场，改变了先前以地级城市为主的营销网络，面对全国县级市场直接发展一级经销商，通过密集分销提高市场占有率。渠道扁平化，也将垂直渠道造成的多层利润空间，直接由三棵树进行操作，可控性更强。目前，三棵树已通过专卖店、家装公司、分销网络、住宅小区、油木工、工程、建材超市等终端市场推广，建立起强大的渠道网络。

三棵树的枝蔓已经开始向周边国家延伸，未来三棵树的规划是打造销售额百亿元级的漆料企业。这将是一个奇迹！

（小故事网，www.xiaogushi.com，2011 年 6 月 3 日）

（3）沟通协调能力。营销渠道人员在企业中，需具有团队意识，能够合理利用经营要素协调各相关职能管理部门，并对部下激励和约束，合理使用人才；在企业外部，与客户及相关企业进行积极交流与良好合作，能争取更优的合作基础。

（4）战略规划能力。营销渠道人员在认同企业宗旨、愿景、使命和经营目标的前提下，能够分析企业面临的宏观和微观环境，组织制订企业的市场战略，为企业整体发展战略提供重要意见。

【渠道实践 1—4】

80 后新贵的渠道战略

一群 20 世纪 80 年代出生的大男孩成了千万富翁。这些企业飞速发展的秘诀之一就是他们试图把自己变成渠道，或者有效利用渠道以赢得客户。

橡果国际胡煜君：直销推广+分销渠道

在胡煜君加盟之前，橡果国际不过是一个普通的电视购物公司，通过向电视台购买非黄金广告时段来投放产品广告，而用户则通过广告上所留电话购买产品。这种销售模式因为产品价格虚高、名不副实等原因而逐渐衰落。

2000 年，胡煜君加盟橡果国际成为 CEO。他调整了企业战略，首先吸引了地方电视直销公司成为公司股东，把橡果国际与地方电视直销公司的利益绑到了一起。通过这种合作，橡果国际扩大了自己的影响。

随着影响逐渐扩大，胡煜君发现电视直销平台的能量也变大了。“除了对直销购物者，电视广告对于传统零售渠道消费者的影响和冲击力也很大，但是这种影响无法在直销平台上实现。我萌生了发展传统渠道商的想法，通过传统渠道商的销售延长产品生命周期。”胡煜君说。

2003 年 11 月，橡果国际与上海好记星公司合资成立了上海好记星数码科技公司。电视直销与传统渠道的结合迸发了巨大能量。当年 12 月，橡果国际将好记星英语学习机的广告在全国 26 家卫星电视台和中央电视台播放，并采取了循环播放的高密度轰炸形式，电视观众一下子记住了好记星英语学习机。随后，好记星公司的营销团队利用他们熟悉的本地市场渠道，在各个地方城市的报纸户外广告上大规模做广告、促销。市场需求被迅速激发，2004 年，好记星销售了 65 万台，销售额近 6 亿元。胡煜君指出，电视直销主要用于推广产品的前期，打响产品的知名度，然后再利用庞大的传统分销渠道进行销售，便会得到事半功倍的效果。

好记星的运营让胡煜君尝到了甜头，他决定按照好记星的运作模式，将橡果国际打造成一个“全国最大的新产品和新服务的推广平台”。胡煜君说：“很多中小企业有很好的产品，但是由于缺乏营销经验和管理传统渠道的经验，他们没法令自己的产品在市场上立足。而我们有直销推广与传统渠道分销的优势，通过我们这一渠道，产品的生命力更加旺盛而长久。

（腾讯科技，http://tech.QQ.com，2007年7月18日）

(5)团队管理能力。营销渠道人员能够将企业的宗旨、愿景、使命、管理制度和经营目标准确地执行，并能协助领导带领团队高质、高效地完成工作任务。

(6)危机处理能力。营销渠道人员能够正确认识危机，有快速应变能力，应对突发事件，寻求可行的应对措施和执行方案，以化解危机。

本章小结

1. 营销渠道存在中间商的原因是由于营销渠道商可以简化搜寻工作，可以调节商品组合，可以减少交易次数，可以规范交易流程，还可以为消费者创造价值。

2. 营销渠道的功能在于使产品从生产者转移到消费者的整个过程顺畅、高效，缩小或消除产品供应与消费需求之间在时间、地点、产品品种和数量上存在的差异。营销渠道的功能主要包括：收集与传递信息、促销、接洽、组配、物流、风险承担和融资。营销渠道的功能表现为各种流程。营销渠道流程依次执行的一系列功能，是描述各成员的活动或业务的概念，包括实体流、所有权流、促销流、洽谈流、融资流、风险流、订货流、支付流以及市场信息流，这些流程将组成营销渠道的各渠道成员贯穿起来。

3. 常见的营销渠道术语有经销商、特许经销商、百货经销商、批发商、经纪人等。这些渠道成员在各自的领域承担重点不同的分销任务。

4. 营销渠道人才必须具备的基本知识：一是信息整理类知识；二是分析判断类知识；三是渠道管理类知识，特别需要具备市场调研能力、竞争分析能力、渠道设计能力、渠道创新能力和执行能力等。

思考题

1. 营销渠道管理的功能和流程有哪些？
2. 渠道中间商为什么会存在？
3. 分析和定义常见的营销渠道的术语。
4. 营销渠道人才必须具有哪些知识和技能？
5. 营销渠道管理主要研究哪些内容？

案例练习

在电视节目中，记者与饱受煎熬的农民在讨论今年玉米的营收状况。农民说：“我和乡亲们为种出好的玉米，成年累月地辛苦劳作，但我们得到的收入很少。当我去大城市的超市了解人们需要多少玉米和其他玉米产品时，我发现消费者付的价格很高，而我卖的价格很低，因此，一定是有些人在中间挣了很多钱。"记者接着评论道："看，尽管我们的农民十分努力却依然难以维持生计。大家都看到了超市的玉米价格有多贵，我们是否正在被一堆中间人盘剥。"

案例点评：请按照本章所学的渠道知识来评论农民和记者的观点。

渠道实训

实训目的	通过访问一个企业，使学生初步感受渠道管理的工作任务，了解渠道管理的功能和工作流程、营销渠道成员的常见形态，以及营销渠道人员必须具备的基本知识与技能，增强对后续章节的学习针对性
实训内容	要求学生走访一个企业，并分析该企业渠道方面的工作流程、任务和特点，以及该企业对渠道管理人员的要求和期望
实训要求	1. 走访一家企业 2. 记录该企业的渠道管理工作的状况，并进行归纳总结 3. 与小组成员一起汇总收集到的企业营销渠道管理工作的材料，完成一份关于某企业营销渠道管理的走访报告
实训步骤	分组→确定小组走访的企业→收集该企业渠道资料→小组讨论→书面归纳总结讨论意见→完成走访调查分析报告

拓展学习

中国企业营销渠道建设的五个趋势

趋势一：要么全渠道，要么无渠道

传统PC互联网使得信息的流通成本大幅度降低，速度大幅提升。现在，企业分布在全球各地机构的信息都可以实时传送到总部，使得企业的决策和反应速度大幅提升，但它也造成了信息鸿沟，又叫数字鸿沟，即线上的企业及人口发展更快，而线下的企业及人口更加落后，在渠道上的结果就是线上线下的割裂和激烈冲突。

新的移动互联技术借助云计算、O2O、LBS、大数据等技术，在实现有机融合线上线下、移动互联弥合信息鸿沟的同时，还对企业在渠道建设方面提出了新的要求，即要么依托这些技术平台建立一个覆盖线上线下的全新渠道，要么就没有渠道。未来，你将无法通过渠道选择来区隔消费者而占领细分市场，因为技术的发展已经打破了企业的信息占有优势，打破了不同区域市场之间地理空间上的差别，传统的不同类型渠道之间的差异也将大大降低，最终实现全渠道、同价格、同体验。

借助技术及平台的力量，线上线下完美融合，形成无缝连接的全渠道营销体系，企业与顾客的关系将成为竞争中的核心，企业必须将自己通过线上各网店、线下各实体店、各社交网络平台自媒体等与顾客建立起来的关系整合起来。企业必须学会如何将媒体受众发展成自己的粉丝，如何将粉丝转化为客户来购买你的产品或服务。这个过程中涉及两个核心问题：流量与转化率。即如何获取更多的目标受众，如何获得更多的粉丝关注与"赞"，如何将他们一步步转化成购买客户，这就是全渠道营销的核心。至于客户最终的购买行为究竟发生在线上，还是线下实体店，这已不是重点。

消费者这样随心所欲地在不同类型渠道终端之间切换，前提是企业的终端前台界面必须实现无缝整合。如何整合？我们看看宜家是怎么做的。宜家家居在很早之前就开始关注互联网对线下实体店的冲击，但它采取的做法是线上网站只负责商品展示推广宣传的职能，客户如果对某个产品感兴趣，仍然需要到线下实体店购买。在APP移动端，功能仅限于查看会员活动、库存信息、购物清单、限时特惠、产品信息等，也不能直接在线购买。这是一种极端的做法，但这有一个前提，即宜家产品在消费者心目中具有非常强的独特性和吸引力，并且宜家线下也有其他线下实体店难以比肩的购物体验，使得消费者去宜家实体店具有难以替代的价值。但不可否认，线上是宜家品牌推广的主要方式，它通过功能的区隔实现了融合。

趋势二：移动互联时代，社交网络成为企业品牌推广和销售实现的枢纽

在移动互联网时代，包括新浪微博、微信、Facebook、Twitter等在内的社交网络将成为企业品牌推广的主阵地，这些社交网络媒体将成为消费者获取包括生活、购物、新闻等资讯在内的入口，消费者不仅在这里获取各种资讯，并且还通过这些媒体制造、分享各种资讯，包括和品牌、产品有关的消费及体验资讯。企业的各种宣传推广资讯可通过这些社交网络媒体精准到达粉丝及消费者，并与他们进行直接的互动。

这些社交网络媒体除了与线上销售渠道相互连接外，还会通过O2O的方式在各种新技术的支撑下，与线下销售渠道相互连接，还可将实体店会员卡与消费者的各种线上ID账户系统关联起来，并运用大数据技术实现对消费者数据的深度挖掘，实现精准的品牌推广；而且，推广的结果与销售的反馈几乎是同步的，甚至是融合在一起的。正如前面所提到的，企业内部可能分不清哪些人是做市场的，哪些人是做销售的。

关于这一点，小米的案例对这种趋势做了很好的阐释。小米是产品在研发阶段就开始借助社交媒体与粉丝沟通，收集他们的意见，修正自己的技术研发及产品开发方向，产品上市后借助粉丝的力量，没有投放传统媒体的广告，只在社交网络媒体上进行品牌和产品的推广，但却在全国市场上建立了广泛的知名度和品牌影响力。在销售上，小米舍弃了传统线下实体渠道，只通过线上渠道并且采取预售的方式，经过短短3年时间，在2013年就卖掉1 870万部手机。

小米的成功充分揭示了移动互联时代的营销和渠道规则。小米将社交媒体提升到战略层面，并且认为社交网络等新媒体是主战场而非试验田，战略上高度重视，形成了小米网络论坛、微博、微信、QQ空间四大主阵地。论坛积聚目标消费者，倾听消费者的意见和建议；微博和QQ空间快速传播吸引粉丝；微信做服务与消费者快速沟通互动。经过这些努力，小米形成了小米手机新浪微博有649万的粉丝、小米公司新浪微博有243万粉丝。粉丝的支持也与小米的线上销售很好地结合起来。

小米有一句宣传口号叫“因为米粉，所以小米”，对小米的模式以及移动互联时代的营销规则做了很好的诠释，即彻彻底底地以消费者为中心，以粉丝为基石，让自己的品牌、企业本身成为一个自媒体，通过CRM系统与自己的粉丝互动沟通。

趋势三：移动端将成为主渠道，不能移动，就销不动

在移动互联时代，用户不用被束缚在电脑前，而是可以利用各种碎片化的时间上网获取相关资讯，在线下实体店了解体验的同时可以上网查看。这时，网络入口不再偏向线上渠道，而是真正变成一种线上线下都可利用的工具，原来倾斜的竞争天平现在扶正了。

移动终端因为屏幕的大小、技术系统、浏览习惯等与PC端存在较大区别，所以移动购物与传统线上PC购物的差异超过传统线上PC购物与线下购物的差异，它对传统线上PC渠道的冲击要远大于线下实体渠道。

因为移动购物更加依赖社交媒体网络，所以在即将到来的4G时代，一个企业可以没有传统线上PC端的电商渠道布局，但不能没有移动端的渠道布局。因为没有移动端，无论是线下实体渠道，还是基于PC的传统线上渠道，都没有未来。移动端是未来企业建立渠道的标配，是立足点，是主阵地。

趋势四：智能化再造将使得实体店获得新生，找到新的盈利模式

长尾效应、边际成本、实体店各种成本等诸多因素形成线上渠道对于线下实体店的优势，压缩了实体店的发展空间。但移动互联给线下实体店带来了新的契机，线下实体店可以在新技术的支撑下，将其覆盖和服务的范围扩大3～5倍，突破现在的商圈概念。这样，实体店将在这个基础上实现成本与利润的平衡，找到新的盈利模式和出路。

这对线下渠道商和企业建设渠道的布局而言，就是实体店的密度必须降低，在新技术及服务平台的支撑下，开好店，全面提升运营能力及服务水平。如果说过去，实体店的核心是选址，因为商圈位置非常稀缺，抓好选址一个关键，建立店铺的盈利模型就比较容易了；但在移动互联时代，好的位置虽然重要，但重要性下降了，店铺的产品组合、服务水平、与消费者的关系等成为盈利模型的核心。

趋势五：把渠道建在云服务平台上，是实体店盈利模式再造的基础

移动互联时代，线下实体店如何找到新生，离开大数据、云计算等新技术和相关的服务平台是做不到的。

在云计算服务平台上，线下实体店可以更了解其覆盖范围内的消费者，包括他们在线上的购买行为和数据，以及他们在社交网络媒体上的各种数据，比如：浏览过哪些产品、购买过哪些产品、分享过哪些资讯，是哪些品牌的粉丝，喜欢什么，甚至家庭成员、经济收入等各种数据都可以获得（当然是在得到消费者的授权，合法地获得）。这样，实体店在这些消费者达到自己服务覆盖范围内时就可以非常有针对性地展开销售推广，建立与顾客的紧密联系，提升顾客满意度，并且还可以借助社交网络媒体与消费者互动，即通过O2O的方式，实现实体店盈利模式的再造。

但这一切，离不开一个技术支撑及服务平台，即真正的O2O、线上线下有机融合需要通过云计算、大数据等IT技术才能实现。这正是通路快建正在构筑的OTO云营销服务平台的价值所在，通过该平台助力企业实现立体化的全渠道快速建设与全网营销。这样的平台，大企业当然可以投巨资自建，但对于中小型企业来说，借助通路快建这样的第三方平台就是不错的不二之选。

结语：互联网的兴起改变了一切企业传统的只能依靠经验和感觉进行的营销活动。数据爆炸、社交媒体、渠道和策略选择，将成为改变营销组织游戏规则的重要力量，营销变成了一项“技术活”。

（《创业邦》。作者：张海军）

第 2 章　营销渠道的教学设计

本章主要介绍课程内容与结构设计的特点，概要描述渠道管理项目式学习步骤与学习方法，同时对本课程的教学环节和学习环节以及教学评估的方式方法给出建议。

【学习目标】

1. 了解营销渠道课程的教学理念；
2. 掌握营销渠道管理项目式学习的步骤；
3. 理解营销渠道管理课程的教学模式和建议。

【引例】

基于任务导向的课程设计

表 2－1　　新渠道设计的课程设计

<table>
<tr><th colspan="2">学习目标</th></tr>
<tr><th>知识学习目标</th><th>能力实训目标</th></tr>
<tr><td>1. 掌握新渠道开发的步骤和方法
2. 了解新渠道需具备的条件和要求
3. 掌握开发新渠道的方法和技巧
4. 学会撰写渠道方案</td><td>1. 具备对新渠道的调研、分析、评估、预测的能力
2. 初步具备开发新渠道的策略能力
3. 初步具备撰写新渠道合作方案的能力
4. 具有团队合作、协作解决问题并完成渠道建设任务的能力</td></tr>
<tr><td colspan="2">内容
1. 了解渠道建设的步骤和要求，会进行有针对性的渠道建设准备
2. 根据调研结果进行全面的市场环境分析，在此基础上拟定渠道计划
3. 对公司、产品及品牌进行准确深入的分析
4. 结合企业或具体项目进行 SWOT 分析
5. 提出恰当的渠道建设战略目标
6. 结合企业、项目或具体产品提炼渠道创意
7. 能够进行目标渠道成员的选择
8. 能够进行渠道具体方案的制定
9. 能够进行费用的预算和分配
10. 撰写完整的渠道策划方案</td></tr>
</table>

续表

教学方法建议： 设计应用的案例引入、问题分析、讨论、归纳等方法	
考核与评价： 学生分析具体问题、解决具体问题的能力 在解决问题时的创新思维应用能力 方案的制订及可操作性	
教师需要具备的能力： 具备市场营销专业理论和实践知识，能够熟练进行市场调研、策划、分析，具有较强的逻辑思维能力和创新能力。能够根据教学法合理设计教学情景，能够正确、及时发现学生存在的问题并进行指导	学生的基础： 市场营销的基本知识 营销调研基本能力 产品品牌基础知识 较强的文字表述能力

项目教学法是通过“项目”的形式进行教学的。为了使学生在解决问题时有一个完整的方式，所设置的“项目”包含多门课程。项目教学法就是在老师的指导下，将一个相对独立的项目交由学生自己处理，信息的收集、方案的设计、项目实施及最终评价，都由学生自己负责，学生通过该项目的操作，了解并把握整个过程及每一个环节中的基本要求。项目教学法主张先练后讲，先学后教，强调学生的自主学习，主动参与，从尝试入手、从练习开始，调动学生学习的主动性、创造性、积极性，学生唱“主角”，而老师转为“配角”，实现了教师角色的换位，有利于加强对学生自学能力、创新能力的培养。

一般流程：(1)收集项目信息，进行项目分析。(2)制定项目计划，进行项目操作。(3)实施项目操练。(4)项目检查，教师指导学生完成。(5)项目评价，并为下一个项目做准备。

思考：营销渠道管理课程为什么要采用项目课程教学法？教师说明本学期本课程的项目教学的设计方案。

2.1 渠道管理课程开发的基本思路

所谓渠道管理项目课程，是指以工作任务(项目)为中心，选择、组织课程内容，并以完成工作任务为主要学习方式的课程模式。

2.1.1 课程开发的理念及定位

针对渠道管理职业工作岗位能力需求，在分析工作任务的基础上，以渠道管理职业岗位的“工作职责—工作任务—工作过程”为主线，按工作项目建构课程结构，按工作任务开发课程内容，以完成工作任务为主要学习方式，突出渠道管理专员实践训练的课程特征，创建“专业与行业企业融通、学业与职业岗位一体”的创新型高技能人才培训模式，积极与行业企业合作开展基于工作过程系统化的课程体系构建和教学内容改革。

2.1.2 渠道管理课程的设计思路

本课程是以渠道管理工作所涵盖的岗位进行任务与职业能力分析为主线，以实际工作任务为引领，以营销渠道管理的岗位能力要求和职业资格考核要求为依据，培养学生分析、设计、执行企业市场营销活动过程中的常规性渠道管理的能力，使学生具备从事营销工作渠道管理方面具体业务工作的核心职业能力，切实提升本专业学生对专业知识的综合应用能力和实际动手能力。

(1)以工作任务为向导。在课程设计上，打破传统课程的“线性”结构，将原来追求专业知识完整性的纵向结构转向完成工作任务所需要的横向结构，即由简单到复杂、由单一到综合，按完成工作任务的项目、活动、事件组织学习内容，培养学生关注工作任务完成，为学生提供完整的工作过程和学习机会(图 2—1)。

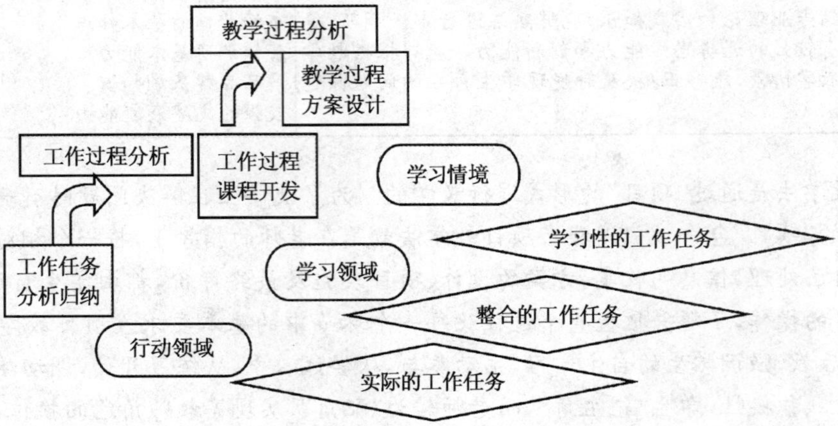

图 2—1　课程设计思路:工作导向

(2)以工作实践为起点。以实际渠道工作活动引领教学和人才培养，以工作任务引领职业活动，构建基于渠道管理调研与分析、开发与管理等工作过程操作化的，以项目为载体、以任务为驱动的课程体系，并通过工学结合、竞赛设计、团队实战、虚实结合等活动来组织教学。

(3)以职业能力为基础。利用渠道工作职业情景，结合学生认知特点和智能特征，立足校内外实习实训基地，充分利用多媒体传导方式丰富教学手段，选择直观、形象、情景等教学方法，注重职业情景中的实践技能培养，开发学生参与活动的能力，提升学生的知识应用能力和技能的迁移能力。

2.1.3　渠道管理课程的设计要点

(1)实现“三个转换”。“三个转换”即从工作任务转换到行动领域、从行动领域转换到学习领域、从学习领域转换到学习情境(实训项目)。也就是说，教学设计由传统以教师为中心的教学转变为以学生为中心的教学；由以课本为中心转变为以“项目”为中心；由以课堂为中心转变为以情景为中心。

(2)控制“四个流程”。每个学习情境(实训项目)以完成工作任务为主要学习方式，由市场调研分析、渠道方案设计、渠道成员选择、渠道运作管理四个典型渠道管理流程构成，教、学、做合一，融能力、理论、价值为一体。

(3)融通“三个环节”。融通“三个环节”，即校内实训、校外学实习、顶岗实习相互衔接构成整体。坚持课程开发与教学实践化的人才培养观和“他方中心”观，借助校企合作的平台，注重工作过程与教学过程的互渗互融、实训教学与职业岗位工作完全对应，使整个实训教学过程更具有实践性、开放性和职业性，更加符合应用型本科学生的智能特征、认识特点和学习习惯。

2.1.4　渠道管理课程设计的内容与结构

(1)课程结构。按工作任务建构课程结构,按工作流程变革课程内容,由工作任务、基本理论、方法策略、管理实务四部分构成。

(2)教学内容。首先是针对性,即按工作过程要素创设学习情景(实训项目),主要教学内容依据营销活动中典型的渠道管理项目。其次是重点性,即通过"四个学习"情境,即方案设计、调研分析、选择确定渠道成员运作、渠道管理实务予以实现。

(3)主要特点。突出工学结合,注重工作过程与教学过程的互渗互融,形成纵向与横向有机结合的立体型课程结构。纵向结构表现为"四个学习"情景设计,体现工作任务由易而难、由简单到复杂,循序渐进,遵循教育规律和学生的认知特点。横向结构体现在每个学习情景以完成工作任务为主要学习方式,完成渠道管理工作的各个环节,实践以能力为本位的应用技术型教育教学观。

2.1.5　渠道管理课程模块的架构与体例

根据以上思路和设计要点,本教材制定了明确的项目课程格式和项目及模块的编写体例,即将每个项目分解成若干模块,模块的内容包括工作任务、相关实践知识、相关理论知识、扩展性知识、实训及评价内容和方法。模块在结构上以工作任务为起点,在内容的选择和组织上以实践知识为焦点、以理论知识为背景、以拓展性知识为延伸,从而较好地解决了项目课程中理论与实践整合的问题。本教材编写体例如表 2—2 所示。

表 2—2　　本教材模块架构与编写体例

项目	岗位技能与素质(一级目标)
模块	单元(二级目标)
学习目标(三级目标)	知识目标(点)
工作任务	以任务导向为主线,要求具体明确
实践知识	引例,案例练习
理论知识(基本知识)	问题(渠道实践)
	本单元小结,思考题
知识拓展	拓展学习
专项实训	渠道实训

2.2　营销渠道课程学习情景简介

通过学习情景的教学与实践、实训操作,使学生了解市场营销策划的流程以及各种策划方案的内容和侧重点,培养学生具有初步的管理思维和分析问题、解决问题的能力,具有一定的渠道管理的实际技能,切实提高学生的实际动手能力和处理实际问题的综合素质能力。

四个学习情景见表 2—3。

表 2—3 “四个学习”情景

序号	学习情景项目	工作任务	设计实训
1	渠道方案设计	·能掌握营销渠道管理的主要内容和主要步骤 ·能理解渠道管理的程序，熟悉渠道管理的原理 ·能知晓渠道管理的特征和途径 ·能搭建渠道管理的通用框架 ·能列举一些经典的渠道管理的技巧和方法	·根据一个具体项目，要求学生描绘出渠道管理的大致内容、逻辑程序，写出该项目渠道建设方案的框架 ·请学生收集、演说、评价经典渠道管理的案例
2	市场调研分析	·能根据项目设计调查问卷 ·能根据项目设计访谈提纲 ·能根据项目制定调研、执行计划 ·能根据项目组织实施和控制调研活动 ·能根据项目情况，确定信息收集的渠道和方法 ·能根据项目对所收集的资料信息进行分析 ·能根据项目撰写市场调研报告	·根据项目的具体情况，让学生制定一个具有可操作性的市场调研方案 ·据调研项目的具体要求，让学生设计一份市场调查问卷或者访谈提纲 ·根据市场调研策划方案，让学生制定一份详细的调研活动执行计划，并组织实施调研活动 ·根据市场调研的主题、调研的资料和结果，让学生归纳、分析并撰写、制作调研报告
3	渠道运作管理	·能根据项目情况进行营销渠道的开发 ·根据渠道设计的流程，设计渠道体系，建立渠道模式	·根据项目的具体情况，对某个公司设计渠道战略，对渠道成员构成进行选择，撰写渠道设计方案
		·能根据项目情况进行营销渠道中的权力管理	·根据项目的具体情况，对某个公司的渠道权力管理进行学习，有针对性地提出可行的渠道激励措施和相应的渠道控制方案
		·能根据项目情况进行营销渠道中的竞合管理	·根据项目的具体情况，分析产生渠道冲突的原因，制定解决冲突的办法，提出相应可行的渠道合作方案
		·能根据项目情况进行渠道中的物流管理	·学生渠道管理过程中物流管理及信息管理的策略，学会在渠道管理中向物流要效益的策略
		·能根据项目情况进行营销渠道的绩效评估	·根据具体的项目，对渠道绩效进行管理、监控，整理总结，制定对策，撰写调整后的渠道绩效方案
4	渠道创新管理	·能设计包括网络广告营销、邮件营销、网络公关、搜索引擎营销、搜索引擎优化和社会化媒体营销等互联网营销渠道的设计方案	·能与小组成员一起分析收集某具体企业互联网营销渠道工作的材料，完成一份《某企业互联网营销渠道管理研究》的报告

2.3 渠道管理课程教学实施建议

2.3.1 对“教”的建议

(1)按需教学。本课程教学内容主要通过上述四个学习情境予以实现。本教程 4～9 章相关知识是为完成工作准备的支撑材料，采取扁平式的编排结构，即：教师在每个学习情境实施过程中，可根据完成工作任务的需要，结合学生的基础与实际，从本教程 4～9 章中选取相关的理论知识、方法策略和应用案例组织教学内容，教学中择需而取，同时参照职业资格标准、企业工作标准和行业技术规范等，保持教学内容的动态性、先进性和应用性，不必拘泥于教材所罗列的知识序列。以工作任务为核心的教学内容组织见表 2－3。

(2)专业＋公司。以职业能力培养引领教学，借助"专业＋公司"的校企合作平台实施教学活动。在工学结合的教学活动中，利用工作环境或创设仿真的职业情景组织并开展项目教学，促使学生在完成任务的过程中获得知识、培养技能和端正态度，为学生职业能力培养、学习能力拓展提供真实的工作情景，营造良好的职业氛围。

(3)训赛结合。为进一步突出本课程教与学、学与用互动的特点，可采取训赛结合的方式实施实践性教学。其途径有四：一是由合作企业提供的工作任务和课题；二是由任课教师和学生个人自主地在社会上寻找渠道管理项目；三是由社会上的渠道业务招投标项目；四是由教育主管部门、行业协会等组织的推广活动项目和技能竞赛等。

(4)学习情景。以工作任务为中心创设学习情境（实训项目），注意渠道管理主题的连贯性，融通"四个学习"情境。课程教学中，教师可按时尚电子产品、家用电器、食品饮料、服装饰品、工艺礼品等产品或服务分类，或按体育赛事、社会公益、人文教育、生态和谐、环境保护等事件和活动分类。通过实训、咨询和考察实体公司、实习基地等以及竞赛等渠道，获取具有真实性的工作任务或项目课题，由学生个人或创意团队选择最感兴趣和最具刺激性的某一项目进行营销方案设计。

(5)工学结合。结合学生的知识特点和智能特征，不断加强教学方法与手段的革新。尊重学生的主体地位，以学会学习、学会做人、学会做事为内涵，调动学生学习的积极性和创造性。充分利用多媒体传导方式丰富教学手段，选择项目导向教学法、现场体验教学法、情景模拟教学法、问题讨论教学法、案例辅助教学法等教学方法，以增进学生的直观感知和形象理解，进而拓展创新性思维；通过项目实训引导学生学中做、做中学，体验"工学结合"的过程，激发创造潜能，以获得较好的教学效果。

2.3.2　对"学"的建议

(1)勇于实践。营销职业岗位的工作特点决定了营销渠道管理的教与学、学与用必须注重工作过程的体现与社会实践。因为唯有通过丰富的实践（实训），才能锻炼和提高应对工作要素不断变化的职业能力。学习过程中力求主动地利用校内外实训基地及专业设计机构进行生产性项目实训与顶岗实习，学以致用，促进职业能力的不断提高。

(2)广闻博览。从营销专业的多学科交织的综合性特征出发，一方面将渠道管理纳入系统的程序中去考虑；另一方面要求广闻博览，提高基础理论水平，更新知识结构，了解营销渠道管理的发展现状及未来趋势。

(3)学以致用。坚持启发式教育教学思想，坚持建立教学并重的"教师主导—学生主体"教学模式。教师尽量避免对是非曲直的评价，学生力争发挥创造潜能，彰显个性特征。"娱乐"与"互动"已成为营销专业教育特有的形式，将"游戏"引入营销专业教学，为自己营造一种学会学习、学会工作、学会与人相处的氛围，充分体验学习的快乐。

2.3.3 对教学评价的建议

突破“以考定终身”的旧传统，加强教学的引导和评价，促使过程与结果相统一。教学评价改革的建议如下：

(1)考核内容的改革。一是对学生专业能力的评价，主要考核学生所掌握的营销岗位所需职业技能和基本理论等，强调应用性和针对性。二是对学生学习方法能力的评价，主要考查学生收集资料和信息、制定工作计划、分析问题、解决问题的方法能力，强调方法的逻辑性和合理性。三是对学生社会能力的评价，主要考查学生社会交往、人际沟通、团队协作等，强调参与性和适应性。四是对学生创新能力的评价，主要考查学生的专业技能、技术知识创新能力，强调个性和策略性等。

(2)考核方法的改革。主要做到“四个结合”，即：校内学习考核与企业实践考核相结合、目标管理与过程管理相结合、定性与定量相结合、培训与竞赛相结合。一是校企双方共同组成考核评审小组，由教研室相关专业教师、企业技术骨干、行业专家等共同参与考核评价工作，做到以考促学，以评促改。二是注重学习过程与目标的一致性，取消理论考试，重点考核学生的基本管理技能、岗位适应能力、工作(学习)态度、职业素质和工作实绩等。三是定性与定量相结合，由考核小组按比例综合认定课程学习成绩，按优、良、中、及格、不及格五级进行评价，由理论知识的掌握(20%)、参与性和单元作业(40%)、综合渠道管理方案(20%)、营销渠道模拟(10%)和营销渠道实践(10%)等五方面构成。除理论知识的掌握外，其他四部分的考核要遵循态度与业绩兼顾、规范与创新兼顾、校内与校外兼顾的原则，充分吸收企业的评价意见，做到客观、公平。

本章小结

1. 所谓营销渠道管理项目课程，是指以工作任务(项目)为中心，选择、组织课程内容，并以完成工作任务为主要方式的课程模式。

2. 渠道管理项目课程理念和定位，是以工作任务为导向，突出渠道管理“技术＋艺术”实践实训的课程特征，创建“专业与行业企业融通，学业与职业岗位一体”的创新型高技能人才培养模式，积极与行业、企业合作开展基于工作过程系统化的课程体系构建和教学内容改革。

3. 渠道管理项目课程设计思路，是以工作任务为主线、以工作实践为起点、以职业能力为基础。设计要点是：实现“三个转换”，控制“四个流程”，融通“三个环节”。

4. 项目课程的四个学习情景，即渠道方案设计、市场调研分析、渠道运作管理、渠道创新管理等内容及要求。

5. 项目课程考核内容和方法改革，包括：“四个能力”，即对学生专业能力、方法能力、社会能力、创新能力的评价；“四个结合”，即校内学习考核与企业实践考核相结合、目标管理与过程管理相结合、定性与定量相结合、培训与竞赛相结合。

思考题

1. 什么是渠道管理项目课程？

2. 渠道管理项目课程的理念与定位是什么？

3. 营销渠道管理项目课程的设计思路、要点有哪些？
4. 项目课程有哪四个学习情景？
5. 项目课程考核内容和方法改革有哪些？

专项实训

实训目的	通过对本课程开发的基本思路、学习情景及教学实施建议的介绍，使同学们初步直观地感受项目课程建设的意义，即构建以工作任务为中心、以项目课程为主体的课程模式。它强调先呈现工作任务，理论知识的学习是建立在工作任务完成的基础上的。其目的：激发学生的学习兴趣；为新知识的表征提供载体；培养"专业与行业、企业融通，学业与职业岗位一体"的创新型高技能人才
实训内容	调查收集：项目课程理念与定位、项目课程设计思路、项目课程学习情景、项目课程考核内容和方法改革等内容与形式，并分析其内涵、特征及必须解决的问题

拓展学习

项目教学法

项目教学法就是在老师的指导下，将一个相对独立的项目交由学生自己处理，信息的收集、方案的设计、项目实施及最终评价，都由学生自己负责；学生通过该项目的开展，了解并把握整个过程及每一个环节中的基本要求。项目教学法最显著的特点是"以项目为主线、教师为引导、学生为主体"。具体表现在：目标指向的多重性；培训周期短，见效快；可控性好；注重理论与实践相结合。项目教学法是师生共同完成项目、共同取得进步的教学方法。

项目教学法发展历史

项目教学法萌芽于欧洲的劳动教育思想，最早的雏形是18世纪欧洲的工读教育和19世纪美国的合作教育，经过发展到20世纪中后期逐渐趋于完善，并成为一种重要的理论思潮。项目教育模式是建立在工业社会、信息社会基础上的现代教育的一种形式，它以大生产和社会性的统一为内容，以将受教育者社会化、以使受教育者适应现代生产力和生产关系相统一的社会现实与发展为目的，即为社会培养实用型人才为直接目的的一种人才培养模式。

项目教学法理论基础

20世纪90年代以来，世界各国的课程改革都把学习方式的转变视为重要内容。欧美诸国纷纷倡导"主题探究"与"设计学习"活动。日本在新课程体系中专设"综合学习时间"。我国台湾地区推行新课程体系中"十大能力"的第9条规定"激发主动探究和研究的精神"，第10条规定"培养独立思考与解决问题的能力"。我国当前课程改革强调学习方式的转变，设置研究性学习，改变学生单纯、被动地接受教师知识传输的学习方式，构建开放的学习环节，为学生提供获取知识的多种渠道以及将所学知识加以综合应用的机会。

2003年7月德国联邦职教所制定的以行动为导向的项目教学法，具有以下特点：把整个学习过程分解为一个个具体的工程或事件，设计出一个个项目教学方案，按行动回路设计教学思路，不仅传授给学生理论知识和操作技能，更重要的是培养他们的职业能力。这里的能力，已不仅仅是知识能力或者是专业能力，而是涵盖了如何解决问题的能力：方法能力、接纳新知识的学习能力以及与人协作和进行项目运作(包括项目洽谈、报价、合同拟定、合同签署、生产组织、售后服务)的社会能力等。

项目教学法核心

不再把教师掌握的现成知识技能传递给学生作为追求的目标，即不是简单地让学生按照教师的安排和讲授去得到一个结果，而是在教师的指导下，学生去寻找得到这个结果的途径，最终自己得到这个结果，并进行展示和自我评价。学习的重点在于学习过程而非学习结果，学生在这个过程中锻炼各种能力。教师已经不是教学中的单向灌输者，而是学生学习过程中的引导者、指导者和监督者。

项目教学一般流程

(1)收集用户信息，寻找买家，与用户接触，进行合同分析。(2)制定合同计划，进行报价制作，发出合同。(3)实施合同，制作工艺草图、实物图、控制电路图，形成产品。(4)检查：教师指导学生完成。(5)评价，并为下一个项目做准备。

项目教学法作用

在项目教学中，学习过程成为一个人人参与的创造实践活动，注重的不是最终的结果，而是完成项目的过程。学生在项目实践过程中，理解、把握课程要求的知识和技能，体验创新的艰辛与乐趣，培养分析问题和解决问题的思想和方法。以模具设计与制造课程教学为例，可以通过一定的项目让学生完成模具设计、加工生产、产品质量检验等生产流程，从中学习和掌握机械原理、材料处理、制造工艺以及各种机床的使用与操作；还可以进一步组织不同专业与工种，甚至不同职业领域的学生参加项目教学小组，通过实际操作，训练其在实际工作中与不同专业、不同部门的同事协调、合作的能力。

项目教学法特点

项目教学法最显著的特点是“以项目为主线、教师为主导、学生为主体”，改变了以往“教师讲，学生被动听”的教学模式，创造了学生主动参与、自主协作、探索创新的新型教学模式。

1. 目标指向的多重性。对学生，通过转变学习方式，在主动积极的学习环境中，激发好奇心和创造力，培养分析和解决实际问题的能力。对教师，通过对学生的指导，转变教育观念和教学方式，从单纯的知识传递者变为学生学习的促进者、组织者和指导者。对学校，建立全新的课程理念，提升学校的办学思想和办学目标，通过项目教学法的实施，探索组织形式、活动内容、管理特点、考核评价、支撑条件等的革新，逐步完善和重新整合学校课程体系。

2. 培训周期短、见效快。项目教学法通常是在一个短时期内、较有限的空间范围内进行的，并且教学效果可测评性好。

表 2—4　　项目教学法与传统教学法的比较

类　别	传统教学法	项目教学法
教学方法内容	教师通过系统、细致的讲解，使学生掌握大量知识。形式比较单一，一般都是老师站在讲台上讲，学生在下面被动地接受。这种教学方式教师自由度比较大，而学生只有拼命地听或记。基于这一点，传统教学法也常常被戏称为填鸭式教学	将一个相对独立的项目，交由学生自己处理。从信息的收集、方案的设计、项目的实施及最终的评价，都由学生自己负责。学生通过该项目的进行，了解并把握整个过程及每一环节中的基本要求
方法重点	注重教师讲授，学生听课，信息传递是单向的	不但重视知识的传授，而且更重视知识的应用。项目教学法把学生作为教学中心，强调学生在教学中的主观能动作用，注意调动学生的学习自觉性和主动性，教师和学生之间的活动是互动式的

续表

类　别	传统教学法	项目教学法
教学形式	一般是教师讲，学生听，在一节课45分钟里，教师讲课的时间约占90%，剩下的10%才属于学生。整个教学过程是围绕教师展开的，教师多半是站在讲台前完成自己的教学任务的。这种以教师为中心的授课方式，客观上限制了学生潜能的充分发挥	教师指导，学生活动。通常在45分钟里，教师讲课仅占30%左右的时间，剩下的时间，全部由学生在教师的指导下完成某项任务。整个教学过程是围绕学生展开的，教师的大部分时间是站在学生中间，学生通过自身独立的活动，其创造性可以得到较充分的发挥
学习内容	教师给学生讲授的是理论知识，学生偶尔也参加实验或者实践活动。它将教学视为一个漏斗，把所有的学习内容都灌输到学生的脑子里。为了让学生们记住这些内容，反复学习和反复练习是最好的也是最普遍的做法。因而，学生主要是通过记忆的方式掌握知识	教师也要讲授专业理论知识，然而学生获取理论知识是在教师的帮助和指导下通过自己的探索活动中获得的，这样更激发学生的学习动机。因为在学习过程中，如果学生对所学的内容不感兴趣，就难以取得好的结果。所以学生通过记忆方式把握理论知识，又通过手和脑的实践，这样大大提高了学习的效率
教学目标	注重认知目标的实现，强调学生通过感觉、知觉、思维、想象、注意和记忆等方式进行学习，在个别学生身上，往往更注重记忆的方式	认知目标的实现依然是十分重要的，但已不是唯一的目标。因为认知目标、情感目标、行为操作目标都是重要的学习目标。它们之间既是互相独立的，彼此之间又保持着重要的联系，它们是一个有机的整体
交流传递方式	教师讲，学生听，在信息传递的过程中往往是单方面，虽然有些互动，那也是被动的。教师在台前授课，下面听课的学生是听还是没有听，是认真听还是不认真听，教师往往很难判断。在一般情况下，教师只看表面现象，凭自己的经验	信息传递是双向的。教师是讲课和指导，学生是听课和活动。教师可根据学生活动的成功与否获得其接受教师信息的多少和深浅。教师还可以对那些掌握信息较少和较浅的同学采取措施，帮助他们补充信息，直至他们获得完成工作任务所需要的信息
学生参与程度	学生参与的程度与其自觉和努力的程度呈正比。枯燥乏味的听、记、背、默，常常使一些学生逐步失去对学习的兴趣，容易使他们从一开始的“我要学”，逐步演变为以后的“要我学”，是家长、教师和社会要他学	学生的参与程度大大提高，这不仅表现在教师的授课过程中，借助于媒体如影视、音像或电脑，营造学习的氛围，选择适当的学习载体使教学内容更加活泼和更加明确，还表现在学生必须独立地完成一项又一项的工作任务，这些工作任务由浅到深，使学生提高了对学习的兴趣
激励手段	以分数为主要的激励手段，这是一种外在的激励手段。外在的激励只能维持一阵子，不可能持久	激励的手段完全是内在的，是人们在完成一项工作之后发自内心的喜悦，是人们从不会到会的心理感受的充分体现。项目的实施成功与否评判是看项目实施的过程，而不是单看结果

第二部分

基本理论篇

第3章 营销渠道概述

本章介绍营销渠道的含义、营销渠道的参与者、营销渠道的环境和战略，使学生掌握营销渠道的概念、渠道参与者、渠道环境以及渠道战略的构成及其相互作用。

【学习目标】

1. 了解营销渠道的含义；
2. 熟悉营销渠道参与者的构成及特征；
3. 掌握营销渠道环境因素的相互作用；
4. 掌握常见的营销渠道的战略。

【引例】

娃哈哈渠道的成功与困惑

杭州娃哈哈集团有限公司(简称娃哈哈)是目前中国最大的食品饮料生产企业，在全国23个省份建有60多家合资控股、参股公司，在全国所有省份(除台湾外)均建立了销售分支机构，拥有员工近2万名，总资产达66亿元。娃哈哈主要从事食品饮料的开发、生产和销售，已形成年产饮料600万吨的生产能力及与之相配套的制罐、制瓶、制盖等辅助生产能力，主要生产含乳饮料、瓶装水、碳酸饮料、茶饮料、果汁饮料、罐头食品、医药保健品七大类50多个品种的产品。2003年，公司营业收入突破100亿元大关，成为全球第五大饮料生产企业，仅次于可口可乐、百事可乐、吉百利、柯特4家跨国公司。自1998年以来，娃哈哈在资产规模、产量、销售收入、利润、利税等指标上一直位居中国饮料行业首位。

娃哈哈的产品并没有很高的技术含量，其市场业绩的取得与其对渠道的有效管理密不可分。娃哈哈在全国31个省份选择了1 000多家能控制一方的经销商，组成了几乎覆盖我国每一个乡镇的联合销售体系，形成了强大的销售网络。娃哈哈非常注重对经销商的促销努力，公司会根据一定阶段内的市场变动、竞争对手的行为以及自身产品的配备而推出各种各样的促销政策，既激发经销商的积极性，又保证各层销售商的利润，因而可以做到促进销售而不扰乱整个市场的价格体系。娃哈哈对经销商采取的是返利激励和间接激励相结合的全面激励制度。娃哈哈通过帮助经销商进行销售管理、提高销售效率来激发经销商的积极性，如：娃哈哈各区域分公司都有专业人员指导经销商,参与具体销售工作;各分公司派人帮助经销商管理铺货、理货以及广告促销等业务。

娃哈哈的经销商分布在全国31个省份,为了对其行为实行有效控制,娃哈哈采取了保证金的形式,要求经销商先交预付款,对于按时结清货款的经销商,娃哈哈偿还保证金并支付高于银行同期存款利率的利息。娃哈哈总裁宗庆后认为:"经销商先交预付款的意义是次要的,更重要的是维护厂商之间一种独特的信用关系。我们要经销商先付款再发货,但我给他利息,让他的利益不受损失,每年还返利给他们。这样,我的流动资金十分充裕,没有坏账,双方都得了利,实现了双赢。娃哈哈的联销体以资金实力、经营能力为保证,以互信互助为前提,以共同受益为目标指向,具有持久的市场渗透力和控制力,并能大大激发经销商的积极性和责任感。"

为了从价格体系上控制窜货,娃哈哈实行级差价格体系管理制度。根据区域的不同情况,制定总经销价、一批价、二批价、三批价和零售价,使每一层次、每一环节的渠道成员都取得相应的利润,保证了有序的利益分配。

同时,娃哈哈与经销商签订的合同中严格限定了销售区域,将经销商的销售活动限制在自己的市场区域范围之内。娃哈哈发往每个区域的产品都在包装上打上编号,编号和出厂日期印在一起,无法被撕掉或更改,借以准确监控产品去向。娃哈哈专门成立了一个反窜货机构,巡回全国严厉稽查,保护各地经销商的利益。娃哈哈的反窜货人员经常巡查各地市场,一旦发现问题马上会同企业相关部门及时解决。总裁宗庆后及各地的营销经理也时常到市场检查,一旦发现产品编号与地区不符,便严令彻底追查,按合同条款严肃处理。娃哈哈奖罚制度严明,一旦发现跨区销售行为将扣除经销商的保证金以支付违约损失,情节严重的将取消其经销资格。

娃哈哈全面激励和奖惩严明的渠道政策有效地约束了上千家经销商的销售行为,为庞大的渠道网络的正常运转提供了保证。凭借其"蛛网"般的渠道网络,娃哈哈的含乳饮料、瓶装水、茶饮料销售到了全国的各个角落。2004年2月新产品"激活"诞生,3月初铺货上架,从大卖场、超市到娱乐场所、交通渠道、学校和其他的一些传统的批发零售渠道,"激活"出现在了它能够出现的一切地方。娃哈哈将其渠道网络优势运用得淋漓尽致,确保了"激活"在迅速推出的同时尽快形成规模优势。

面对可口可乐、百事可乐和康师傅、统一的全面进攻,娃哈哈大胆创新,尝试大力开展销售终端的启动工作,从农村走入城市。总裁宗庆后认为,现在饮料企业的渠道思路主要有三种:一是可口可乐、百事可乐的直营思路,主要做终端;二是健力宝的批发市场模式;三是娃哈哈的联销体思路。娃哈哈在品牌、资金方面不占优势,关键就要扬长避短,尽可能地发挥自己的优势,而抑制对方的长处。娃哈哈推出非常可乐,从上市之初就没有正面与可口可乐、百事可乐展开竞争,而是瞄准了中西部市场和广大农村市场,通过错位竞争,借助于强大的营销网络布局,把自己的可乐输送到中国的每一个乡村与角落地带,利用"农村包围城市"的战略在中国碳酸饮料市场占据了一席之地。

有学者将娃哈哈的成功模式归结为"三个一",即"一点,一网,一力"。"一点"指的是它的广告促销点,"一网"指的是娃哈哈精心打造的销售网,一力指的是经营经销商的能力。"三个一"的运作流程:先通过强力广告推新产品,以广告轰炸把市场冲开,形成销售的预期;接着通过严格的价差体系做销售网,通过明确的价差使经销商获得第一层利润;最后常年推出各种各样的促销政策,将企业的一部分利润通过日常促销与年终返利让渡给经销商。但这种模式也存在问题：当广告愈来愈强调促销的时候，产品就会变成“没有文化”的功能产品，而不是像可口可乐那样成为“文化产品”，结果会造成广告与产品之间的刚性循环，即广告要愈来愈精确地找到“卖点”，产品要愈来愈多地突出功能，结果必然是广告的量要愈来愈大，或者是产品的功能要出新意，才能保证销量。

（百度文库，http://wenku.baidu.com/link? url=KnS9NdkwHl5zvfvYLbYlym4TCPyp6MVBX8FPN4DCYNDOHsbT0bLxf3fJrUKs-ESHByzxA3gjKPkpHTqqYCKwFRLFoHPBTJ0lcenpNM815Za.）

思考：请分析娃哈哈是如何管理其公司的营销渠道成员的？娃哈哈的渠道管理有哪些成功之处？这种渠道战略模式给你什么启示？

3.1　营销渠道的含义

著名的市场营销学专家斯特恩是这样定义营销渠道的：“营销渠道是促使产品或服务顺利流通到消费者手中，被消费或使用的一整套相互依存的组织”。而美国营销学大师菲利普·科特勒则认为营销渠道是：“大多数生产商都要和营销机构打交道，以便将其产品提供给市场，营销中介机构组成了营销渠道（也称贸易渠道或分销渠道），营销渠道是促使产品或服务顺利地被使用或消费的一套相互依存的组织。”从生产企业的角度讲，营销渠道是一套相互依存的组织，它存在于企业的外部，并且能够促使产品或服务经由市场交换过程顺利地转移到消费者手中。一般认为，营销渠道具有以下特征：

3.1.1　营销渠道反映某一特定产品或服务价值实现的全过程

营销渠道处于企业的外部，它一端连接生产，另一端则连接消费，是联系生产企业与最终用户的纽带。所以，它必然处于生产企业与最终用户之间，必须位于企业的外部。而渠道管理则涉及组织之间的管理（管理多个企业），而不仅仅限于涉及组织内部的管理。

3.1.2　营销渠道是由一系列相互依存的组织按一定的目标结合起来的网络系统

营销渠道组织成员通常包括生产者、零售商、批发商和消费者，也包括一些支持营销的机构如运输公司、广告公司、独立仓库、银行和市场研究公司等。这些组织或机构为实现共同目标而发挥各自的营销功能，因为有着共同利益而合作，当然也会因利益不同和其他原因发生冲突，需要协调和管理。

3.1.3　营销渠道是一个多功能系统

营销渠道不仅要发挥调研、购销、融资、储运等多种职能，还要在适当的地点，按照适当的质量、数量和价格为客户供应产品和服务，从而满足目标市场需求；而且要发挥各种渠道成员的优势，通过他们的努力，开拓市场，刺激需求。营销系统还应该有自我调节和创新的功能，以便在系统之间，面对竞争渠道时可以建立与细分市场之间的联系。

3.2 营销渠道的参与者

营销渠道的参与者是指与生产企业产品分销有关的所有组织和机构。按照不同的分类方法,营销渠道的参与者可以分成不同的类型。按照是否参与商品所有权转移谈判以及所有权是否发生实际转移来划分,可以将渠道成员分为两类:一类是成员性参与者,一般包括生产企业、批发商、零售商和其他形式的分销商;另一类为非成员性参与者,即辅助代理机构,一般包括运输机构、市场调研机构、广告代理、银行、保险机构等。

营销渠道成员由三个基本部分组成:生产企业、中间商和最终用户。其中,中间商由批发商和零售商构成,最终用户分为一般顾客(消费者)和企业用户。一般来说,非成员性参与者的作用对于所有的生产企业而言可能是基本相同的,在生产企业看来,它们只是一种辅助性质的组织和机构。从营销渠道的建设和发展来看,这些组织和机构虽然是必不可少的,甚至有时会直接影响营销渠道的效率,但是一般来讲,营销渠道管理主要考虑的是对成员性参与者的管理和控制。

3.2.1 成员性参与者

(1)生产企业。一般意义上,生产企业是指那些从事直接提取、种植以及制造产品的组织。生产企业可以涵盖许多行业、领域。作为商品的生产者,其所覆盖的行业范围是极为宽泛的,从农业、渔业、林业,到工业的各个行业,都是其生产活动的范围。生产者所覆盖的行业范围的宽泛直接表现为其所生产的产品的多样性,这显然是由消费者的消费需求所决定的。除此之外,生产者之间的差异还体现在组织形式与规模的差异上,从从事农业生产的农民和农户家庭到从事大规模工业生产的各种公司和企业集团,其在组织形态和规模上的差异是非常巨大的。虽然生产者之间存在着上述差异,但其生产经营活动却都有一个相同的目的,即满足市场的需求。为了更好地满足市场需求,生产者不仅需要按照市场需求来组织生产活动,还需要通过组织有效的营销活动让消费者能够在合适的时间与地点买到其所需要的商品。

生产企业作为营销渠道的首个环节,在营销渠道的建设和拓展中占有非常重要的地位。一般来说,生产企业既是营销渠道建设者,也是营销渠道的维护者和使用者。生产企业不仅需要为整个渠道的建设制订计划,还需要为营销渠道的畅通建立组织机构,配置相应的人员,并对整个渠道的管理工作进行指挥、协调和控制。但是,生产企业居于营销渠道的主导地位的这种情况也不是绝对的,在某些情况下中间商也可能扮演渠道中的核心组织角色。

(2)中间商。中间商是处在生产者和消费者之间,参与产品或服务的转移过程,促进交易行为发生和实现的参与性渠道成员。如果按照在渠道中承担的不同角色划分,中间商又可分为批发商和零售商两类。

①批发商。批发商是指从生产者或其他经营者那里购进商品,然后转售给其他批发商、零售商、消费者和企业用户的专业流通组织。批发商是商品分销过程的中间环节,其上游链接商品的生产者,下游则与商品的再销售者(下游批发商和零售商)、各种产业用户和事业用户相联系,批发商的活动完成后,商品一般不进入最终消费领域。

一般来说,批发商不仅拥有专业化的员工队伍和健全的经营管理组织,并且拥有便捷的信息网络和丰富的客户资源,能够对市场发展态势和顾客的心理做出相对正确的判断。因此,批发商通常能够比生产企业和零售商更为有效地从事分销活动。批发商在市场营销中发挥着重要的功能：销售与促销功能、商品采购与搭配功能、仓储服务功能、运输功能、融资功能、风险承担功能、提供信息功能和管理咨询服务功能等。

现代批发组织由三种主要类型的批发商组成，即商业批发商、代理商和经纪人及制造商自营销售组织。商业批发商是一种独立的批发机构，专业从事批发业务，并且在经营业务时获得商品的所有权。商业批发商的目的是通过发挥各种各样的批发功能，提高营销渠道的运行效率，并因此而获得合理的利润。按经营商品的范围，商业批发商可分为综合批发商、单一种类批发商和专业批发商。其中，综合批发商是经营多种产品类别的批发商；单一种类批发商是只经营某一类商品的批发商；专业批发商是指专门经营某类产品中某种产品的批发商。按照提供功能服务的范围，商业批发商可分为完全功能批发商和有限功能批发商。其中，完全功能批发商具有广泛的批发职能，包括提供购销、产品储存、运输、融资服务、信息和资讯等服务；有限功能批发商是指承担部分批发职能的商业批发商。

作为批发商的主要类型，商业批发商在市场营销中发挥着重要的作用。商业批发商的功能主要体现在两个方面：对于上游（生产企业）的作用和对于下游（最终用户）的作用。商业批发商对于上游的作用包括：占领一定的市场份额，充当销售联系纽带，保持合理库存数量，处理客户的订单、收集产品市场的信息，以及向客户提供支持；对于下游的作用包括：确保所售产品的有效性，向客户提供服务，向客户提供信贷支持，对所售产品进行分类、整批分零，以及向顾客提供消费建议和技术支持。

代理商和经纪人也是一种独立的批发机构，一般只帮助沟通产销，在交易当事人之间起媒介作用，在商品交易中一般不获得商品的所有权。代理商是指受生产制造商的委托，代理消费生产制造某些商品或者全部商品的中间商。经纪人又称客户，一般没有资金，也不拥有商品所有权，只是受委托人委托进行购销谈判。代理商和经纪人的作用是为买卖双方提供市场信息，作为销售纽带联系买卖双方，以及提供服务支持和买卖建议等，他们的收入主要是收取销售佣金。

制造商自营销售组织由生产制造商自己开办并进行经营，是生产制造商的下属批发机构，通常包括制造商设立的销售公司或销售办事处。

②零售商。零售商是指以零售为其主营业务的机构或个人，零售商是将商品销售给最终消费者，以供个人或家庭消费的商业活动。零售的概念具有以下含义：第一，零售活动是将商品提供给消费者用于直接消费，而不是用于生产消费或者转售；第二，最终消费者主要是个人或者家庭；第三，零售活动不只涉及有形的商品的销售；第四，零售活动不局限于固定的营业场所进行的销售活动，很多无店铺的销售活动也是零售，如自动售货机、网购等。

零售业态是指零售企业为满足不同的消费需求进行相应的要素组合而形成的不同经营形态。总体上，可以分为有店铺零售业态和无店铺零售业态两类。根据我国“零售业态分类”的标准，目前我国市场上共有 17 种业态。按有无店铺可将零售业态分为有店铺零售业态和无店铺零售业态。其中，有店铺零售业态包括 12 种，即食杂店、便利店、折扣店、超市、大型超市、仓储式会员店、百货商店、购物中心、专业店、专卖店、家具建材商店和工厂直销中心；无店铺零售业态包括 5 种，即电视购物、邮购、网上商店、自动售货和电话购物。

零售商在分销渠道中处于连接制造商、批发商和消费者的最终业务环节上，在营销渠道中发挥着重要的功能。其具体功能：一是提供商品组合，降低了消费者购买过程中的时间、体力成本；二是分装货物，为消费者提供了形式效用；三是保有存货，降低了消费者储存产品的成本，创造时间效用；四是提供服务，为消费者购买和使用产品创造了便利条件，创造空间效用。

3.2.2 非成员参与者

非成员参与者，即辅助代理机构，一般包括运输机构、市场调研机构、广告代理商、银行机构、保险机构等。

(1)运输机构。运输机构包括所有基于公共交通基础设施提供运输服务的公司。由于能够实现规模经济，这些运输机构以及其他的运输公司就能够比生产商、批发商以及零售商以更低的成本，更为有效地提供服务。

(2)市场调研机构。随着人们对市场调研重要性认识的逐渐增强，在过去的几十年中，市场调研机构得到了很大发展。目前，大多数大中城市都有众多市场调研机构来提供专业的市场研究服务。当公司缺少相关的市场调研必要技能时，就会使用这些市场调研机构来提供必要的信息。

(3)广告代理商。广告代理商是专门向渠道成员提供销售策略的公司。它可以帮助客户制定其要求的销售策划业务，小到制作一个广告，大到制定和执行整个广告策略。

(4)银行机构。银行作为金融机构能够为渠道成员提供资金保证以及各种形式的金融服务。

(5)保险公司。保险公司具有转移渠道成员业务风险的功能。例如，产品销售过程中可能遭受的火灾、盗窃损失及在运输过程中的损坏。甚至恶劣天气所造成的损失都可以通过向保险公司投保而将风险转移。

从渠道管理者的角度看，辅助代理机构可被看作是次级承包商，可以把许多不同的分销任务转交给他们。对于渠道管理者来说，主要的管理任务就是选择适合自己的辅助代理机构，并且对其进行有效的监督控制，因为渠道中的任何一环都是至关重要的。

3.3 营销渠道的环境

3.3.1 营销渠道环境的特性

(1)复杂性与多样性。营销渠道环境因素既包括产品因素、企业自身因素、市场因素，也包括人口、经济、自然技术、社会文化和政治、法律制度环境等诸多因素，而且往往是众多环境因素综合作用于销售活动，所以渠道环境具有复杂性和多样性的特征。

(2)客观性与动态性。影响营销渠道的环境因素是不以销售者的主观意志为转移的，有着自己运行的规律和发展趋势。企业的销售活动只能主动适应和利用客观环境，但不能改变或违背它。主观臆断地确定营销渠道环境的发展趋势，必然会导致营销渠道决策的盲目与失误，造成营销渠道实施策略的失败。同时，这些营销渠道环境因素都是在不断地发展变化之中，具有动态的性质。例如，随着市场经济和经济全球化的不断发展和深入，人们的消费观念和消费方式不断发生变化，公众文化程度不断提高，收入不断增多，科学技术不断发展，产品的市场寿命相对缩短、更新换代加快，等等。

(3)不可控制性与企业的能动性。营销渠道环境作为一个复杂多变的整体，单个企业不能控制它、改变它，只能适应它；对于营销渠道环境因素中的绝大多数单个的因素，企业也不可能控制，只能在基本适应中施加一些影响。然而，企业也不是无能为力的，完全可以通过本身的主观能动性的发挥，如调整营销渠道设计方案、对渠道成员进行撤换或激励，科学预测或联合多个企业协调发展等，进而冲破环境的制约或改变某些环境因素，取得销售业绩的重大突破。

3.3.2　营销渠道的环境构成

营销渠道是与公司外部关联的、达到公司分销目的的经营组织。营销渠道的定义特别涉及外部、关联、组织、经营和分销目标。从原则上讲，凡是对企业营销活动具有影响的外部环境因素都会影响营销渠道的决策。一般而言，对渠道选择、开发和运作具有比其他因素更大的影响，需要企业重点关注的因素包括：经济环境、政治法律环境、社会文化环境以及科学技术环境等。

(1)经济环境影响。经济环境可能是影响整个营销渠道成员最明显、最普遍的环境因素。经济环境的各个方面几乎都会对营销渠道产生深刻的影响。

①经济发展水平的影响。一个地区的经济发展水平与当地的营销渠道结构通常会有很大的关联。在经济发展水平较低时，市场规模较小，专业化分工不成熟，企业往往同时执行生产、批发、零售和融资等功能。随着市场规模的扩大，企业的渠道功能开始从其他营销功能中独立开来，市场上出现越来越多的专业化中间商。此后，这些中间商进一步按其所承担的渠道职能进行专业化分工，并不断出现新型的渠道参与者。可见，随着经济发展水平的提高和专业化分工的发展，新型渠道参与者将会不断涌现。并且，营销渠道的结构也因为经济发展阶段的不同而呈现不同的特点。经济越发达，制造商、批发商和零售商之间职能的划分越清晰；批发融资功能越低，批发毛利越大，零售商的获利越高；小商店的比例越小，商店的平均规模越大，流动商贩和集市越不重要。

②通货膨胀和通货紧缩时期的影响。在通货膨胀时期，如果经济增长过快，银根过分放松，能源短缺引起能源价格不断上涨，所有这些都会引起通货膨胀率大幅度上升。在通货膨胀时比较容易将价格上涨转嫁给下一级渠道成员，直到最终转嫁给消费者。但批发商和零售商对通胀的反应在很大程度上往往取决于消费者或其他最终用户的反应。消费者在通货膨胀时的反应是很难预测的。因为消费者和其他用户通常遵循“现在购买以免价格继续上扬”理念，所以即使在高度通胀期消费支出也是不断增加的，这无疑促进了通货膨胀的加剧；如果消费者感到衰退期即将来临时，其支出理念又马上转向“捂紧口袋”，正是这种支出理念的仓促改变引起并恶化了他们所担心的衰退期的来临。

在通货膨胀时期，除了消费支出的急剧变化外，消费者购买行为方式也会有许多微妙的变化。以超级市场的消费者购买行为方式为例，将会发生以下改变：不会随身带额外的钱去超市；在结账前又将某些商品放回货架，只购买所需要的品种及数量；储备便宜货、购买低档品牌；只有遇到打折时才购买计划外的商品。

通常认为，国内生产总值滞胀或增速非常缓慢时就进入了“衰退”期或至少是“经济滑坡”期。此时，人们的消费支出减少，有时甚至急剧减少。营销渠道各成员会感到其销售额和营业利润大大下降，库存大量积压，甚至面临破产的边缘。

在通货紧缩时期，通货紧缩、价格稳定甚至价格上涨非常缓慢都可能带来渠道管理困难，尤其是很难在通货紧缩或低通胀时将由于成本增加所引起的价格上涨转嫁给渠道成员。在低通胀或实际通货紧缩时，生产厂商、批发商和零售商本身就存在内在成本压力；当通货膨胀趋稳时，就很难通过提价来抵消这些成本压力，因为此时所有渠道成员都对提价非常敏感。

(2)社会文化环境影响。社会文化环境几乎渗透社会的方方面面,营销渠道模式也会受到其所处的社会文化环境的影响。在世界各国中,美国与西欧国家,营销渠道往往是宽而短的,而另外一些国家如日本和韩国的营销渠道是窄而长的。造成这种差异的主要原因是消费者购买行为的不同。在文化比较开放的地区,网上和移动端的营销更易于被接受,而在崇尚节俭文化的背景下,消费者更忠诚于经济实惠的超市或廉价商店等渠道。企业确定自己的渠道结构模式时一定要考虑消费者购买行为的要求,并使渠道结构适合于当地社会文化的特点。

处于不同社会文化条件下的渠道成员,根据消费者的购买习惯相应调整和改变其所承担的渠道功能。对于那些重视商品质量和新鲜度,频繁光顾商店而购买量相对偏少的消费者区域,需建立规模小、进货频繁密集型的营销渠道,而对工业化发达的国家则恰恰相反,分销体系以非常分散的零售和批发为特点。不同社会文化条件下,渠道商选择承担的功能也很不一样。例如,德国的隐形眼镜和护理液只能在眼镜公司才能购买到;而在法国,大多数的杂货店就能买到。美国的零售商店里能买到杂志,英国只有报摊才是杂志的唯一渠道。德国的杂货店里能买到儿童食品,意大利却只能通过药房才能买到。

(3)科学技术环境影响。科学技术是变化最持久和最快的环境因素。科学技术的变化极大地改善了渠道的基础设施,提高了渠道效率。电子信息技术、通信技术和网络技术极大地提升了渠道信息的传输速度及数量。物流技术的发展为渠道效率提供了基础保障。渠道成员可以实施自动订货系统,实现自动订货配送,极大地提高了整体渠道能力。

科学技术催生了许多新渠道形式,促进了渠道组织结构的变革。国际互联网担任的角色会越来越重要。互联网上所谓的虚拟商店和虚拟商场几乎已经渗透各行各业,涵盖了包括服装、书籍、电脑、酒类和旅游等大批产品和服务。你可以在网上发现形形色色的许多小公司,但是许多著名的大公司也一样会在网上出现。

电视采购指消费者使用一种远程电子器械与电视机连接,实施购买产品和服务。电脑采购的原理与电视采购相同,个人电脑可以连上国际互联网,这使得消费者对供应商的选择余地比电视采购大多了,具有更大的灵活性。

居家采购,最早出现在 20 世纪 80 年代,是指有线电视频道在播放娱乐节目时插播出售的产品,消费者如对某种产品感兴趣,就可以通过打 800 免费电话来订购它。这种方式不具备交互功能,消费者只能在节目中碰巧播出的产品中挑选某种产品。

以互联网营销为代表的形形色色的新型零售形式的出现,对传统营销渠道造成了越来越大的冲击,为制造商的渠道设计提供了更多的可能,同时也适应了消费者购买方式的变革。

(4)政治法律环境影响。政治环境对营销渠道的影响主要包括税收政策、交易秩序和物价监管等方面。法律环境是指影响营销渠道的一整套法律规范。由这些法律规范构成的法律体系,是一套不断演化的体系,并受不断变化的价值观、准则、政治,甚至法院判例的影响。由于政治环境和法律环境关联性大,所以经常放在一起进行分析。政治法律环境经常扮演着游戏规则制定者和维护者的角色,对于企业和其他组织的运作具有很大的规范作用,同时也是保障企业正常生产经营活动的基本条件。只有在一个稳定的政治法律环境中,企业才能够获得长期稳定的发展。

在我国,与渠道管理有关的法律有《反不正当竞争法》《合同法》《消费者权益保护法》《价格法》《政府采购法》《产品质量法》《商标法》等。其中,对渠道管理影响较大的法律主要是《反不正当竞争法》《价格法》《产品质量法》。

(5)市场竞争环境影响。所有营销渠道成员往往认为竞争是关键的因素,近年来情况更是这样，因为竞争已经扩展到全球范围内；仅仅关注国内竞争对手不再现实了，需要密切关注世界现存的和正在成长的竞争对手。当前，我国中小企业的外部市场营销环境状况表现：

①消费环境不容乐观。改革开放以来，我国国民经济取得了很大的发展，国民收入也有了很大的提高，消费者需求呈多样化、个性化，消费需求的预期值也不断提高。并且，随着社会生产力的发展，大多数消费产品呈现供过于求的买方市场格局。但由于社会保障机制未能同步跟上，城乡居民储蓄率长期居高不下，消费者心理及其行为越来越趋于理性和谨慎，有效消费需求的增长低于供给的增长是导致内需市场不足的根本原因。另外，在国际市场上我国的劳动力成本比较低，为此中国产品一向以价格低廉而畅销全世界，但它在不断招致国外“反倾销”指控和海外市场同行抵制的同时，海外市场的消费水平也出现大幅下降。

②供应环境日趋紧张。这主要表现在三个方面：一是原辅材料价格高涨，企业生产成本在增加。二是劳动力供应呈现“三种状态”，即：高素质劳动力就业标准越来越高，“挑剔型”就业趋势明朗，企业人才成本不断上升；低素质劳动力供应过剩，企业吸纳此类劳动力越多，生产经营管理成本和风险也就越高；处于中间层次的劳动力供给尽管较为充分，但企业吸纳这些劳动力则要付出高昂的成本。三是企业资金供应不足。其主要原因是产品销售不畅、负债高、货款回收率较低、管理费用持续增加和新产品投入较大等，而缺乏资金则严重制约了企业技术改造力度以及新项目、新产品开发。

③竞争环境严峻。当前，在外部环境恶化、国内结构性政策调整以及经济内在周期的三重压力下，企业市场营销环境发生了深刻的变化。一是买方市场条件下的企业竞争异常激烈，企业间的过度竞争导致产品价格不随原辅材料价格上涨反而下降等非正常现象；二是产品品种和质量与国际水平存在较大差距，中小企业普遍缺乏竞争力；三是“出口—投资导向型增长模式”的内在矛盾全面激化，给企业经营带来许多困难，市场需求疲软、销售利润下滑，无论是从国内还是从全球范围来看，都已经是一个不争的事实。尤其是本来力量就很弱小的中小企业越来越举步维艰。

总之，在市场营销困难的形势下，企业竞争很大程度上是对渠道资源的争夺。中小企业只有及时发现自身存在的问题和不足，果断地采取相应变革措施，才能避免在可能的经济衰退中失去更多市场份额，以至完全陷入被动。①

3.4 营销渠道的战略

营销渠道战略也叫营销渠道策略，是整个营销系统的重要组成部分，它对降低企业成本和提高企业竞争力具有重要意义，是营销规划中的重中之重。随着市场发展进入新阶段，企业的营销渠道不断发生新的变革，旧的渠道模式已不能适应形势的变化。

3.4.1 营销渠道策略理论的演进

3.4.1.1 20 世纪 50 年代作为“市场营销组合”的要素第一次出现

20 世纪 50 年代，出现“市场营销组合”概念。尼尔·鲍顿提出了旨在指导企业营销实践的 12 因素“营销组合”策略，即“产品计划、定价、厂牌、供销路线、人员销售、广告、促销、包装、

---

① 《中小企业市场营销渠道的发展和现状环境》，http://www.docin.com/p-1007274458.html。

陈列、扶持、实体分配和市场调研”。这一组合策略在理论上第一次对市场营销的研究范围进行了较好的界定，其中提出了被现代营销渠道策略理论作为基础的“供销路线、人员销售、陈列、扶持、实体分配”等策略。

尼尔·鲍顿第一次总结了市场营销活动中与渠道有关的各项活动内容，并进行了初步分析，指出在市场营销活动中，在渠道方面应该如何做好有关“供销路线、人员销售、陈列、扶持、实体分配”等活动，并对需要注意的问题进行了剖析。可以说，尼尔·鲍顿界定了营销渠道策略理论的研究范围；并强调了“供销路线、人员销售、陈列、扶持、实体分配”等应与其他 7 个要素相配合。

3.4.1.2 20 世纪 60 年代第一次提出“渠道策略”概念

20 世纪 60 年代，麦卡锡在尼尔·鲍顿研究的基础上进行了归纳，将营销实践的 12 因素概括为影响深远的 4P 组合策略，即“产品策略、价格策略、渠道策略和促销策略”。这一组合策略使人们从较为繁杂的营销变数中找到了最为重要的因素，其中第一次提出“渠道策略”概念。

渠道策略的内容包括：为使目标顾客能接近和得到产品而进行各种活动的策略，为此必须有效地利用各种中间商和营销服务设施，以便更有效地将产品和服务提供给目标市场；厂家必须了解各种类型的零售商、批发商和从事实体分销的公司以及他们是如何进行决策的。

3.4.1.3 20 世纪 90 年代强调渠道的便利

由于市场营销的发展，原来的 4P 组合逐渐由 4C 即“顾客、成本、便利和沟通”四个要素的新的营销组合策略替代；在渠道策略方面更多地强调便利（Convenience），即为消费对象提供尽可能方便的消费通道，使消费的非货币成本降低，如连锁超市就为居民提供了方便快捷的服务，体现了便利性。

这里强调渠道的便利，要求从消费者的角度来考虑渠道建设，为消费者提供方便。现在兴起的大型连锁卖场和网络营销，可以认为是对这一渠道策略的贯彻。贯彻这个渠道策略，是个复杂的系统工程，不仅仅是观念的改变，更涉及流程重组、组织重组。在解决了为消费者创造便利的消费通道问题后，往往会使铺货率或市场占有率有戏剧性的巨大提升。要注意的是，这里强调的便利是和“顾客、成本、沟通”相结合起来的，便利只是渠道战略的重要组成部分。

3.4.1.4 进入 21 世纪开始强调关系营销

美国学者舒尔茨提出了新的“4R 营销组合”理论，即市场营销应包含以下四个要素：关联、反应、关系和回报。在渠道策略方面强调关系营销，强调厂商应当与顾客建立长期、稳定且密切的关系，降低顾客流失率，建立顾客数据库，开展数据库营销，从而降低营销费用。

当前的市场经济中，商业合作伙伴之间强调合作、双赢，而在厂商与顾客之间，也是如此。留住一个老顾客的成本只是开发一个新客户的 1/5；一个满意的老顾客往往会带来更多的新顾客，口碑广告是最有效的广告之一；而且，由于现代信息管理技术的进步，使得为厂商与顾客建立长期、稳定且密切的关系创造了技术条件，使厂商能够更快、更准地找到老客户。渠道的目的就是为厂商与客户建立联系，从而实现商品的流通。从这个意义上说，强调关系营销的渠道战略开始回归营销渠道的核心和本义。

3.4.2 营销渠道策略的选择

美国学者罗伯特·罗森布罗姆认为，渠道结构就是对一组营销人员分配销售任务。渠道结构策略有长度结构、宽度结构和广度结构策略。

3.4.2.1　渠道长度

渠道长度是指产品从制造者手中转移到消费者手中所经过的中间环节。中间环节越多，表明渠道越长，反之则越短。营销渠道长度一般有两种类型。一种是零级渠道，又称为直接渠道，是指制造商直接将产品销售给最终购买者，中间没有其他人的参与，其特点是销售的一次性，即产品从生产商到最终购买者和最终用户之间的销售活动，只有一次。直接渠道有三种主要形式，即直接销售、直复营销和厂家自办店。另一种是间接渠道，又称作一级、二级和三级渠道，是指制造商通过中间商来转移产品的一种渠道类型。一级渠道是产品在转移到消费者手中前，只经过了一级中间商；二级渠道是产品在转移到消费者手中前，经过了两级中间商；三级渠道是指产品经过三级渠道才最终转移到消费者手中。

3.4.2.2　渠道宽度

(1)密集型分销渠道。在这种渠道结构中，制造商在同一类型的中间商中选用尽可能多的中间商经销自己的产品，这样就会使产品在目标市场上的占有率增加，从而达到最广泛地占领目标市场的目的。进行密集型分销的优势：市场覆盖面增大，可以迅速扩展市场，增加与客户接触的几率，能够充分发挥中间商的作用，其缺点是厂商为控制营销渠道，需花费大量的人力和财力，而分销商之间的竞争也会异常激烈，容易造成分销、促销不专一的局面。

(2)选择型分销渠道。在此种分销渠道中，制造商在同一类型的中间商中择优录用少数中间商进行产品分销。这类渠道多应用在消费品种的选购品和特殊品、工业品中的零配件中，通过选择限制渠道，厂家对渠道的控制力得到巩固。采用选择性分销的优点是比较容易控制渠道，市场覆盖面较大，顾客接触率较高；而缺点是分销商竞争较激烈，选择中间商较难。

(3)独家型分销渠道。在这种分销渠道中，制造商在同一类型的众多中间环节只选用唯一的一家中间商。可以说它是一种极端的专营型分销渠道，称为窄渠道结构，适用于一些专业技术性强、价值比较高的商品。其优点是容易控制营销渠道，产品竞争程度低，促销花费小；弊端是市场覆盖面相对较小，顾客接触率低，对中间商的依赖程度较深。

3.4.2.3　渠道广度

营销渠道广度是指生产制造企业选择渠道条数的多少。一般来说，如果条数单一，即是营销渠道狭窄；条数多，则表明渠道广泛。两条以上的渠道被称为多渠道组合。多渠道组合的类型主要有三种：集中型组合方式、选择型组合方式和混合型组合方式。集中型组合方式是在产品单一的市场组合多条分销渠道，这些渠道之间相互重叠，彼此竞争；选择型组合方式针对不同的市场选择不同的分销渠道，渠道之间不重叠，竞争也很少；混合型组合方式则运用了集中型和选择型两种组合方式。

3.4.2　营销渠道策略的演变趋势

随着市场经济的不断发展，渠道结构策略也在不断发生变化，每种渠道策略都要根据需要进行演变，今后渠道结构策略的演变趋势主要体现在以下几个方面：

(1)渠道结构扁平化。传统的营销渠道可以说是呈金字塔的形状，曾经为制造商扩大市场份额发挥了巨大的作用。如今，市场竞争越来越激烈，传统的渠道结构渐渐暴露出缺点。渠道扁平化是渠道越来越短，而同一层级上的销售网点则越来越多。通过扁平化的改革，营销渠道缩短，企业对渠道的掌控能力增强，产品销售网点增加，产品的市场占有率和销售量也不断提升。

(2)渠道市场格局一体化、国际化。目前买方市场格局促使生产—分配—交换—消费中各个环节的重要性也发生变化，总体上生产制造商更加依赖批发商和零售商。为了应付日益变化的环境，大批生产商、批发商和零售商组成统一的系统，为确保供应和需求不断开发新技术，降低交易费用，市场竞争表现为整个渠道系统之间的竞争。

(3)渠道重心下沉化。20世纪90年代后期，大部分企业还是通过管理总经销商来开展销售活动，企业处于销售通路的顶端。目前市场处于相对饱和状态，经销商却由于种种原因无法把产品分销到厂家希望的目标市场上，导致产品在终端市场的销售不力。一些成功的企业开始尝试以终端市场建设为中心来运作市场，加强对终端市场的管理，在终端市场进行促销活动以激发消费者的购买欲望。

(4)渠道处理方式电子化。网络经济时代，企业开始把目光投向互联网，努力将网络营销与传统的营销成功结合起来。尽管网络营销的出现对传统的分销模式、分销理念产生了巨大冲击，但是，不少企业已经从网络营销中获得好处。从发展来说，网络终端将会成为分销商手中的利刃。分销商可以凭借原来的分销渠道，继续巩固自身的地位。如果分销商能够把网络系统和企业内部的关系信息系统完美地结合起来，就能使渠道管理实现电子化。

(5)渠道成员关系伙伴化。传统的渠道成员的关系是交易型的，或者说是以交易为主要目的，渠道成员为追求个体利益最大化甚至可以牺牲渠道和厂家的整体利益。交易型的渠道成员关系最终会导致渠道整体利益的损害。伙伴式营销渠道中，厂家和渠道经销商实行一体化经营，使分散的经销商形成一个整体，渠道成员追求双赢或多赢。

3.4.4 营销渠道战略的模式

当前有七种不同的营销渠道战略模式能为企业带来竞争优势：单一营销渠道、双重营销渠道、非传统渠道、建立并保持比较宽的渠道成员网络、新技术战略、低分销成本战略和拥有进入专业市场的渠道。这些营销渠道战略不像其他营销战略那样容易被竞争对手模仿，能为企业带来持久的竞争优势。

(1)单一营销渠道。单一营销渠道促使完全服务型的中间商向其顾客提供高水准的服务，而没有那些来自提供有限服务的竞争者们的价格竞争之忧。通过单一营销渠道，公司可能与分销商建立并保持长期的亲密关系。在这种战略之下，公司在某些市场上的成功必须依赖分销商的成功。当然，没有公司的充分支持，分销商也不会成功。单一营销渠道让分销商放心地开发自己辖区内的市场，而不必担心会有其他批发商或零售商来争夺自己辛辛苦苦开拓出来的市场。

(2)双重营销渠道。制造商往往通过多条渠道将相同的产品送到不同市场和相同的市场，即同一种产品既卖给最终消费者用于生活消费，同时又卖给产业用户用于生产消费，公司通常通过若干不同渠道将其产品送到不同市场(消费者市场和产业用户市场;有些制造商还通过多渠道将其产品送到同种顾客手中)，这就是双重营销渠道。双重营销渠道就是制造商通过两条以上竞争的营销渠道销售同一种商标的产品。

(3)非传统渠道。在非传统渠道战略中，制造商、批发商和零售商能够经销与本身关联不大的产品和服务。如天时美采用非传统营销渠道战略，通过超级市场、便利店、机场报刊亭等零售渠道来销售手表。这些渠道总是被其他手表生产厂商所忽视。非传统渠道使得消费者能在方便的地方购买商品和服务，增强产品的竞争力。

(4)建立并保持比较宽的渠道成员网络。为建立并保持比较宽的渠道成员网络，公司要使用地区性和全国性的广告(提供与广告覆盖范围相当的分销网络)，并创立和维持一个地区性或全国性的品牌形象，还要提供整个市场范围一定水平的满意服务。尽管大多数第一层次的日本汽车制造商（本田、丰田和日产）有着较宽的覆盖全美的分销网络，第二层次的日本汽车制造商如马自达、三菱和五十铃也有相似范围的坚实的经销商网络。在某个市场中若没有充分数量的优秀的经销商，这些制造商不可能获得任何潜在的市场，无论是地方性、地区性的还是全国性的。

(5)使用新技术战略。渠道成员能够使用高新技术来取得并保持竞争优势。电脑能被用于安排约会，保持最新的商品目录，分离畅销品和滞销品以及针对有选择的目标顾客进行促销等。自动化仓库能够减少人工按单发货中的错误，加快运送和降低成本。应用高新技术来创造渠道竞争优势的一个例子是巴克斯特国际公司的“价值链自动化采购系统”。该系统使大客户如大医院，能够以电话连线的终端设备向巴克斯特直接订货。通过该系统订购的货物由巴克斯特直接送达订货地点（如一个手术室或护士办公室），并且数量上准确无误。这样，巴克斯特系统的用户医院就能从无库存系统中受益，即减少了订货和商品运送两方面的成本。这些费用几乎与产品的直接成本相同。

(6)低分销成本战略。建立在低成本基础上的营销渠道战略使渠道成员能赢得价格敏感型的市场部分，将费用节约的好处让给消费者，并通过挑战竞争对手的价格而获得满意的利润。渠道成员可以通过自动化（如订货、仓储和记账的自动化）、租用低租金设备（作为展厅、仓库和零售店）、将提供给顾客的服务减至最少（如通过自选购物、目录销售或对运输、设备安装和修理等收取额外费用）等方法来降低成本。

(7)拥有进入专业市场的渠道。这种渠道使公司能够更好地满足其目标市场的特别需要，比竞争者更有效率地进入市场。没有通向专业市场的渠道，企业就不得不想办法把它的产品和服务推向更大范围的市场，这会造成巨大的浪费。这些竞争性优势既适用于制造商、批发商和零售商，也适用于国内和国际企业，还适用于采用价格策略或服务策略的渠道成员。

本章小结

1. 营销渠道是一套相互依存的组织，它存在于企业的外部，并且能够促使产品或服务经由市场交换过程顺利地转移到消费者手中。一般认为营销渠道具有以下特征：营销渠道是由一系列相互依存的组织按一定的目标结合起来的网络系统；营销渠道组织成员通常包括生产者、零售商、批发商和消费者，也包括一些支持营销的机构如运输公司、广告公司、独立仓库、银行和市场研究公司等；这些组织或机构为实现共同目标而发挥各自的营销功能，因为有着共同利益而合作，当然也会因利益不同和其他原因发生冲突，需要协调和管理；营销渠道是一个多功能系统。

2. 营销渠道环境具有复杂性与多样性、客观性与动态性、不可控制性与企业的能动性等特征。营销渠道的环境是对企业营销活动具有影响的外部环境因素，企业重点关注的因素包括：经济环境、政治法律环境、社会文化环境以及科学技术环境等。

3. 营销渠道战略也叫营销渠道策略，是整个营销系统的重要组成部分，它对降低企业成本和提高企业竞争力具有重要意义，是营销规划中的重中之重。随着市场发展进入新阶段，企业的营销渠道不断发生新的变革，旧的渠道模式已不能适应形势的变化。

4. 渠道结构策略有长度结构、宽度结构和广度结构策略。渠道结构策略的演变趋势主要体现在以下几个方面:渠道结构扁平化、渠道市场格局一体化、国际化、渠道重心下沉化、渠道处理方式电子化、渠道成员关系伙伴化。

5. 营销渠道战略的模式有单一营销渠道、双重营销渠道、非传统渠道、建立并保持比较宽的渠道成员网络、使用新技术战略、低分销成本战略、拥有进入专业市场的渠道等。

思考题

1. 什么是营销渠道,有哪些特征?
2. 简述营销渠道的成员性参与者和非成员性参与者?
3. 论述营销渠道成员中非成员性参与者的功能。
4. 简述营销渠道环境的构成要素及其特征。
5. 谈谈市场环境对电子商务和互联网渠道的影响。
6. 结合实际谈谈你对营销渠道战略的认识。

案例练习

箭牌公司是世界上口香糖行业的领先企业,每天生产数百万包口香糖,其生产口香糖的技术有口皆碑。作为一个大型的财务实力非常强的企业,它的产品销售给美国以及世界各地成千上万的口香糖消费者,但是箭牌公司从来也没有打算将口香糖直销给消费者,而是使用大量批发和零售层次的中间商。

案例点评:为什么箭牌公司不采取直销而是利用中间商销售?解释公司政策的经济效益。

渠道实训

实训目的	通过调研一个企业,使学生初步感受营销渠道的参与者和职责分工,了解环境对渠道管理的影响,掌握营销渠道管理的战略选择
实训内容	请学生通过调研获取某企业渠道管理的完整资料,并分析影响该企业渠道选择的环境要素有哪些,分析该公司的渠道战略及渠道参与者的情况
实训要求	1. 调研获取某企业渠道管理方面的资料 2. 分析该企业的渠道管理的战略模式,了解该公司渠道成员的构成,归纳总结影响该公司渠道战略的主要因素 3. 与小组成员一起汇总收集到的该企业营销渠道管理战略的材料,分享评价该公司渠道管理的优劣
实训步骤	分组→确定小组调研对象→收集该企业渠道资料→小组讨论→书面总结讨论意见→课堂分享

拓展学习

中石化的销售渠道重组

中石化是中国最大的一体化能源化工公司,主要从事石油与天然气勘探开发、开采、销售;

石油炼制、石油化工、化纤、化肥及其他化工的生产与产品销售、储运；石油、天然气管道运输；石油、天然气、石油产品、石油化工及其他化工产品和其他商品、技术的进出口、代理进出口业务；技术、信息的研究、开发、应用。它是中国最大的石油产品和主要石化产品生产商和供应商，也是第二大原油生产商。中石化参照国际模式，构筑了公司的架构，建立了规范的法人治理结构，实行集中决策、分级管理和专业化经营的事业部制管理体制。中石化现有全资子公司、控股和参股子公司、分公司等共 80 余家，包括石油企业、炼油及化工企业、销售企业及科研、外贸等单位，其生产资产和主要市场集中在中国经济最发达、最活跃的东部、南部和中部地区。

1998 年之后，中石化销售公司旗下共有 29 家省级石油公司，其中：22 家是分驻长城以南各省、负责当地市场开拓和成品油供应的销售公司；7 家是作为中石化销售公司派出机构，负责资源调配，与炼油厂沟通结算的大区公司。这 22 家销售公司是中央政府为做大做强民族石油工业、实现两大石油集团"上中下游一体化"的战略部署，从各地整建制划入中石化的。由于历史原因，上划前的销售公司存在人员包袱重、管理环节多、运营效率低、销售网点少、市场调控能力弱等问题；上划后，各销售公司依靠中石化的巨额资金投入和国家给予的加油站建设权、特许经营权，允许中石油、中石化两大集团对社会批发经营单位实行资产重组等优惠政策，进行了大规模的扩张，使其销售网点大幅度增加，市场调控能力也得到一定提升。

1999 年以来，中石化为增强市场调控能力，在新建、改建、收购加油站方面累计投入资金 400 多亿元，其销售网点增加到 28 000 余座，初步建成了覆盖长城以南各省的加油站零售网络，为提高市场调控能力、改善销售结构夯实了基础。如广东石油分公司，2000 年以前只有加油站 651 座，网点占有率仅 13.6%；自 2000 年以来，该公司累计投入资金 59.6 亿元，新增加油站 1 430 座，网点占有率提升到 42.1%。

但是，中石化各销售公司大规模扩张的背后，弊病也是不容忽视的。首先，下属的地市级分公司被赋予过多管理职能，甚至县经营部作为地市公司的派出机构也在管理市场，从而造成管理层次过多、市场反应缓慢。其次，由于这些公司都是以行政区划为基础设立的，油品配送经常会出现流向冲突的不经济行为，这成为中石化销售公司运营成本居高不下的重要原因。

销售网点大幅度增加使中石化的企业利润上升，更能为中石化旗下的油田企业、炼油厂、化工厂的发展创造有利的市场条件。然而，仅仅依靠增加销售网点数量来实现销量增长的外延型发展战略，并没有从根本上提高企业的竞争力。只有从增加销售网点数量的粗放型增长方式转变为提高单位网点销售业绩的集约型增长方式，提高运营效率、降低运营成本，才能使企业从容应对加入 WTO 后日益加剧的市场竞争。

根据我国加入 WTO 时的承诺，2004 年底开放国内成品油零售市场，2007 年以前开放国内成品油批发市场；与此同时，中石油、中石化的成品油销售企业——各地石油公司也将失去国家给予的保护性优惠政策。

面对此形势，2004 年 3 月中石化参照国际通行做法，从改革销售管理体制入手进行渠道的大变革。其中心是，施行专业化管理和区域公司重组；在管理层次上，将由原来的多级管理变为两级管理。

跨国石油巨头在油品营销管理上通行的做法是以成品油中心库为圆心，划定相应的配送半径，以此为基础成立基本管理单位，它的管辖地域是以油品配送成本最低为原则划定的，不受行政区划的限制。基本管理单位下设片区经理，片区经理管理临近的几个加油站，加油站设站长。这种管理模式不但可以降低运营成本，而且效率很高，可以针对随时变化的市场及时做出反应。

中石化销售渠道重组的总体思路就是按照“区域化、专业化、扁平化”的原则，以优化物流配送和强化成品油市场营销为重点，充分利用现代高科技技术，对物流、零售、直销施行专业化管理，建成“管理层次扁平、业务专业垂直、岗位权责明确、市场反应灵活”的新型经营管理体制。

在管理层次上，由原来的多级管理逐步减少为总部对区域资源配送和市场营销的两级管理；在运行模式上，实行资源配送和市场营销两条线运行。在资源配送这条线中，按照区域经济流向，建立区域配送中心，实行资源统一运作、设施统一管理、物流统一优化、配送统一组织，进一步降低成本，提高盈利空间，增强市场竞争力；在市场营销这条线中，按照专业化分工，零售实行零售管理中心—片区经理—ME—加油站的专业垂直管理，直销实行商业客户中心—客户经理—客户的专业垂直管理，加强市场营销，适应外部市场变化需要。

在实施步骤上，云南石油分公司和广东石油分公司作为先期试点单位的样板，首先进行管理体制改革，即在这两个公司内部建立省级物流中心，由它对全省范围的物流实行统一管理和运作，实现物流与商流的分离；同时选择部分地市公司进行跨区域重组，并在区域公司内按照零售中心、商业客户中心、结算中心三条线向下垂直管理到经营网点，撤销县经营部。通过此次改革，省级销售公司的管理职能得到空前强化，与之相对应的是地市级公司则更多地被赋予冲锋陷阵、开拓市场、提高销量的重任。省级公司一方面可以通过专业化业务中心强化其决策中心的地位，使公司的决策更加快速准确到位；另一方面又可以通过省级物流中心合理规划油品流向，即由省级公司物流配送中心安排向加油站、大客户的油品运输供应的调度，它以油库为中心，并制定合理的配送半径，避免造成不必要的损耗；而地市级公司各业务部门只需专注于目标市场的开拓和相应的市场管理工作，通过专业化的分工和区域公司重组，实现了责权分明、贴近市场的目的。

安利在中国的渠道转型

创立于1959年的美国安利公司是世界知名的日用消费品生产商及销售商，业务遍及五大洲80多个国家和地区，以安利(Amway)为商标的产品共有5大系列、400余种，全球员工超过1.2万人，营销人员超过300万人。2002年，安利在全美500家最大私营企业中排名第27位；50大家居与个人用品制造企业排名第4位；公司总资产达380亿美元；在安利45年的持续增长过程中，从未向银行贷款，保持“无借款经营”的纪录。由于安利公司的两位创始人狄维士和温安洛都是推销员出身，所以近50年来直销一直被安利公司看作是最有效的营销方式。然而，当安利兴冲冲地将这种营销模式导入中国的时候，却遇到了前所未有的尴尬。

1995年，安利正式落户中国，他们在广州投资1亿美元建成了安利在海外唯一的现代化日用消费品生产基地，欲在中国掀起一场安利的直销风暴。可是很快，国内形形色色打着直销旗号的传销诈骗活动搅乱了安利的市场前景。1998年4月21日，国务院《关于禁止传销经营活动的通知》出台，对传销(包括直销)活动加以全面禁止。对于安利来说，1998年无疑是它在中国的一个分水岭，随着这年4月在中国的业务被禁，安利开始在中国寻求新的生存方式。同年6月18日，国家工商局颁发《关于外商投资传销企业转变销售方式有关问题的通知》，准许部分外资传销企业转为店铺经营，并可以雇用推销员。同年7月经批准，安利(中国)日用品有限公司正式采用新的营销方式，由直销改为“店铺+雇用推销员”的经营模式，自此，安利40多年来在全球80多个国家和地区均通过直销员销售产品的传统被彻底打破。转型后的安利把原来分布在中国的20多个分公司改造成为第一批店铺，以后又陆续对这些店铺进行扩充。所有产品明码标价，消费者可以直接到专卖店中自行选购，杜绝推销员自行定价带来的问题。新的经营模式给消费者带来了新的选择，同时也让安利做出了新的尝试，突破原有的直销模式，多种销售方式并举，对于融入中国国情的安利来说也是一种挑战。

"店铺+雇用推销员"模式是安利在中国渠道转型的最主要内容。安利公司创办人之一狄维士针对这一转型直言："这是安利41年来前所未有的革命！"总裁黄德荫将"店铺+雇用推销员"渠道模式的优势总结为三个方面：(1)保证了产品质量：通过直销模式，安利的消费者基本上不会遇到假冒伪劣产品；(2)提供了很好的销售渠道：店铺既是公司形象的代表，又为营销人员提供后勤服务，还直接面对普通消费者，消费者和政府都因为店铺的存在而更加放心；(3)这种模式可直接受益于安利（中国）积极的市场推广手法。安达高公司执行副总裁比尔·佩恩(Bill Payne)这样总结安利的变革："到目前为止，这种经营方式非常有效。其一，自设店铺提高了公司透明度，让消费者有一个自愿选货、进货和成为优惠顾客的机会；其二，安利目前在中国120家店铺的所有产品都明码标价，公开的价格避免了哄抬价格的可能。此外，营业代表的推销弥补了销售网点的不足，提升了服务素质，让消费者享受到更直接、更亲切的售前、售后服务。"

"店铺+雇用推销员"的新型渠道成功地推进了安利在中国的转型进程，而与此同时，安利对员工的管理整顿也在加紧进行。从2002年1月开始，安利（中国）公司停止了新营业代表的加入，并对现有人员进行培训和全面的整顿。所有营销人员都是安利的合约雇员，这就意味着安利必须承担每一位推销员的职务行为所引起的法律责任，新推销员加入不会给任何人带来收入。在对推销员的管理方面，安利进一步加大了透明度，制定了一系列精确的制度，并且十分严格地加以实施。从2002年1月至今，安利（中国）已清除了近600名身份为公务员、军人或学生等不符合从业规定的销售人员。它的推销队伍从2001年初的13万人锐减至7万人。同时，安利（中国）还加强了对营销队伍的管理，通过培训和严格的奖惩制度来规范其推销员的行为。2002～2003财政年度，安利（中国）共查处各类违规行为1 649起，处分营销人员2 317人。

安利的渠道转型为其带来了巨大的市场收益。公司财务报告显示，在2002～2003财政年度（2002年9月～2003年8月）中，安利（中国）的销售额已超过10亿美元，在公司49亿美元的全球销售额中占据二成。2003年8月，安利公司在大中华区的销售业绩已超过美洲地区，中国成为安利全球营业额最大的市场。正如安达高公司执行副总裁比尔·佩恩所说："我们重视中国市场，我们尊重中国国情，我们遵守中国的规则，因此我们改变自己的经营模式来适应中国，做这一切的结果是：我们赢得了中国市场。"总裁黄德荫说："经过短短9年的发展，中国已经超过拥有45年历史的美国市场，成为安利在全球的最大市场。安利（中国）的成功充分说明了规范经营的直销企业，在快速发展的中国市场上的广泛空间。"在2002年翰威特咨询公司和《亚洲华尔街日报》《远东经济评论》联合发布的"2001年亚洲最佳雇主评选"中，安利（中国）名列榜中。在《财富（中国版）》评出的"2002年最受赞赏的50家外商投资企业"中，安利（中国）也榜上有名。根据独立市场调查公司于2004年初进行的一项调查，安利（中国）的知名度和美誉度分别达到了93%和75%。

飞利浦和TCL的渠道合作

飞利浦电子是世界上最大的电子公司之一，2003年的销售额达290亿欧元，在医疗诊断影像和病人监护仪、彩色电视、电动剃须刀、照明以及硅系统解决方案领域世界领先。飞利浦拥有166 800名员工，在60多个国家和地区里活跃在医疗保健、时尚生活和核心技术三大领域。飞利浦早在1920年就进入了中国市场。从1985年设立第一家合资企业起，飞利浦就秉承扎根中国的长期承诺，将照明、消费电子、家庭小电器、半导体和医疗系统五大业务全部带到了中国，将世界领先的技术、产品和服务同步带到了中国市场。目前，飞利浦已成为中国电子行业最大的投资合作伙伴之一，累计投资总额超过34亿美元，在中国建立了35家合资及独资企业，在全国设有60多个办事处，共有20 000多名员工。2003年公司在华营业额达到75亿美元，国际采购额达到38.3亿美元。

飞利浦在中国的渠道模式经历了很长的一段辗转之路。1997年之前，飞利浦在华南市场一直采取直接建设，掌控主流渠道，再向终端铺货的方式，年销售额始终徘徊在700万元左右。出于在国外飞利浦代理制的普及和普遍成功，从1997年底开始，飞利浦决定在华南市场实行区域总代理制。

1997～1999年，由于飞利浦充分给予代理公司优惠的代理政策，使飞利浦的代理区域的销售直线上升，销售额也连年翻倍，1999年达到2.3亿元，飞利浦"两广"市场占有率一路上升至10%。这一阶段总代理制为飞利浦取得了丰硕的业绩，应该说是一个双赢的阶段。

但随着国内彩电市场竞争加剧，整体价格大幅下滑，飞利浦的盈利开始回落。2001年，飞利浦开始酝酿渠道收复、产品升级行动，其目的就是欲以低点毛利要挟代理商，降低渠道成本，增进零售价格竞争力。

2002年，飞利浦更换代理商，由双方共同出面来管理市场。然而，作为外资企业，飞利浦的人员成本和市场管理成本居高不下，仍然无法扭转微利的局面。最终，飞利浦决定将华南7省区域渠道代理委托TCL。2003年8月，飞利浦电子公司与TCL集团宣布，两大品牌公司将在中国5个省市的市场进行彩电销售渠道的合作。这意味着，飞利浦彩电将搭乘TCL的销售网络，进一步实现覆盖中低端的二级市场的目标。

2004年初，飞利浦设在广州的视听产品华南办事机构正式解散，飞利浦华南7省彩电销售业务彻底转交国内彩电巨头TCL公司代理。飞利浦由此前的厂商共同管理渠道变成由TCL独立进行渠道和销售管理，双方更广泛和更深入的渠道合作正在展开。

一直对飞利浦在华南渠道管理进行跟踪研究的广州终极营销顾问有限公司张德华在接受《财经时报》专访时认为：飞利浦的致命伤是速度。频繁更换渠道机制，代理商的替换速度太快，使得渠道因素引发了市场的动荡不安；而品牌、技术升级的执行速度过慢，升级速度跟不上渠道和市场的自然提升速度，造成"猛牛拉破车"的不利后果；最终，渠道执行力的短板，让飞利浦陷入了华南渠道困局。飞利浦与TCL这场联姻被广为关注的原因还在于，这是继海尔与三洋、TCL与松下、海信与住友之后，国内家电企业又一次与跨国公司达成销售渠道上的合作。对飞利浦来说，这是它经历多次渠道烦恼后的重新抉择，至于结果能否长久，仍然难下结论。毕竟双方将各自的同类产品都放在这个渠道中，TCL同时还与其他厂家合作，如何解决同质化产品的同台竞争局面，恐怕也是考验双方的难题。

中国实战营销策划的著名人士刘永炬在接受《财经时报》记者专访时认为：像飞利浦这样的跨国企业在中国出现的渠道"短板"，与其对中国市场竞争环境的水土不服有关。人们总是很"迷信"跨国公司，实际上在面对中国这样一个特殊环境的市场，跨国公司也并不太会"玩"，因为他们熟悉和擅长的是在一个已经成熟化的市场中进行运作，而中国市场并不成熟。从20世纪90年代开始直到现在，中国市场仍然是处在一种满足需求的阶段，基本上需求是不用拉动的。这个阶段的特点就是销售力要大于市场力，也就是说，渠道的作用可能会大于市场推广的作用。满足市场需求主要是依靠渠道，因此，需求越大，渠道的优势也就越大。虽然在一些大城市可能会出现某类商品的饱和，但在中国广大的中小城市和农村市场中，需求仍然旺盛。加之中国地域宽广、差异大，文化也呈区域化特点，以及消费者对需求方式的融合，这些都对跨国企业形成巨大的挑战。2003 年松下的董事长在中国市场的营销策略上讲了一句话，大意是：下雨了，我们也要打伞。这说明一些跨国企业已经意识到，必须根据中国市场的特殊环境，做相应的营销策略的改变。

刘永炬还指出：站在市场的角度说，飞利浦"借用"TCL 的渠道的利弊在短期内看不出来，很难说"借用渠道"是否就更容易取得市场的成功。在这种市场氛围之下，只注重渠道建设，而忽略其他，只会维持短暂的市场成功。当市场进一步成熟，消费者对品牌以及个性化产品的需求上升时，渠道的优势就会被削弱。因此，目前渠道得势的状态只是被中国消费市场长期需求旺盛的惯性所引发，未来的竞争究竟是不是"渠道为王"，还要依赖于市场的变化来决定。但过分依赖渠道将会导致生产企业在未来市场竞争中处于被动。以家电市场为例，短短数年中，渠道已经形成一股强大的独立势力。在进一步的扩张中，渠道企业就把生产企业控制了，以至于某渠道企业要封杀某品牌之类的新闻时常见诸媒体。正常的市场营销无疑是生产企业考核经销商、考核渠道，而在中国的家电市场中，已经变成了渠道成员考核生产企业。家电企业在现实的无奈中，也在担心哪一天会被渠道给"玩"死。另外，一件商品的价值应该是由产品价值加上品牌价值构成的，而在渠道控制市场的情形之下，品牌价值被搁置，各厂家都在拼价格。长此以往，生产企业将失去未来发展的潜力。因此，已有不少国内生产企业开始自建渠道，比如格力的联合经销体。但如果没有实力的生产企业与渠道决裂，就意味着毁灭，历史上长虹、康佳都曾因渠道问题而产生阵痛。

美格科技：IT 配件交叉销售

美格科技股份有限公司成立于 1987 年，致力于专业显示器的研究、开发、制造工作。发展至今，美格已经成为世界显示器三大品牌之一。作为台湾地区的尖端科技产业，美格科技的成功更在于开创 MAG 品牌，使其成为世界上家喻户晓的品牌，大步翻新了台湾产业在世界工业界的旧有形象。锐敏掌握商机于世界产业动态，是引领美格成功跃上国际舞台的关键因素。1993 年，第一批 MAG 显示器运往美国、欧洲、日本三大市场。短短数年间，美格已成为全球知名的显示设备供应商。自 2001 年 8 月美格启程"光电时代"开始，面对挑战，美格提出以美格文化为根基的"五大核心思路"和以 In-Ho 战略为宗旨的"五个行动计划"。2003 年美格科技中国事业部将战略总署由深圳迁往上海。

随着 IT 业的市场竞争的日益激烈，IT 产品的利润日渐薄弱，IT 企业纷纷开始寻找降低经营成本、提高市场占有的新途径。一些具备直接面对终端用户的能力的 IT 企业开始了渠道扁平化的工作，使企业越过层层销售环节，直接和终端用户打交道。因此，产品线丰富的 IT 企业具备了实施交叉销售的条件。

所谓交叉销售，是指企业通过发现一位已有顾客的多种需求，并满足其需求而实现销售多种相关服务或产品的营销方式。例如一个高尔夫俱乐部会员卡的购买者，可能也是一个轿车购买者，并且是一位保健服务的需求者，相关企业可以通过联合的交叉销售满足他的多种需求。这种为客户提供更为经济和便捷的一站式服务的营销方式在银行、保险、零售、家电、汽车等行业被广泛采用。就交叉营销的实质来说，它是用户资源在各产品及服务间的共享，是在拥有一定市场资源的情况下向自己的顾客或者合作伙伴的顾客进行的一种推广手段。企业的产品线的丰富化使交叉销售这一颇具创新意义的渠道模式具有了更加合适的土壤。交叉销售在用户群高度重合，消费者能从交叉销售中获得实在利益，并且产品渠道模式具有一致性的领域具有很好的销售效果。

在IT行业，美格科技首先进行了大规模、规范化IT配件产品交叉销售的尝试。美格科技成为IT配件产品领域第一个"吃螃蟹的人"有其必然的原因：首先，产品线的丰富化。在产品线方面，美格从2002年开始不断地扩充产品范畴，从原来单一的显示器产品扩展为现在的显示器、光储产品、键盘、鼠标、机箱等多种PC配件产品，并仍在不断地完善产品线。其次，渠道的扁平化。美格从2001年开始改造传统的代理渠道，建立了拥有20家事业平台、150多家专卖店和2 000多家加盟店的自有销售渠道，这种渠道能力在配件供应商中是非常少见的。产品线的丰富和面对客户的能力是交叉销售实施的前提。因此，产品线的变化和渠道的改进为美格全面展开交叉销售扫清了道路。

2003年10月中旬～12月10日，美格推出了首次交叉销售活动——"美格新势力之搜罗键鼠英雄"。12月15日，美格又推出了"新势力之天地英雄"活动。在活动期间，凡是购买美格786FDX5、786FTⅡ这两款CRT显示器的消费者，除了可以免费获赠"水上飘"键盘之外，还可享受到多种套餐优惠。购买786FDX5高亮CRT显示器和带航嘉冷静王电源的天行者Ⅰ号手提机箱套餐的消费者，只需1 799元的优惠价就可轻松拥有原价1 898元的显示器与时尚机箱。购买786FDX5、天行者Ⅰ号手提机箱和美格光驹鼠标组合的消费者，将只需1 849元。购买786FDX5、天行者Ⅰ号手提机箱和美格光驹鼠标，以及美格黑马DVD-ROM套餐的消费者，可以1 999元拥有原价2 296元的超强桌面组合。购买美格786FTⅡ显示器与天行者Ⅱ号手提机箱组合的消费者，以1 499元的低价就可获得原价1 598元的套餐。购买786FTⅡ、天行者Ⅱ号手提机箱与美格光驹鼠标组合套餐的优惠价格为1 549元。另外，消费者购买786FTⅡ、天行者Ⅱ号手提机箱和美格光驹鼠标，以及美格黑马DVD-ROM组合套餐的优惠价格则为1 699元。在这次活动中，美格提供了包括显示器、键盘、鼠标、光驱、机箱等6种DIY用户必备的配件在内的6种组合采购方式，根据组合的不同，美格给予用户不同程度的价格优惠幅度。这种向现有客户提供更多的产品和服务的销售方式表明，美格已经在其市场营销中规模化地展开交叉销售。

原美格科技执行副总俞翠薇认为，交叉销售带给美格的好处主要有三方面：其一，组合式销售的便捷以及价格上的优惠无疑将成为美格获得更高市场份额的一个重要影响力；其二，可以让新兴产品借助美格显示器的优势迅速地打开市场，在最短的时间内被用户接受；其三，美格强有力的服务能力——美格移动服务网将可以更好地发挥它的作用和影响力。对用户而言，IT配件的交叉销售带给他们的好处表现为两方面：其一，价格优势明显。DIY用户可以更低的成本获得PC配件——像美格的"新势力之天地英雄"活动中，最全面的配件组合销售折扣可以低至82折，这在以前是不可想象的。其二，服务更有保障。这种组合式的销售使DIY用户对配件的售后服务更加放心，用户获得服务的方式更简捷。因此，交叉销售是一种能让企业和用户双方都受益的销售方式，除了使美格在市场竞争中掌握更大的主动性外，也能让用户最大可能地受益。

美格市场部负责人认为：美格之所以能大幅度降低用户采购成本，正是美格的交叉销售给用户带来的实惠。对多数DIY用户来说，每次的装机数量一般只有一台，多台装机的用户比例较低，因此，厂商很难就一台显示器或一块主板给用户一个好的折扣。而在交叉销售模式下,DIY 用户可以在美格组合式地选购同一台计算机的不同配件,即使不同的采购额,厂商也可以给出相当优惠的折扣,从而降低用户的采购成本。这对于传统 DIY 市场上分散采购配件的方式下是无法实现的。

格力空调:离开国美,走自己的路

珠海格力集团公司是珠海市目前规模最大、实力最强的企业之一。集团拥有的“格力”“罗西尼”两大品牌于 1999 年 1 月和 2004 年 2 月被国家工商局认定为中国驰名商标。2003 年,格力集团共实现营业收入 198.42 亿元,位列中国企业 500 强第 88 名。集团下属的珠海格力电器股份有限公司是中国目前生产规模最大的空调生产基地,现有固定资产 7.6 亿元,拥有年产空调器 250 万台(套)的能力。经过多年的发展,格力空调已奠定了国内空调市场的领导者地位,格力品牌在消费者中享有较高的声誉。据国家轻工业局、央视调查中心的统计数据,从 1996 年起,格力空调连续数年产销量、市场占有率均居行业第一。现在,格力空调产品覆盖全国并远销世界 100 多个国家和地区。

多年以来,格力空调一直采取的是厂家—经销商/代理商—零售商的渠道策略,并在这种渠道模式下取得了较高的市场占有率。然而近年来,一批优秀的渠道商经过多年发展历程,已经成长为市场上的一支非常重要的力量,其中尤以北京国美、山东三联、南京苏宁为代表的大型专业家电连锁企业的表现最为抢眼。这些超级终端浮出水面,甚至公开和制造企业“叫板”。自 2000 年以来,这些大型专业连锁企业开始在全国各大中城市攻城略地,在整个家电市场中的销量份额大幅度提高,其地位也直线上升。

2004 年 2 月,成都国美为启动淡季空调市场,在相关媒体上刊发广告,把格力两款畅销空调的价格大幅度下降,零售价原为 1 680 元的 1P 挂机被降为 1 000 元,零售价原为 3 650 元的 2P 柜机被降为 2 650 元。格力认为国美电器在未经自己同意的情况下擅自降低了格力空调的价格,破坏了格力空调在市场中长期稳定、统一的价格体系,导致其他众多经销商的强烈不满,并有损于其一线品牌的良好形象,因此要求国美立即终止低价销售行为。格力在交涉未果后,决定正式停止向国美供货,并要求国美电器给个说法。“格力拒供国美”事件传出,不由让人联想起 2003 年 7 月份发生在南京家乐福的春兰空调大幅降价事件,两者如出一辙,都是商家擅自将厂家的产品进行“低价倾销”,引起厂家的抗议。

2004 年 3 月 10 日,四川格力开始将产品全线撤出成都国美 6 大卖场。四川格力表示,这是一次全国统一行动,格力在全国有 20 多家销售分公司,其中有 5 家公司与国美有合作,产品直接在国美销售。导致这次撤柜的主要原因是与国美在 2004 年度的空调销售政策上未能达成共识。3 月 11 日,国美北京总部向全国分公司下达通知,要求各门店清理格力空调库存。通知称,格力代理商模式、价格等已经不能满足国美的市场经营需求,要求国美各地分公司做好将格力空调撤场的准备。

面对国美的“封杀令”,格力的态度并没有退让。格力空调北京销售公司副总经理金杰表示:“国美不是格力的关键渠道,格力在北京有 400 多个专卖性质的分销点,它们才是核心。谁抛弃谁,消费者说了算。”格力空调珠海总部新闻发言人黄芳华表示,在渠道策略上,格力不会随大流。格力空调连续数年全国销量第一,渠道模式好与坏,市场是最好的检验。格力电器公司总经理董明珠接受《广州日报》记者采访时表示,格力只与国美的少数分店有合作,此事对格力空调的销售几乎没有什么影响,自己的销售方式也不会为此做出改变。对一个企业来说,对任何经销商都应该是一个态度,不能以大欺小,格力对不同的经销商价格都是一样的。格力在各地设立自己的销售公司主要是为了在各个区域进行市场规范管理，保持自己的品牌形象，而销售公司靠服务取得合理利润，价格一直贴近市场，格力空调去年500万台的销量就证明了这一点，因此格力不会改变这种销售方式。对于今后能否与国美继续合作，格力坚持厂商之间的合作必须建立在平等公正的基础上，违背这种合作原则只能一拍两散。

事实上，在国美、苏宁等全国性专业连锁企业势力逐渐强盛的今天，格力电器依然坚持以依靠自身经销网点为主要销售渠道。格力是从2001年下半年才开始进入国美、苏宁等大型家电卖场中的。与一些家电企业完全或很大程度地依赖家电卖场渠道不同的是，格力只是把这些卖场当作自己的普通经销网点，与其他众多经销商一视同仁，因此在对国美的供货价格上也与其他经销商一样，这是格力电器在全国的推广模式，也是保障各级经销商利益的方式。以北京地区为例，格力拥有着1 200多家经销商。2003年度格力在北京的总销售额为3亿元，而通过国美等大卖场的销售额不过10%。由于零售业市场格局的变化，格力的确已经意识到原来单纯依靠自己的经销网络已经不适应市场的发展，因此从2001年开始进入大卖场，但格力以自有营销网络作为主体的战略并没有改变。

而在国美方面，国美电器销售中心副总经理何阳青认为，格力目前奉行的股份制区域性销售公司的"渠道模式"在经营思路以及实际操作上与国美的渠道理念是相抵触的。国美表示，格力的营销模式是通过中间商的代理，然后国美再从中间商那里购货。这种模式中间增加了一道代理商，它必定是要增加销售成本的，因为代理商也要有它的利润。格力的这种营销模式直接导致了空调销售价格的抬高，同品质的空调，格力要比其他品牌贵150元左右，这与国美一直推行的厂家直接供货、薄利多销的大卖场模式相去甚远。国美与制造商一般是签订全国性的销售合同，而由于现在格力采取的是股份制区域性销售公司的经营模式，与格力合作时就不得不采取区域合作的方式，这与国美的经营模式也是不相符合的。

第三部分

运作管理篇

第4章　营销渠道的开发管理

本章介绍渠道设计的原则与流程、渠道设计的内容，分析影响选择营销渠道及渠道成员的因素，探讨渠道模式的类型，从而使学生知悉营销渠道设计及渠道成员选择的意义，掌握营销渠道设计的相关知识与综合技能，增强对后续章节重难点知识的掌控能力。

【学习目标】

1. 了解渠道设计的流程；
2. 掌握渠道设计的原则与内容、影响选择营销渠道及渠道成员的因素；
3. 熟悉营销渠道模式的几种类型；
4. 理解渠道设计及渠道成员选择的意义。

【引例】

贝因美进入转型攻坚期，发力渠道变革

国产奶粉龙头企业贝因美最近颇不平静。作为国产奶粉的大哥，贝因美今年中期公布了一份并不理想的业绩表。今年上半年，贝因美实现营收17.73亿元，同比下降26.28%；净利润亏损1.03亿元。

贝因美的首次亏损，令不少业界人士叹息。对此，贝因美董事长王振泰称，业绩下滑在意料之中，国内奶粉行业早已过了黄金发展期，贝因美早在2012～2013年对此已有感受。电商和海淘的兴起，加速了行业下滑，正所谓“不转型等死，转不好找死”。经过几番研讨，公司选择了走转型升级之路。

在战略性引入合作伙伴IBM后，贝因美去年改革集中在公司内部结构上，包括搭建骨干框架ERP及CRM，进行流程再造。而当前，贝因美正在推行营销渠道的变革，对于奶粉企业而言，得渠道者得天下。贝因美今年6月启动的渠道变革，得到了董事会高层力挺。据了解，贝因美推进中的渠道变革，包括设立营销控股子公司，构建营销领域的业务实施平台，设立15家营销全资子公司，赋予子公司更多的销售经营责任；同时对部分客户进行优化，由原本的经销商体制转变为代理商体制，鼓励优质客户（代理商）做大做强，把好产品、好资源集中在有意愿发展壮大的代理商手中，给代理商带来可持久保障的品牌及利润的优势，增强渠道变革带来的竞争力。贝因美全国销售总监徐晓洪称，传统的经销商模式经过二十几年的发展，现面临海淘、电商等新兴渠道的挑战。面对渠道变革必须对此进行有针对性的调整。从经销商向代理商转变是国际行业总体的发展趋势，贝因美需要花一些时间和代价，来顺应行业发展规律，真正达到转型的目的。

尽管“对转型期带来的阵痛早有预料，但低估了行业的下滑速度”。奶粉原料价格的大幅下滑，让贝因美始料未及。王振泰称，2013 年由于原料价格波动及供应紧张，公司主销产品一度断货，因此公司根据对未来原料供应趋势的判断及生产规模扩大需求，相应增加了原材料库存储备。市场上原料价格下跌对公司现在业绩并未带来好处，相关的正面影响将在明年体现。

“真正的转型升级，都是有代价的，一旦启动不能回头，就像当年的股改一样，开弓没有回头箭。”王振泰称。贝因美在这场变革中，顺应了乳业形势的变革，基本面也没有被破坏。通过内部流程再造，产业链整合和营销渠道变革等转型升级措施，减少了周期性风险冲击；而战略合作伙伴 IBM 作为全球最大的信息技术和业务解决方案公司，可以凭借数据处理优势，帮助贝因美做好业务转型，实现从 B2B 到 B2C 的转变，逐步做到分渠道分产品的精准营销，从而最终使贝因美发展成为一家可以利用全球乳业资源的企业，并为打造一家百年老店夯实基础。

思考：查询资料，了解在渠道变革之前贝因美的渠道结构体系，并分析该渠道体系在新的市场环境下面临的困境。贝因美由原本的经销商体制转变为代理商体制需要克服哪些阻力？

4.1 渠道设计的原则与流程

4.1.1 渠道设计定义

营销渠道设计是指为实现分销目标，对各种备选渠道结构进行评估和选择，从而开发新型的营销渠道或改进现有营销渠道的过程。广义的营销渠道的设计包括在公司创立之时设计全新的渠道以及改变或再设计已存在的渠道。对于后者，现在也称为营销渠道再造，是市场营销者经常要做的事，相比之下，从一开始就设计全新的营销渠道的情形比较少。

4.1.2 渠道设计的基本原则

“只有正确的思想，才会产生正确的行动”。企业若想凭借渠道资源获利，在设计分销渠道的时候，应遵循以下几项基本原则：

(1)客户导向原则。企业欲求发展，必须将市场客户要求放在第一位，建立客户导向的经营思想。这需要通过周密细致的市场调查研究，不仅要提供符合消费者需求的产品，同时还必须使营销渠道为目标消费者的购买提供方便，满足消费者在购买时间、地点以及售后服务上的需求。

(2)最大效率原则。企业选择合适的渠道模式，目的在于提高流通的效率，不断降低流通过程中的费用，使分销网络的各个阶段、各个环节、各个流程的费用合理化，从而降低产品成本，赢得市场竞争优势并获得最大化的效益。

(3)发挥企业优势的原则。企业在选择分销渠道时，要注意发挥自己的特长，确保在市场竞争中的优势地位。现代市场经济的竞争早已是整个规划的综合性网络的整体竞争，企业依据自己的特长，选择合适的渠道网络模式，能够达到最佳的经济效应和良好的客户反应；同时企业也要注意通过发挥自身优势来保证渠道成员的合作，贯彻企业自身的战略方针与政策。

(4)合理分配利益原则。合理分配利益是渠道合作的关键，利益的分配不公常常是渠道成员矛盾冲突的根源。因此企业应该设置一整套合理的利益分配制度，根据渠道成员负担的职能、投入的资源和取得的成绩，合理分配渠道合作所带来的利益。

(5)协调及合作原则。渠道成员之间不可避免地存在着竞争，企业在建立、选择营销渠道模式时，要充分考虑竞争的强度。一方面鼓励渠道成员之间的有益竞争；另一方面又要积极引导渠道成员间的合作，协调其冲突，加强渠道成员间的沟通，努力使各条渠道有序运行，实现既定目标。

(6)覆盖适度的原则。企业在选择分销渠道模式时，仅仅考虑加快速度、降低费用是不够的，还应考虑送达的商品能不能及时销售出去，是否有足够的市场覆盖率以支持针对目标市场的销售任务。因此，不能一味地强调降低分销成本，这样可能导致销售量下降，市场覆盖率不足。成本的降低应是规模效应和速度效应的结果，在营销渠道模式的选择中，也应避免扩张过度、分布范围过宽过广，导致无法控制和管理目标市场。

(7)稳定可控的原则。企业的分销渠道模式一经确定，便需花费相当大的人力、物力、财力去建立和巩固，整个过程往往是复杂而缓慢的。所以，企业一般不应轻易更换渠道模式及成员。只有保持渠道的相对稳定，才能进一步提高渠道的效益，畅通有序、覆盖适度是分销渠道稳固的基础。

(8)控制平衡的原则。企业在选择、管理分销渠道时，不能只追求自身效益的最大化，而忽略其他渠道成员的局部利益，应合理分配各个成员间的利益。

4.1.3　渠道设计的流程

渠道设计流程可被分为以下 7 个阶段或步骤(见图 4—1)。

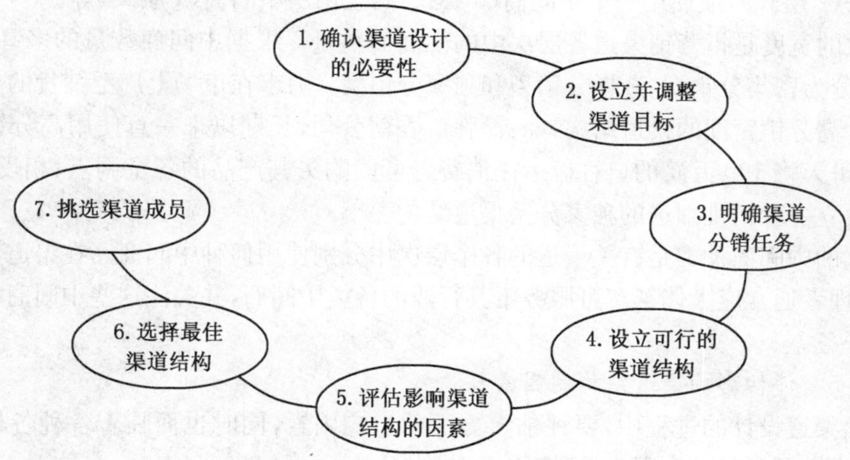

图 4—1　渠道设计流程

4.1.3.1　确认渠道设计的必要性

企业在面临以下情形时作出渠道设计决策是十分必要的：如新成立的企业或企业开发新产品及产品系列时；产品市场发生变化；产品生命周期发生变化；产品价格政策出现重大调整；企业渠道政策如对中间商政策发生变化；渠道遭遇严重危机时；等等。

4.1.3.2 设立并调整渠道目标

设立并调整确定渠道目标需注意目标的一致性，无论是战略目标、营销目标、渠道目标，还是渠道目标与产品目标、价格目标、促销目标之间均要保持协调一致。渠道目标通常以公司如何、何时、何地使其产品到达目标顾客来表述，例如，IBM公司原先对其个人电脑产品所设立的渠道目标是：使用零售商向其区域范围内想要购买电脑的客户展示其产品；后来IBM决定使用邮购渠道，这使得渠道目标得以扩展至"直接向顾客提供PC产品，无论他身在何方"。

4.1.3.3 明确渠道分销任务

渠道分销任务可以从以下几个方面加以明确(见表4—1)。

表4—1 **渠道分销任务**

推销	新产品市场推广、现有产品推广、向最终消费者促销、建立零售展厅、价格谈判与销售形式的确定
物流	存货、订单处理、产品运输、与最终消费者的信用交易、向顾客报单、单据处理
风险承担	存货融资、向最终消费者提供信用、存货的所有权、产品义务、仓储实施投资
渠道支持	市场调研、地区市场信息共享、向顾客提供市场信息、与最终消费者洽谈、选择经销商、培训经销商的员工
产品修正与售后服务	提供技术服务、调整产品以满足顾客需求、产品维护与修理、处理退货、处理取消订单

4.1.3.4 设立可行的渠道结构

在设立好为达到渠道目标所需完成的各项具体任务后，接下来，渠道管理者应考虑分派这些任务的各类可行的方法。这些可行的分派方法(即可行的渠道结构)应包含渠道的长度、各层次的宽度和各层次的中间商种类。

一个渠道的层次至少是2层，多则达5层甚至更多。在实际业务中，渠道管理者可以考虑使用直销法(2层式)，或使用一个中间商(3层式)乃至两层中间商(4层式)等。

各层次的宽度是指营销渠道各层次中的中间商数量。根据中间商数量的多寡(又称分销的密度)可分为密集分销型、选择分销型和独家分销型。力求在市场上广泛铺货的企业往往要求设立一个高分销密度的渠道结构，如：箭牌口香糖公司，长期以来一直使用高分销密度的渠道结构，它每天将100万磅的口香糖运往消费者可能购买其产品的各个网点；相反，劳力士手表则要求设立一种精挑细选的独家分销渠道结构。

各层次的中间商种类是有关渠道的各个层次中分别使用何种中间商。在渠道设计这一阶段，渠道管理者通常应大体了解可服务于其行业的各类中间商，并关注这些中间商应该完成的各类分销任务。

4.1.3.5 评估影响渠道结构的因素

在分销渠道设计的过程中，要评估多方面的影响因素，同时也面临着各种各样复杂的变数，这些因素主要包括基本因素、环境因素、制约因素。

(1)基本因素。这主要是指企业内外部的静态因素，它跟分销渠道并无直接的关联，但直接影响着渠道的运作状况和效率。这些因素包括市场中竞争者的渠道状况、消费者的特性、制造商的特性等，它们都可以实实在在地把握到。

一是竞争者的渠道状况：竞争者的分销渠道对企业自身的分销渠道设计会产生重要影响。企业可以采用积极竞争和标新立异的两种竞争策略，选择与竞争对手相同或类似的分销渠道，或者回避竞争对手，采用不同的销售渠道。

二是消费者特性：首先，消费者可分为产业客户和一般消费者。产业客户一般数量少，购买次数少而每次购买量大，制造商可以将产品直接销售给客户；而对于一般消费者，中间商在分销渠道中会起到重要作用。其次，消费者对不同产品的购买习惯也会影响分销渠道的设计。例如，消费品中便利品的消费者很多，购买次数频繁，因此生产者可以利用由批发商与零售商组成的分销渠道，构筑细密的分销渠道，通达地区市场的各个角落，以方便消费者购买。

三是制造商特性：制造商的特性可分为制造商组合情况以及制造商对分销渠道的影响两个方面。产品组合是营销学的一个重要概念，它的衡量指标主要是深度、长度、宽度和关联性。如果制造商的产品组合的宽度和深度大，即产品的种类、规格多，制造商可能直接销售给零售商；反之，如果制造商的产品组合宽度和深度小，即产品种类、规格少，制造商只能通过批发商、零售商再转售给消费者。而且，产品的关联性对分销渠道也产生很大影响，关联性越大，越可能通过同一渠道销售，分销渠道效率越高。另外，制造商的产品信誉、资金状况、经营管理能力等，决定了它能在多大程度上控制分销渠道及选择什么样的渠道设计结构。大制造商信誉好、实力强，可以建立自己的销售力量，对渠道成员选择时，有较大影响力和控制力；反之，则只能借助中间商销售产品，施加有限影响。

(2)环境因素。环境因素对分销渠道设计的影响既多又复杂，可分为宏观环境影响和微观环境影响，还可分为社会文化环境、经济环境、竞争环境和政府环境。环境因素存在着稳定和变化两种倾向。一方面，环境因素存在着一定的稳定性和连续性，要求企业适应环境因素特别是社会价值观念、文化传统等要素，以取得信誉，建立正确的形象和赢得市场。另一方面，环境因素也是时刻变化的，各种变化有快有慢，有渐变有突变。一般来说，环境突变是企业所不能把握的，但环境的变化客观上存在着一个趋势，企业和分销渠道成员应保持敏锐的观察力，认识到这些趋势，并从中寻找到市场成长的机会。

(3)制约因素。这是影响渠道成败的直接因素，主要包括以下四种：市场销售潜力及潜在风险、渠道畅通性、渠道控制程度及渠道费用。

一是市场销售潜力及潜在的风险：通过对公开数据和收集的原始数据进行评估，企业可大致预测市场潜力与潜在风险，并比较企业自身的生产能力和风险承受力。

二是渠道畅通性：保持市场分销渠道的畅通，是企业持久占领市场的基本条件，而渠道能否持续畅通，很大程度上取决于中间商在市场竞争中对产品作何选择。如果中间商不再经营本企业的产品，企业的分销渠道就会中断。另外，企业的生产能力也是一项制约因素，一旦出现销售激增，而企业的生产不能及时跟上去，渠道的实物流程也会出现中断。因此，保持市场销售渠道的连续性，是任何企业都不可忽视的重要问题。从某种意义上说，它比建设新的渠道显得更为重要。

三是渠道控制程度：高级营销观念特别强调对渠道的控制，以便及时了解产品的销售去向、销售时间、销售数量和销售地点，准确估计产品在市场上的地位及未来趋势，为企业营销组合的改进提供信息。

四是渠道费用：这包括渠道的开发和维护所投入的资金。总的来说，高额投资有利于扩大销售网络、增加销售、提高企业知名度，但可能使利润下降或价格上升；低费用经销有利于低价促销，但可能由此缩小销售网络而丧失一部分市场。

4.1.3.6　选择最佳渠道结构

从理论上讲，渠道管理者应该从各候选项中选出最佳渠道结构，这一结构应该能在较低的成本基础上有效地完成各项分销任务。在实际设计中，严格地讲，要选出最佳渠道结构是很难做到的。因为要做到这一点，渠道管理者须仔细评估每一种可行的渠道结构，并计算出在一定标准下每一种渠道结构所产生的回报（通常是利润），然后选出能产生最高回报的渠道结构。常见的选择最佳渠道结构的方法见表4—2。

表4—2 选择最佳渠道结构的方法

方法	内容和特点
财务方法	用投资收益率进行比较，决策标准客观、严格，但可操作性差
交易成本分析法	用交易成本进行比较
直接定性判断法	由渠道人员凭借经验判断，简单易行，但主观性较强
重要因素评价法	用加权方法算出渠道得分，权重不易确定

【渠道实践4—1】

零售店才是水企利润的大头

一般来说，目前包装饮用水市场的渠道，跟一般的饮料差别不大，主要分为特通、大卖场和零售店三种渠道。

(1)特通渠道：成本最高。特通渠道主要为加油站、机场和酒店和健身房等场所。值得注意的是，很多水企反映，特通渠道的成本比较高。以机场连锁店为例，虽然水的零售价格较高（经常是普通零售终端价格的1.5～2倍），但是要进一家连锁店在全国的系统，首先就得付几百万元，再加上货款周转速度较慢，成本是这三种渠道中最高的。特通渠道一般因其价格高导致实际购买量并不大，所以在多数水企看来，特通渠道基本是赔本赚吆喝，主要为了增加在高端人群中的曝光率。

(2)大型卖场：基本不挣钱或略有盈余。沃尔玛和家乐福等大型卖场，也是首先需要支付进场费，销售的量比较大，但货款周转速度较慢，再加上时不时的促销，除了降价之外，水企又要投入一笔额外的开支。综合算来，水企在大型卖场这一渠道基本上不挣钱或者略有盈余。

(3)零售店：每家堆头营销约花五六百元。据了解，一个位于人流较为集中的零售店，每个月卖出几万箱水并不稀奇，水企主要是通过经销商，然后将货送到零售店内。这其中，经销商与零售店所要求的利润大概占到每瓶水价格的50%左右。值得注意的是，每个小店里面，每瓶水摆放的位置也大有讲究。消费者经常可以在某些零售店里面看到，在醒目位置摆满了某个品牌的水或者纸箱。华南某水企的市场主管透露，这些都是靠真金白银换来的，要么是通过商品，比如水企无偿给零售店一些货，或者直接给钱，像广州这种一线城市的人流量较大的零售店，每家大概要给五六百元，这样产品才可能放在醒目的位置。

（新食品评介，2015年7月4日）

4.1.3.7 挑选渠道成员

挑选渠道成员是非常重要的，它决定着消费者需要的产品是否能及时、准确地转移到消费者手中，影响到分销的成本和顾客服务。选择得好，可以锦上添花；选择不当，则可能引起巨大的资源投资失误（渠道成员的选择见4.4）。

4.2　设计渠道体系

4.2.1　分销渠道的设计

4.2.1.1　确定渠道的类型

企业在进行分销渠道的设计时，首先要决定采取什么类型的渠道，即要确定采用哪一种或哪几种类型的渠道来分销产品，是采用直接销售渠道还是采用间接销售渠道等。

4.2.1.2　确定渠道的长度

在确定了渠道类型后，若是用间接渠道分销产品，企业还面临着确定渠道长度的决策问题。技术和服务含量较大的产品，如电脑、汽车等，需要较短的渠道；消费者选择性不强但要求方便购买的产品，如日用小百货，则适宜采用较长的渠道。

4.2.1.3　确定渠道的宽度

确定渠道宽度，即企业确定在每个层次上使用中间商数目的多少，实际上是对宽、窄渠道的选择确定，通常有密集分销、选择性分销和独家分销三种宽度选择策略。

消费品中的便利品和工业品中的标准件、通用小工具多采用密集策略，为顾客提供购买上的方便。

独家分销是最极端的形式，是最窄的分销渠道，适用于消费品中的特殊品，尤其是一些名牌产品，以及需要提供特殊服务的产品。独家分销可以提高生产企业对销售渠道的控制力，刺激中间商努力为本企业服务，但这种策略对企业来说风险极大，如果中间商选择不当，则有可能失去这一地区的市场份额。

选择性分销是企业普遍使用的一种策略。它适用于各类商品，尤其是消费品中的选购品、特殊品，工业品中的标准产品和原材料多采用这种策略。与密集分销策略相比，选择性分销策略使生产企业可以对中间商进行精选，使用效率更高的中间商，降低销售成本；同时，这种策略还可增强企业对营销渠道的控制力。

以上三种宽度选择策略各自特征见表 4—3。

表 4—3　　三种宽度选择策略特征比较

特　征	密集分销	选择性分销	独家分销
目标	大幅市场覆盖、薄利多销	中等市场覆盖、较好的形象、适度渠道控制、适度的销量和毛利率	声望及形象、渠道控制及忠诚、价格稳定、较高的毛利率
中间商	数量多、所有零售类型	数量中等、效率高的零售类型	一家或数家、声誉高的零售类型
最终顾客	人数多、注重便利	数量中等、品牌意识	数量少、品牌忠诚
组织用户	关注所有顾客，期望中间商提供服务	关注所有顾客，期望制造商或中间商提供服务	关注主要顾客，期望制造商提供服务
渠道重点	最终顾客：大众广告、就近销售、备有存货 组织用户：可得性、定期沟通、优良服务	最终顾客：促销组合、良好服务、愉悦购物 组织用户：可得性、定期沟通、优良服务	最终顾客：人员推销、愉悦购物、良好服务 组织用户：可得性、定期沟通、优良服务

续表

特　征	密集分销	选择性分销	独家分销
主要缺点	渠道控制差	市场准确定位难	销售潜力小
举例	家电杂货、办公用品	家具、服装、机电工具	汽车、资本设备、复杂服务

4.2.1.4　确定渠道成员的权利和责任

为保证分销渠道的畅通，企业必须就价格政策、销售条件、市场区域划分、相互服务等方面明确中间商的权利和责任。

4.2.1.5　渠道方案的评估

分销渠道评估的实质是从那些看起来似乎合理但又相互排斥的方案中选择最能满足企业长期目标的方案。因此，企业必须对各种可能的渠道选择方案进行评估。评估标准有三个，即经济性、控制性和适应性。

(1)经济性标准。经济标准是最重要的标准，这是企业营销的基本出发点。在分销渠道评估中，首先应该将分销渠道决策所可能引起的销售收入增加与实施这一渠道方案所需要花费的成本作一比较，以评价分销渠道决策的合理性。这种比较可以从以下角度进行：

一是静态效益比较。分销渠道静态效益的比较就是在同一时点对各种不同方案可能产生的经济效益进行比较，从中选择经济效益较好的方案。例如，某企业决定在某一地区销售产品，现有两种方案可供选择：

方案一：向该地区直接派出销售机构和销售人员进行直销。这一方案的优势是，本企业销售人员专心于推销本企业产品，在销售本企业产品方面受过专门训练，比较积极肯干，而且顾客一般喜欢与生产企业直接打交道。

方案二：利用该地区的代理商。该方案的优势是，代理商拥有几倍于生产商的推销员，代理商在当地建立了广泛的交际关系，利用代理商所花费的固定成本低。

通过估算两个方案实现某一销售额所花费的成本，利用代理商更合算，则选择方案二。

二是动态效益比较。分销渠道动态效益比较就是对各种不同方案在实施过程中所引起的成本和收益的变化进行比较，从中选择在不同情况下应采取的渠道方案。仍以上例说明，当企业自建渠道在销售水平低于 Q 点时，成本高于利用代理商的成本，此时采取代理商渠道较为有利；而当销售水平高于 Q 点时，自建渠道的成本开始低于利用中间商的成本，此时采取自建渠道就相对有利了(见图 4－2)。

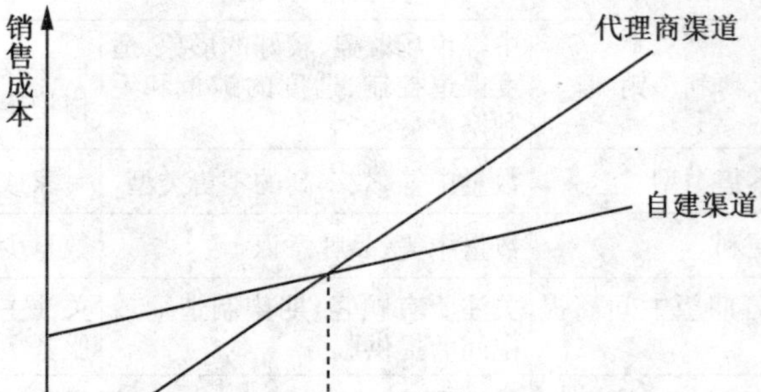

图 4－2　渠道选择评估模型

(2)控制性标准。企业对分销渠道的设计和选择不仅应考虑经济效益,还应该考虑企业能否对分销渠道实行有效控制。因为分销渠道是否稳定对于企业能否维持其市场份额,实现其长远目标是至关重要的。

自建销售渠道对于企业而言是最容易控制的,但由于成本较高,市场覆盖面较窄,企业不可能完全利用这一系统来进行分销。而利用中间商分销,就应该充分考虑所选择的中间商的可控程度。一般而言,特许经营、独家代理方式比较容易控制,但企业也必须相应作出授予商标、技术、管理模式以及在同一地区不再使用其他中间商的承诺。在这种情况下,中间商的销售能力对企业影响很大,选择时必须十分慎重。如果利用多家中间商在同一地区进行销售,企业利益风险比较小,但对中间商的控制能力就会相应削弱。

然而,对分销渠道控制能力的要求并不是绝对的,并非所有企业、所有产品都必须对其分销渠道实行完全的控制。如市场面较广、购买频率较高、消费偏好不明显的一般日用消费品就无需过分强调控制;而购买频率低、消费偏好明显、市场竞争激烈的高级耐用消费品,对分销渠道的控制就十分重要。又如,在产品供过于求时往往比产品供不应求时更需强调对分销渠道的控制。总之,对分销渠道的控制应讲究适度,应将控制的必要性与控制成本加以比较,以求达到最佳的控制效果。

(3)适应性标准。在评估各渠道方案时,还有一项需要考虑的标准,那就是分销渠道是否具有地区、时间、中间商等适应性。

①地区适应性。在某一地区建立产品的分销渠道,应充分考虑该地区的消费水平、购买习惯和市场环境,并建立与此相适应的分销渠道。

②时间适应性。根据产品在市场上不同时期的适销状况,企业可采取不同的分销渠道与之相适应。如季节性商品在非当令季节就比较适合于利用中间商的吸收和辐射能力进行销售;而在当令季节就比较适合于扩大自建渠道比重。

③中间商适应性。企业应根据各个市场上中间商的不同状态采取不同的分销渠道,如:在某一市场若有一两个销售能力特别强的中间商,渠道可以窄一点;若不存在突出的中间商,则可采取较宽的渠道。

4.2.2　影响分销渠道选择的主要因素

影响分销渠道选择的因素很多。生产企业在选择分销渠道时,必须对下列几方面因素进行系统的分析和判断,才能作出合理的选择。

4.2.2.1　产品因素

(1)产品价格。一般来说,产品单价越高,越应注意减少流通环节,否则会造成销售价格的提高,从而影响销路。这对生产企业和消费者都不利。而单价较低、市场较广的产品,则通常采用长而宽的渠道分销。

(2)产品的体积和重量。产品的体积大小和轻重,直接影响运输和储存等销售费用,过重的或体积大的产品,应尽可能选择短的分销渠道。至于小而轻且数量大的产品,则可考虑采取间接分销渠道。

(3)产品的易毁性或易腐性。产品有效期短、储存条件要求高或不易多次搬运的,应采取较短的分销途径,尽快送到消费者手中,如鲜活品、危险品等。

(4)产品的技术性。有些产品具有很高的技术性,或需要经常的技术服务与维修,应以生产企业直接销售给用户为好。这样,可以保证向用户提供及时良好的销售技术服务。

(5)产品的时尚性。产品时尚化程度高，花色、式样变化快的商品，如新奇玩具、服装等，适宜通过短的渠道分销，以减少它在渠道停留的时间，以免周转时间长而过时。

(6)定制品和标准品。定制品一般由产需双方直接商讨规格、质量、式样等技术条件，不宜经由中间商销售。标准品具有明确的质量标准、规格和式样，分销渠道可长可短，有的用户分散，宜由中间商间接销售，有的则可按样本或产品目录直接销售。

(7)新产品。为尽快把新产品投入市场，扩大销路，生产企业一般重视组织自己的推销队伍，直接与消费者见面，推介新产品和收集用户意见。当然，如能取得中间商的良好合作，也可考虑采用间接销售形式。

4.2.2.2 市场因素

(1)购买批量大小。购买批量大，多采用直接销售；购买批量小，除通过自建门店销售外，多采用间接渠道销售。

(2)消费者的分布。某些商品消费地区分布比较集中，适合直接渠道销售；反之，适合间接渠道销售。工业品销售中，本地用户产需联系方便，因而适合直接渠道销售；外地用户较为分散，通过间接渠道销售较为合适。

(3)潜在顾客的数量。若消费者的潜在需求多，市场范围大，需要中间商提供服务来满足消费者的需求，宜选择间接分销渠道；若潜在需求少，市场范围小，生产企业可直接销售。

(4)消费者的购买习惯。一些日用生活必需品价格低，购买频率高，消费者往往表现出随机或习惯性购买，适宜采用中间商扩大销售网点，分销渠道应长而宽；对耐用消费品，消费者习惯去大的零售店购买，则可考虑短而窄的渠道。

4.2.2.3 生产企业本身的因素

(1)资金能力。企业本身资金雄厚，则可自由选择分销渠道，可建立自己的销售网点，采用产销合一的经营方式，也可以选择间接分销渠道；企业资金薄弱则必须依赖中间商进行销售和提供服务，只能选择间接分销渠道。

(2)销售能力。生产企业在销售力量、储存能力和销售经验等方面具备较好的条件，则应选择直接分销渠道；反之，则必须借助中间商，选择间接分销渠道。另外，企业如能和中间商进行良好的合作，或对中间商能进行有效的控制，则可选择间接分销渠道。若中间商不能很好地合作或不可靠，将影响产品的市场开拓和经济效益，则不如进行直接销售。

(3)可能提供的服务水平。中间商通常希望生产企业尽可能多地提供广告、展览、修理、培训等服务项目，为销售产品创造条件。若生产企业无意或无力满足这方面的要求，就难以达成协议，迫使生产企业自行销售。反之，提供的服务水平高，中间商乐于销售该产品，生产企业就可能选择间接分销渠道。

(4)发货限额。生产企业为了合理安排生产，会对某些产品规定发货限额。发货限额高，有利于直接销售；发货限额低，则有利于间接销售。

4.2.2.4 政策规定

企业选择分销渠道必须符合国家有关政策、法令。某些按国家政策应严格管理的商品，企业无权自销和自行委托销售，如精神、麻醉药品，枪支弹药等。另外，税收政策、价格政策、进出口法律、商品检验规定等，都会影响企业分销渠道的选择。

4.3　建立渠道模式

企业在建立自己的渠道时可以有许多模式供其选择，这些不同的模式是按照渠道成员之间的关系来划分的。具体来说，企业选择的渠道模式主要有如下几种(见图 4—3)。

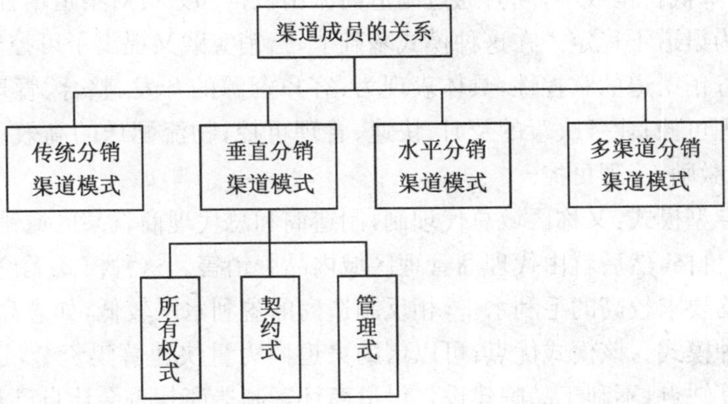

图 4—3　渠道模式类型

4.3.1　传统分销渠道模式

传统分销渠道模式，又称松散型分销渠道模式。顾名思义，各渠道成员之间的关系是临时的、偶然的、不稳定的，渠道成员各自追求自己的利润最大化，最终使整个分销渠道效率低下。

4.3.2　垂直分销渠道模式

这是由生产企业、批发商和零售商组成的统一系统。垂直分销渠道的特点是专业化管理、集中计划，销售系统中的各成员具有共同的利益目标，都采用不同程度的一体化经营或联合经营。它主要有以下三种形式：

(1)公司式垂直系统，指一家公司拥有和统一管理若干工厂、批发机构和零售机构，控制分销渠道的若干层次甚至整个分销渠道，综合经营生产、批发、零售业务。这种渠道系统又分为两类：工商一体化经营和商工一体化经营。工商一体化是指大工业公司拥有、统一管理若干生产单位、商业机构。例如，美国火石轮胎橡胶公司拥有橡胶种植园、轮胎制造厂，还拥有轮胎系列的批发机构和零售机构，其销售门市部(网点)遍布全国。商工一体化是指由大零售公司拥有和管理若干生产单位。

(2)管理式垂直系统，即制造商和零售商共同协商销售管理业务，其业务涉及销售促进、库存管理、定价、商品陈列、购销活动等。在管理式垂直系统中往往有一个企业在该渠道系统中占据主导地位，依据该企业是制造商还是渠道商又可分为制造商主导型、制造商渠道商分担型、渠道商主导型三种模式。

①制造商主导型模式：渠道中制造商占据强势主导地位，而渠道商的地位虚弱，留给他们的利润空间相对有限，但由于制造商销售量很大，且价格十分稳定，所以最终渠道商获得的利润还是可以得到保证的。如海尔、娃哈哈、百事可乐均采用这种模式。该模式优点：制造商主

导可以实现精益管理，提高市场应变能力；同时保证占据卖场显著位置，有利于品牌建设；由于和零售商及其他渠道商之间长期稳定的关系，营销成本大大降低，从而提高企业的利润水平。其缺点：渠道建设初期需要消耗大量的资源，内部管理链加长，管理难度大，易失控。

②制造商渠道商分担型模式：一般由渠道商负责分销，而由制造商负责促销，双方共同承担售后服务等事宜。宝洁、美的、格兰仕、格力均采用这种模式。制造商与零售商共同商定商品陈列、货架位置、促销、定价等营销活动内容。该模式优点：可以利用批发商的资金，充分发挥渠道的渗透力，降低营销成本；同时通过制造商派出机构和人员对渠道增强控制力。该模式的缺点主要表现为渠道不稳定。在这种模式基础上，营销实践又提出了可控分销渠道观点，其关键在于实现对分销渠道的掌控性，具体表现为：客户资源的开发、整合、管理可控；渠道资源的组织、协同、管理可控；业务决策的及时、快速、管理可控；物流配送的高效、低耗、管理可控；人员配置的合理、激励、管理可控。

③渠道商主导型模式：又称区域总代理制，制造商和总代理商就某区域销售目标达成一致后，双方确定结算价格，然后就由代理商管理区域内品牌销售。这种模式无论是总代理商还是渠道其他零售商均要求较高的毛利水平，相反制造商的盈利水平较低，如志高空调进入市场初期采用的就是这种模式。该模式优点：可以借助渠道商力量快速募集资金，迅速扩大销售额，降低财务风险。其缺点：不利于品牌建设。渠道商怀疑制造商是否会让自己长期垄断市场，因此对品牌建设的长期行为不热心；销售不稳定。由于过分依赖渠道商，导致对渠道的可控性差、渠道管理水平低下，一旦合作出现问题，销售就会大受影响，制造商的长期利益受损。

(3)契约式垂直系统，指不同层次的独立制造商和经销商为了获得单独经营达不到的经济利益，而以契约为基础实行的联合体。它又可分为以下三种形式：

①特许经营组织。一是制造商倡办的零售特许经营或代理商特许经营。零售商特许多见于消费品行业，代理商特许多见于生产资料行业。例如，丰田公司对经销自己产品的代理商、经销商给予买断权和卖断权，即丰田公司与某个经销商签订销售合同后，赋予经销商销售本公司产品的权力而不再与其他经销商签约，同时也规定该经销商只能销售丰田牌子的汽车，实行专卖，避免了经营相同牌子汽车的经销商为抢客户而竞相压价，以致损害公司名誉。二是制造商倡办的批发商特许经营系统。大多出现在饮食业，如可口可乐、百事可乐与某些瓶装厂商签订合同，授予其在某一地区分装的特许权，和向零售商发运可口可乐等的特许权。三是服务企业倡办的零售商特许经营系统。多出现于快餐业(如肯德基快餐)、汽车出租业等。

②批发商倡办的连锁店。

③零售商合作社。它既从事零售也从事批发，甚至从事生产业务。

4.3.1.3 水平分销渠道模式

又称共生型渠道模式，是指由两家或两家以上的公司联合起来的渠道系统。它们可实行暂时或永久的合作。这种系统可发挥群体作用，共担风险，获取最佳效益，实际上是一种横向的经济联合。例如，可口可乐公司与雀巢咖啡公司合作，组建新的公司。雀巢公司以其专门的技术开发新的咖啡及茶饮料，然后交由熟悉饮料市场分销的可口可乐去销售。

4.3.1.4 多渠道分销渠道模式

这是指对同一或不同的分市场采用多条渠道营销系统，每一条渠道都可以实现一定的销售额。这种系统一般分为两种形式：一种是生产企业通过多种渠道销售同一商标的产品，这种形式易引起不同渠道间激烈的竞争；另一种是生产企业通过多渠道销售不同商标的产品。

4.4　选择渠道成员

营销渠道设计的最后一步是选择营销渠道成员。如果渠道设计采用直销渠道，当然不存在对渠道成员的选择，唯有采用其他非直销渠道时，才存在对渠道成员的选择，即从众多相同或不同类型的渠道成员中选出适合公司渠道结构的、能有效帮助完成公司营销目标的渠道伙伴的过程。

4.4.1　选择渠道成员的意义

选择渠道成员非常重要。因为选择并和渠道成员共事，不是为了一笔生意或一桩买卖，而是要"联姻结亲"，长期携手合作。成员选择将决定消费者需要的产品能否及时、准确地转移到消费者手中，影响到分销的成本和顾客服务。选择得好，可以锦上添花；选择不当，则可能导致公司战略目标得不到有效的执行。

渠道成员选择的重要性是与公司的分销密度高度相关的。如果公司选择的分销密度小，其渠道成员的选择越重要。我们知道，处在分销密度小的一端的是独家分销，即只有一个渠道成员，那么一旦选择了该成员，就意味着丧失了使用其他成员的机会；同时，公司的销售任务能否有效实施就完全取决于这个渠道成员的表现，所冒的风险很大。反之，如果分销密度很大，则渠道成员选择的重要性相应地减小。正如营销渠道实践家罗杰·潘格勒姆(Roger Pegram)在关于渠道选择实践方面的经典研究中描绘的："采用密集型分销的公司往往将公司的产品投放到几乎每一个可能的渠道中去，以便覆盖市场，确保消费者在任何地方都可以得到他们的产品。除了考虑渠道成员的必要信用度，公司几乎很少严格鉴别这些渠道成员。通常，消费者产品绝大部分是通过广告事先得到卖点，因此费神选择渠道成员显得多此一举。"

因此，如果渠道的结构设计是突出密集性分销，通常可以根据其是否具有合理的盈利能力来选择渠道成员；相反，如果渠道的结构设计突出选择性分销，就应该仔细审查潜在成员的资质，包括经营时间、经营的其他产品、偿付能力、信誉和合作态度等，然后再作出选择。

4.4.2　选择渠道成员(中间商)的条件

如果企业确定了其产品销售策略，选择间接渠道进入市场，下一步即应作出选择中间商的决策。选择中间商首先要广泛搜集有关中间商的业务经营、资信、市场范围、服务水平等方面的信息，确定审核和比较的标准。选定了中间商还要努力说服对方接受你的产品，因为并不是所有的中间商对你的商品都感兴趣。投资规模大并有名牌产品的制造商完成选择决策并付诸实施是不太困难的，而对那些刚刚兴起的中小企业来说就不是一件容易的事情了。一般情况下选择具体的中间商必须考虑以下条件。

(1)中间商的市场范围。市场是选择中间商最关键的原因。首先要考虑预选定的中间商的经营范围所包括的地区与产品的预计销售地区是否一致，比如，产品在东北地区，中间商的经营范围就必须包括这个地区。其次，中间商的销售对象是否是生产商所希望的潜在顾客，这是个最根本的条件。因为生产商都希望中间商能打入自己已确定的目标市场，并最终说服消费者购买自己的产品。

(2)中间商的产品政策。中间商承销的产品种类及其组合情况是中间商产品政策的具体体现。选择时:一要看中间商有多少"产品线"(即供应的来源);二要看各种经销产品的组合关系,是竞争产品还是促销产品。一般认为应该避免选用经销竞争产品的中间商,即中间商经销的产品与本企业的产品是同类产品,比如都为21英寸的彩色电视机。但是,若产品的竞争优势明显,就可以选择出售竞争者产品的中间商,因为顾客会在对不同生产企业的产品作客观比较后,决定购买有竞争力的产品。

(3)中间商的地理区位优势。区位优势即位置优势。选择零售中间商最理想的区位应该是顾客流量较大的地点。批发中间商的选择则要考虑它所处的位置是否利于产品的批量储存与运输,通常以交通枢纽为宜。

(4)中间商的产品知识。许多中间商被规模巨大且有名牌产品的制造商选中,往往是因为它们对销售某种产品有专门的经验。选择对产品销售有专门经验的中间商就会很快地打开销路,因此生产企业应根据产品的特征选择有经验的中间商。

(5)预期合作程度。中间商与制造商合作得好会积极主动地推销企业的产品,对双方都有益处。有些中间商希望制造商也参与促销,扩大市场需求,并相信这样会获得更高的利润。制造商企业应根据产品销售的需要确定与中间商合作的具体方式,然后再选择最理想的合作中间商。

(6)中间商的财务状况及管理水平。中间商能否按时结算包括在必要时预付货款,取决于财力的大小。整个企业销售管理是否规范、高效,关系着中间商营销的成败,而这些都与制造商的发展休戚相关。因此,这两方面的条件也必须考虑。

(7)中间商的促销政策和技术。采用何种方式推销商品及运用选定的促销手段的能力直接影响销售规模。有些产品广告促销比较合适,而有些产品则适合通过销售人员推销。有的产品需要有效的储存,有的则应快速运输。要考虑到中间商是否愿意承担一定的促销费用以及有无必要的物质、技术基础和相应的人才。选择中间商前必须对其所能完成某种产品销售的市场营销政策和技术的现实可能程度作全面评价。

(8)中间商的综合服务能力。现代商业经营服务项目甚多,选择中间商要看其综合服务能力如何,有些产品需要中间商向顾客提供售后服务,有些在销售中要提供技术指导或财务帮助(如赊购或分期付款),有些产品还需要专门的运输存储设备。合适的中间商所能提供的综合服务项目及服务能力应与企业产品销售所需要的服务要求相一致。

4.4.3 选择渠道成员的方法

(1)销售量评估法。销售量评估法是通过实地考察有关分销商的顾客流量和销售情况,并分析评估其近年来销售额水平及变化状况,在此基础上,对有关分销商的实际分销能力(尤其是可能达到的销售量水平)进行评价,然后据此选择最佳"候选人"。

(2)加权评分法。加权评分法就是对拟选择作为合作伙伴的每位中间商,就其从事商品分销的能力和条件进行打分。首先,根据不同因素对分销渠道功能建设的重要程度的差异,分别赋予一定的权数;然后,计算每位中间商的总得分,从中选择得分较高者。

例如,某个公司决定在某地区采用精选的一级分销渠道模式(即厂家把自己的产品销售给零售商,再由零售商销售给消费者)。经过考察,初步选出3家比较合适的"候选人"。公司希望选取的零售商具有理想的地理位置,有一定的经营规模,顾客流量较大,声望较高,与生产商积极协作,主动进行信息沟通,货款结算信誉好。各"候选人"在不同方面有一定优势,但没有一个在各方面均具有优势。因此,公司采用加权评分法对3位"候选人"进行评价,如表4-4所示。

表 4—4　　加权评分法

评价因素	权数	中间商 1		中间商 2		中间商 3	
		打分	加权分	打分	加权分	打分	加权分
1. 地理位置	0.20	85	17	70	14	80	16
2. 经营规模	0.15	70	10.5	80	12	85	12.75
3. 顾客流量	0.15	90	13.5	85	12.75	90	13.5
4. 市场声望	0.10	75	7.5	80	8	85	8.5
5. 合作精神	0.15	80	12	90	13.5	75	11.25
6. 信息沟通	0.05	80	4	60	3	75	3.75
7. 货款结算	0.20	65	13	75	15	60	12
总　分	1.00	545	77.5	540	78.25	550	77.75

从表 4—4 的“总分”栏可以看出，中间商 2 得到最高的加权总分，该公司应当考虑选择它作为当地的分销商。加权评分法主要适用于在一个较小范围地区的市场上，为了建立精选的渠道网络而选择理想的经销商。

(3)销售成本评估法。利用中间商经销商品是有成本的，主要包括市场开拓费用、让利促销费用、因延迟货款支付而带来的收益损失、谈判和监督履约的费用等。这些费用构成了企业的销售费用或流通费用，减少了制造商的净收益。企业可以通过控制流通费用来提高渠道的效益，进而增加净收益。因此，企业可以把预期销售费用看做是选择中间商的一种指标。常用的方法有以下 3 种：

①总销售成本比较法。在分析有关“经销商”的合作态度、营销战略、市场声誉、顾客流量、销售记录的基础上，估算各个“候选人”作为分销渠道成员，在执行分销功能过程中的销售费用。然后，选择其中费用最低的中间商。

②单位商品销售成本比较法。销售费用一定时，销量越多，则单位商品的销售成本越低，渠道成员的效率就越高。因此在评价有关分销商的优劣时，需要把销售量与销售成本两个因素联系起来综合评价，就是将分销商的预期总销售成本与该分销商能够实现的商品销售量(或销售额)之比值，即单位商品(单位销售额)销售成本作比较，选出比值最低者作为分销渠道成员。

③成本效率分析法。这是以销售业绩与销售费用的比值作为评价依据，选择最佳分销商。与前者不同的是，此方法采用的比值是某分销商能够实现的销售业绩(销售量或者销售额)除以该分销商总销售费用，称为成本效率。

成本效率＝某分销商的总销售额(或总销售量)/该分销商的总销售成本

可以看出，成本效率是单位商品销售费用的倒数。

本章小结

1. 营销渠道设计是指为实现分销目标，对各种备选渠道结构进行评估和选择，从而开发新型的营销渠道或改进现有营销渠道的过程。渠道设计应遵循客户导向、最大效率、发挥企业优势、合理分配利益、协调及合作、覆盖适度、稳定可控、控制平衡8个原则。渠道设计流程包括7个阶段或步骤:确认渠道设计的必要性,设立并调整渠道目标,明确渠道分销任务,设立可行的渠道结构,评估影响渠道结构的因素,选择最佳渠道结构,挑选渠道成员。

2. 分销渠道的设计包括:确定渠道的类型、长度、宽度,确定渠道成员的权利和责任,渠道方案的评估等内容。其中,确定渠道的宽度时有密集分销、选择性分销、独家分销三种宽度选择策略。而分销渠道评估的实质是从那些看起来似乎合理但又相互排斥的方案中选择最能满足企业长期目标的方案。评估标准有三个,即经济性、控制性和适应性。

3. 影响分销渠道选择的主要因素:一是产品因素,具体受产品的价格、体积和重量,易毁性或易腐性、技术性、时尚性,定制品和标准品,新产品等方面影响;二是市场因素,即购买批量大小、消费者的分布、潜在顾客的数量、消费者的购买习惯;三是生产企业本身的资金能力、销售能力、可能提供的服务水平、发货限额;四是政策规定。

4. 企业在选择渠道模式时可采取传统分销渠道模式,也可采取垂直分销、水平分销、多渠道分销模式。其中,垂直分销渠道模式又可分为公司式垂直系统、管理式垂直系统、契约式垂直系统。管理式垂直系统又可进一步分为制造商主导型、制造商渠道商分担型、渠道商主导型三种模式。

5. 一般情况下选择渠道成员(中间商)必须考虑以下条件:中间商的市场范围、中间商的产品政策、中间商的地理区位优势、中间商的产品知识、预期合作程度、中间商的财务状况及管理水平、中间商的促销政策和技术、中间商的综合服务能力。选择渠道成员的方法则可采用销售成本评估法、加权评分法和销售量评估法。

思考题

1. 渠道设计应遵循哪些原则?
2. 确定渠道的宽度有哪几种选择策略?
3. 影响分销渠道选择的因素有哪些?
4. 垂直分销渠道模式的具体形式有哪些?
5. 试说明批发商、零售商、代理商的区别。
6. 选择渠道成员(中间商)的条件有哪些?

案例练习

5100是西藏5100水资源控股有限公司(简称西藏5100)旗下的一款冰川矿泉水品牌,曾一度雄踞矿泉水高端水市场。2007年,它是"党的十七大"指定用水;次年,它成为铁道部专列唯一指定用水;再一年,它成为"国庆60周年阅兵仪式"观礼台上的"座上宾"……

然而,这款被誉为"离天最近的矿泉水"产品近日的麻烦不少。不久前,中国铁路总公司(简称铁总)宣布,全国各高铁站将不再向乘坐动车组列车的旅客提供免费矿泉水。这意味着已经与铁路系统合作近8年的西藏5100将不再是随车赠送的饮用水。铁总通知下发后两天内,西藏5100股价下跌12.7%。

"现在西藏5100产品面临着与中铁快运的合同到期,这对它无疑是一个致命打击。"食品饮料行业战略定位专家徐雄俊对《法治周末》记者坦言。

事实上，由于受与中铁快运之间的合作影响带来的变局早在 2014 年年初就已现端倪。2013 年年底，西藏 5100 与中铁快运的采购合同到期。由于不可知的原因，2014 年上半年，西藏 5100 就并未能如愿与中铁快运及时续签合同。这也导致 2014 年西藏 5100 的营收和净利润首次出现负增长。2014 年 7 月初，西藏 5100 再次与中铁快运签订了一年的采购合同，直至 2015 年 6 月底终止。然而，7 月 28 日，铁总一纸通知文件彻底切断了与西藏 5100 的合作。

"在 2014 年，向中铁快运销售瓶装矿泉水的销售额占本集团总销售 7.73 亿元的 13%。"为了降低与中铁快运终止合同后可能带来的业绩影响，西藏 5100 发布澄清公告表示。

然而，在业内人士看来，与中铁快运合作终止带来的影响远非西藏 5100 解释的那么简单。依据西藏 5100 上述发布的公告可知，2014 年来自中铁快运的营收贡献达 1 亿元。然而，《法治周末》记者查阅西藏 5100 发布的 2014 年年报发现，在西藏 5100 的 7.73 亿元收入中，只有 4.43 亿元为矿泉水收入，其他收入由其旗下青稞啤酒板块销售所得。这意味着，中铁快运的收入占到 2014 年西藏 5100 矿泉水业务收入的 1/4。

"西藏 5100 与中铁快运的合同终止后，相当于西藏 5100 失去了 1/4 的销量，而且这些销量部分是没有太多的营销费用的销量。西藏 5100 要把这 1/4 的销量拿来再自己做市场，那么投入产出比会发生很大的变化，从而会把西藏 5100 的利润进一步地拉低。"中国品牌研究院研究员朱丹蓬对《法治周末》记者分析道。

（代秀辉：《西藏 5100 水销售模式待破局 分身做格桑泉被指"添乱"》，《法治周末》2015 年 9 月 23 日）

案例点评：请结合本章所学的渠道知识分析西藏 5100 的渠道体系，并对其不得不面对失去 1/4 销售额寻找新的销售渠道给出建议。

渠道实训

实训目的	选择 2～3 家水企或饮料企业，分析这几家企业的渠道体系构成、模式及特点。巩固本章所学渠道相关知识，增强对后续章节的学习针对性
实训内容	要求学生运用文献检索法及现场访问法收集资料，对比分析这几家企业在渠道设计方面的异同点，各自渠道的运作流程及优劣势，并思考如何更好地激发渠道成员的积极性，提高渠道效率
实训要求	1. 查询 2～3 家水企或饮料企业的渠道资料，并辅之以现场访问 2. 与小组成员一起整理分析上述资料，并就相关内容展开讨论 3. 完成一份关于某行业典型企业渠道设计体系的调查分析报告
实训步骤	分组→确定研究的 2～3 家典型企业→收集上述企业渠道资料→小组讨论→书面归纳总结讨论意见→完成分析报告

拓展学习

全渠道的春天

社交网络风生水起，移动 4G 风起云涌，互联网飞入千家万户，这让聚集在这些通联方式上工作和生活的庞大群体迅速形成，最终导致一个全新多方位的消费渠道——全渠道的兴起。

知名机构 IDC 调查数据显示，有将近 1/3 的顾客愿使用网站、移动设备、社交网络、可共同开发产品的零售网站、社交视频、电视或者电子游戏或更多的技术进行购买，超过 80%的人表示愿意利用新技术进行购买。这说明新技术已在很大程度上影响了中国消费者对新产品的获知与购买。

2015年将是全渠道时代的一个盛年。全渠道包括实体渠道、电子商务渠道、移动商务渠道，其中：实体渠道类型包括实体自营店、实体加盟店、电子货架、异业联盟等；电子商务渠道类型包括自建官方B2C商城，进驻电子商务平台如淘宝店、天猫店、京东店、苏宁店、亚马逊店等；移动商务渠道类型包括自建官方手机商城、APP商城、微商城、进驻移动商务平台如微淘店等。

中国企业营销渠道历经三部曲。1990～1999年是单渠道时代，迎来巨型实体店连锁时代，具体表现是“砖头加水泥”，实体店铺日益繁多。不过单渠道模式经营的企业困境在于渠道单一，实体店仅覆盖周边顾客。到2003年，商铺租金同比飙涨6～10倍，人力成本上升50%，成本骤增，企业生存遭遇越来越大的挑战。2000～2012年则是多渠道时代，网上商店时代到来。厂商采取线上和线下双重渠道，可谓是“鼠标加水泥”的零售时代。多渠道相比单渠道，路径更丰富，但也面临营销瓶颈：分散渠道，几套人马，管理成本亦日益上升！2013年开始，国内又迎来全渠道时代，也就是“鼠标加水泥加移动网络”的全渠道营销时代，有形店铺地位日益弱化，企业经营理念从以前“终端为王”转变为“消费者为王”，由以往的实体渠道逐步向全渠道转型，建立与电子商务、移动电子商务的并存立体渠道。可以说，全渠道正在掀起企业一场新营销革命。

Argos的全渠道实践

Argos是英国销售额领先的商品零售商，是一家全渠道的零售企业。Argos除了不卖吃的以外，它经营的商品几乎无所不包，共计有3.3万多种目录商品和网络专供商品。

Argos一成立，就采取一种与传统零售商不同的经营方式。Argos把核心能力体现在实现全渠道购买方式上，包括网站购买、手机应用、电话购买、门店购买、送货上门等，以最方便的方式满足顾客购物。

网站购买：Argos与传统的零售商大不相同，如顾客在网站下单，既可在门店自提，也可送货上门，但有送货门槛费用。

手机应用：消费者可下载Argos手机软件，Argos在IOS平台推出的APP可帮顾客在移动端浏览超过2.5万种产品，实时更新价格、折扣和库存变化，顾客可选择在手机上下单或者到店购买。

电话购买：提供24小时的免费咨询电话，随时接受顾客查询和订单下达。

门店购买：Argos的门店与传统零售门店大不相同。走进任何一家Argos门店，你都看不到货架、看不到商品，商品被储存在门店后或楼上的仓库里。顾客若要购物，可随手翻阅在店里附有产品编码和彩图的购物导向书。顾客现场决定购买后，可在收银台付款后凭号在一旁等待，门店的拣货员以最快10分钟、最慢50分钟内将商品从物流仓库取出，超过50分钟，下次免除送货费用。

Argos的创新并不是简单地开辟一个或几个销售渠道，而是将实体销售与虚拟经营进行紧密结合，进行以下经营创新：

陈列问题：Argos虽店面不大，但其共享虚拟网络和纸质目录的巨大商品数据库，解决门店的陈列成本高昂问题。

库存共享问题：消费者可通过网络或者移动终端随时查询库存情况，选择有库存的门店购买；若所选之地的商品库存不足，顾客可利用其他四种销售方式预订商品，到货后自提或者等待商家送货上门。

位置问题：Argos设立手机和网络等虚拟销售方式，极大地方便了交通不便的购买者，规避了门店位置不佳的销售问题。

购物体验问题：消费者只能虚拟沟通，成为大部分网店的短板，而 Argos 广泛分布在大街小巷的精巧便利店，使得在 Argos 的购物体验更为方便和快捷。

总之，Argos 利用全渠道创新解决传统零售企业的店面局限问题，并且将线下业务与线上业务进行良性互动，规避传统零售企业价格不一、店面成为网络的试用间或样板间的尴尬难题；同时发挥互联网移动便利性、缩短空间距离、模糊营业时间、存储海量的商品信息等多种优势，结果脱颖而出。

此外，由于 Argos 多种购物模式是基于统一先进的 IT 系统打造的，通过这些集成于统一 IT 平台的创新独特的购物模式，使得线上线下高度无缝对接，Argos 也因此获得英国电子商务行业第一的排名。

多种渠道的整合应用不仅给企业打开了千万条全新销路，同时对企业的资源进行深度的优化、协同，让原有的渠道资源不必再投入成本而能承担新的功能，比如将实体店增加配送点的功能，以及通过线上线下会员管理体系的一体化，让会员只使用一个 ID 号就可以在所有的渠道内通行，享受积分累计、增值优惠、打折促销、客服等。

全渠道模式最成功的品牌应该是苹果，不管是苹果线上店还是线下体验店，都是实现全面的信息协同。当前，海尔、索尼、可口可乐等知名厂商也在全球开始推行全渠道营销战略。

全渠道，离全面的春天尚有距离

不过，全渠道模式将是新型供应链模式的一大重组，比单一 O2O 整合模式更深、更难。随着体验式营销、粉丝经济时代的到来，全渠道营销如何整合将是各大企业必须面临的一大难题。目前，国内有很多零售连锁企业尝试融合多渠道，效果都不太理想，原因在于：

(1)自主控制权不够。中国零售连锁店大多以联营模式经营，从而造成无法统一控制商品和定价等情况。而以自营模式和自主品牌为主的美国梅西百货，不仅能控制货物的所有权，而且有 46%的商品在别处无法买到，因此让全渠道策略得以顺利推进。

(2)开展全渠道营销的企业财力不强。虽说利用网络、通信等新兴渠道营销能省去实体店铺的租金，为企业的经营节省一笔不菲的成本，但是也要清楚地看到，以互联网拓展为主的全渠道业务要想取得良好的效果，是一项很烧钱的工程，如视频业的优酷、电商业的京东，连年巨亏便是证明。

(3)线上线下还是各为其政，各行其是。很多零售连锁企业线上与线下的销售一般都是分开运营，未能形成真正意义上的互补、融合、协同，有些反而形成左右手互搏的自家竞争，全渠道全面展开就比较难，比如窜货、价格战，让线上线下两头受气。

(4)专业的新型人才不足。全渠道营销突破企业传统的开发市场模式，从客情维护到信息工具的应用，从渠道布局到网络推广，在新兴的平台上，需配备一批专业的团队。显然，这种专业人才在现有市场部门中难以满足，必须新增人手才能应付。

(5)产品的种类不够丰富。很难想象一家只有一两个系列或者是寥寥十几个单品的企业会有开展全渠道营销的必要。当你寄出的直邮目录或者是你的网店页面只有少得可怜的产品数量时，就算你名气再大，消费者也不会常光顾。综观国内外全渠道的成功先例不难发现，无论是开山鼻祖的 DHC，还是时尚先锋的兰蔻，甚至是雅诗兰黛、Argos 等弄潮儿，无一不是集大全的成功典范。

亚洲 PHPC 咨询有限公司总经理谷俊曾说："就国内来说，电子商务或许是全渠道营销的春天，但目前来看尚有一大段距离。"

全渠道突破的关键点

展望未来，全渠道销售理念将继续助推各种渠道互相组合、相互弥补，因为消费者不仅在商品需求上早已呈现多元化，而且在购物手段上也开始追求多样化。中国正在进入渠道融合与整合的时代，购物者不再忠诚于单一渠道，而是期待各种渠道组合所提供的无处不在的便利。把握全渠道的发展趋势，从自身实际出发，与时俱进选择渠道组合方案，对于零售连锁企业来说无疑是今后成功的关键。

当前，作为一个品牌商、分销商、服务商，要成功启动全渠道运营平台，应当注重以下几点：

一是商业定位问题。要思考如何做到真正意义上把零售和供应体系分开，即品牌、品牌供应商和零售商，三种角色各自在这个体系里面有什么样的决策定位。

二是B和C贯通，后台统一供销。通过不断的努力，目前天猫供销平台已经基本可以把后台供应体系和天猫、淘宝零售店铺非常通畅地连接在一起。

三是渠道可视，渠道授权统一管理，包括渠道商品、经销商的服务能力等，都需向品牌商开放。

四是数据要透明打通，品牌数据、行业、渠道、商品数据分层透明、互通。这方面，目前已经在商家身上开始应用，天猫供销平台已可做到直接打通与供应商的数据对接。

五是开放与供应链的协同。以店铺为核心的运营，支撑起目前的市场，所以当运营转向全渠道时，同样需要有一个支撑。这个支撑就是打通各种仓（包括虚拟仓），渠道产品、库存等的统一管理。

六是依托供销，形成共享、共举、共赢的生态圈。品牌商到消费者的各个环节将是生态圈形成的主干。由于从单店转向全渠道运营，服务商、品牌商、渠道商和消费者之间的利益分配结构将发生变化，而如何使之均衡是一个关键。

谁先做成功、做成型、做出格局，谁就将成为全渠道时代细分领域的霸主，这是未来的趋势。不管你是消费者还是品牌方，不管你是渠道商还是物流运营企业，你都必须关注这些趋势，同时早做准备，正所谓拥抱趋势才能赢在未来。

（吴勇毅：《全渠道的春天》，《销售与市场（管理版）》2015 年第 6 期）

第5章　营销渠道的权力管理

本章主要中介绍、分析营销渠道权力的内涵及划分，使学生了解渠道激励的内涵及分类，建立渠道激励体制，掌握渠道控制的来源、内涵及模式。

【学习目标】

1. 了解营销渠道权力的来源及含义；
2. 掌握营销渠道激励的相关概念；
3. 了解渠道成员激励的类型；
4. 掌握渠道控制的内涵及模式。

【引例】

美国奥琳瓷砖公司激励独立分销商的销售人员

美国奥琳瓷砖公司（简称奥琳）位于宾夕法尼亚的斯黛尔，是一家墙砖和地砖制造商。据负责釉面墙面产品的营销经理罗恩·奥坦罗斯说，这些年来，公司非常依赖分销活动，为激励分销商销售人员而进行的"明智选择活动"获得了国家首席销售执行官颁发的展示奖励大奖。

公司在墙砖产品领域早已为人所熟知，这次的激励活动集中于地砖产品线，以此来提高知名度和销售力度，"在分销商的销售人员中重新定位我们的釉面产品"。

奥琳为期6个月的激励活动，是由制造商、广告代理商和唐·贾格达协会（一家专门从事激励活动开发的咨询公司）共同合作完成的，给瓷砖分销商销售人员提供了丰富的商品奖励，价值从100到1 000美元都有，奖励针对个人进行选择以满足目标人员，大部分是25～34岁的男性，拥有大学学历，年收入超过30 000美元。罗恩·奥坦罗斯指出，商品应是高质量的、首选的，通过激励来吸引营销人员。

罗恩·奥坦罗斯制定了活动的规则，将奖励与6个品牌的地砖和有色灰浆的销售联系起来。激励用点数进行记录，同时也记录销售额。每多销售1 000平方英尺的产品给瓷砖承包商、楼面料经销商和其他顾客可以获得50点。将展品销售给经销商、销售人员能获得20、30或50点不等，如果能将一个产品组合运送给瓷砖承包商以作为产品介绍，将获得10点。

销售人员每月进行一次销售报告，上交一份专门设计的产品销售表格以及各种显示装货日期的发货清单复印件。额外的10点将给予那些每月按时提交报告的人员,以便在活动进行期间分散行政上的负担。

100～300点可获得低额的奖励,主要包括咖啡机、煮牛奶机、电传打字机、无线电话或食品加工机等奖品;达到1 000点就能获得个人复印机、拉盖书桌、摄影机或计算机等奖品。

销售人员参加这次活动首先要登记,上交一张附有家庭地址和社会保障号码的明信片。该举措有助于实施控制,也为以后有目标的促销活动提供了机会。罗恩·奥坦罗斯提到:"我们多花费了一笔钱用于每月的报告,这些报告记录了各推销员的分销商、销售区域和所获得的点数。这对于活动的执行非常重要,并对活动的成功进行有很大帮助。"

这次活动引起了商家的注意。50%销售地砖和有色灰浆的目标销售人员参加了活动。这次活动总共发了264项奖品,总价值超过15万美元。

根据奥坦罗斯的报告,在促销活动中,分销商新签了244家零售商和承包商,而且,几家主要分销商取得了惊人的绩效:5家关键客户的购买在早期平均上升了82%,其中两家公司将购买美国奥琳瓷砖的数量翻了一倍。

罗恩·奥坦罗斯说:"总体上,这次活动取得了公司以前从未获得的成功。"分销商的销售人员认为奥琳的地面产品是很有前途的产品。

奥琳以前也不时实施一些奖励计划,但这次的活动被认为"比以前所做的上了一个台阶。我们的分销商网络已经成长,使我们从战略上将精力集中在分销商的支持上。我们不再像过去那样依赖我们的分销商。这是一个细致构思的渠道成员激励计划,它不仅使经销商数量大幅度上升,还带来了许多新的零售客户"。

(杨春富主编:《营销渠道管理》,东南大学出版社2012年版)

思考:奥琳的激励活动,促进了分销商的销售人员推销地砖与灰浆,取得了显著成功,以前忽略了这方面的激励。你认为在这次激励活动中哪一个因素或哪几个因素对于取得分销商的销售人员的回应是非常重要的?

5.1 营销渠道的权力管理

5.1.1 营销渠道权力的内涵

在渠道权力理论中,多数渠道理论研究者都是从社会学的角度来定义渠道权力。如著名渠道理论学者斯特恩和艾—安萨利(Stern & El-Ansary,1977)将渠道权力定义为某个渠道成员所具有的让其他渠道成员必须进行某种行为的能力,并进一步将渠道权力解释为"某个渠道成员A对另一个渠道成员B的权力是指B在A的干预下的行为概率要大于没有A干预下的行为概率"。后来,斯特恩等学者(Stern,El-Ansary&Coughlan,1996;Coughlan, Anderson, Stern&El-Ansary,2001)将渠道权力进一步定义为"一个渠道成员A使另一个渠道成员B去做它原本不会做的事情的一种能力"。除上述学者外,罗森布罗姆(Rosenbloom,1999)将渠道权力定义为"一特定渠道成员控制或影响另一成员行为的能力";另两位学者Bowersox和Cooper(1992)则认为渠道权力是"一个渠道成员影响或改变另一个渠道成员决策的能力"。从上述定义中我们可以看出,各位学者的定义表述有所不同,但表达的意思却是基本一致的,即渠道权力是一个渠道成员对另一个渠道成员行为的控制力和影响力。这种观点是目前西方营销理论界所普遍接受的。

对于渠道权力的含义，另一种从社会学中引出的定义方法也被西方营销理论界所普遍接受，这就是从渠道成员之间相互依赖的角度对渠道权力进行定义。斯特恩等学者（1996，2001）认为，“还可以把权力理解为一个渠道成员对另一个渠道成员的依赖程度”，“如果对A有所依赖，B就会改变它通常的行为以适应A的需求。B对A的依赖性赋予A潜在的影响力”，影响力的大小取决于B对A的依赖程度。Bowersox和Cooper（1992）认为渠道权力有赖于渠道成员所感知到的相互之间的依赖程度，渠道权力是依赖关系的结果。

很多情况下，为了影响一个渠道成员的决策或行为，权力拥有者不一定非要真实地使用权力，权力对象会根据他们对于权力拥有者所拥有权力的认识而采取顺从或合作的行动，于是就产生了权力与权力运用的背离。一个经常使用权力，尤其是经常使用强制性权力的渠道成员并不一定拥有更大的权力。渠道权力理论的核心思想是在任何一个营销渠道中，渠道成员如生产商、代理批发商和零售商等所处的地位是不同的：一些渠道成员凭借其控制的资源对其他成员具有一定的影响力或称权力（Power），而上述资源就称为权力源（Power Source）。各渠道成员的行为往往表现为各种权力之间的博弈。

5.1.2　渠道权力的来源

渠道权力的来源是指渠道权力赖以产生的源泉或基础。目前西方营销理论界普遍接受的渠道权力的来源有五种：奖赏、强制、专长、合法性、参照与认同。

（1）奖赏。来自奖赏的权力是指某个渠道成员通过向其他渠道成员提供某种利益而对其产生的权力。奖赏权的有效行使取决于渠道权力主体拥有权力客体认可的资源，以及权力客体的一种信念，即它如果遵从权力主体的要求，就会获得某些报酬。

（2）强制。来自强制的权力是指某个渠道成员通过行使某种强制性的措施而对其他渠道成员产生影响的权力。强制权行使的前提是渠道权力客体如果没有遵从权力主体的要求就会遭受某种惩罚的心理预期。

（3）专业知识。来自专业知识的权力是某个渠道成员通过某种专业知识而产生的对其他渠道成员的影响力。渠道系统内的专业分工使渠道系统内的每个成员都具有一定的专长权。

（4）合法性。来自合法性的权力是某个渠道成员通过渠道系统中的权利与义务关系的合法性而产生的对其他渠道成员的影响力。合法性权力的重要特点是渠道权力客体感到无论从道德、社会或者法律的角度出发他都应该同权力主体保持一致，或者它有义务去遵从权力主体的要求。这种责任感和职责感有两种来源：法律和传统或者价值观。前者产生了法律上的合法权，后者产生了传统的合法权。

（5）参照与认同。来源于参照与认同的权力是某个渠道成员作为其他渠道成员参照与认同的对象而对它们产生的影响力。来源于参照与认同的感召权本质上是渠道权力客体对权力主体的一种心理认同，这种权力的深层来源是权力主体的声望与地位。

5.1.3　渠道权力的划分

（1）强制性渠道权力和非强制性渠道权力。这种划分是依据渠道权力来源因素的强制性与否。强制性渠道权力包括惩罚因素和法律因素；非强制性渠道权力包括奖赏因素、专家因素及感召因素。

（2）经济性渠道权力与非经济性渠道权力。这种划分是以渠道权力来源因素的经济性为依据的。经济性渠道权力包括奖赏因素和惩罚因素；非经济性渠道权力包括法律因素、专家因素、感召因素。

(3)直接渠道权力和间接渠道权力。这种划分是以权力来源因素是否对渠道成员的观念产生影响为依据进行划分的。直接渠道权力包括奖赏因素、成文的法律因素、惩罚因素；间接渠道权力包括信息因素、感召因素、不成文的法律因素。

(4)培养式渠道权力和命令式渠道权力。Johnson，Sakano and Onzo 在 1993 年对日本分销商进行研究时，根据日本分销商对渠道权力的理解，将渠道权力分为培养式渠道权力和命令式渠道权力。前者包括惩罚因素、感召因素、法律因素；后者包括奖赏因素、专家因素、信息因素。显然，这里感召因素被划分为命令式渠道权力，是与日本特定的文化背景相联系的。

(5)侵略式渠道权力和非侵略式渠道权力。Don Y.Lee (2001)、张黎和 Marsha A.Dickson(2004)在对中国分销商进行研究时，根据中国分销商对渠道权力的理解，将渠道权力分为侵略式渠道权力和非侵略式渠道权力。前者包括惩罚因素、奖赏因素、法律因素；后者包括专家因素、感召因素、信息因素。中国分销商习惯将构成渠道权力来源的法定法律因素和传统法律因素归为一种法律因素，并且是构成侵略式渠道权力的来源因素。

5.1.4 渠道权力的特性与作用机理

由于渠道成员在功能上是相互依赖的，因而渠道系统中的每一个成员都有一定的渠道权力，但这种权力在渠道成员间的分配却不是均等的。但是权力的对抗性特征使得权力关系内部存在着一种促使权力趋向平衡的动力机制，即权力主体行使权力总是会诱发抵消性的权力与之对抗，从而削弱权力主体的影响力。然而从渠道权力的工具性出发，渠道权力主体受利益的驱动总是致力于保持或加大这种权力的非均衡状态。渠道权力正是在这两种力量的作用下在均衡与非均衡之间运动变化的，见图 5—1。

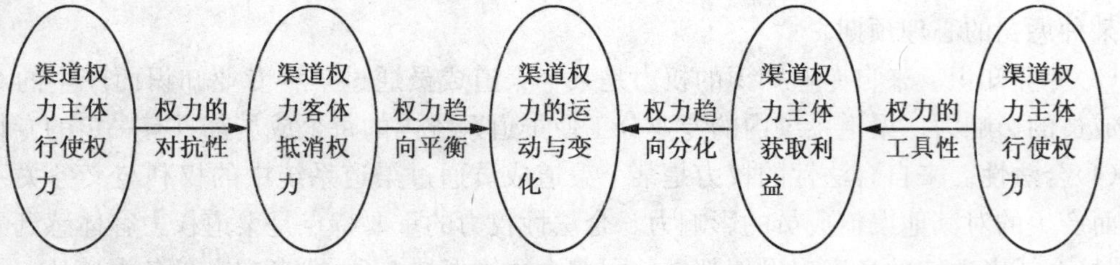

图 5.1 渠道权力的作用机理

5.1.5 渠道成员间的权力关系

传统营销渠道系统成员之间是相独立的组织关系，为了各自的利益而展开对整个渠道控制权的争夺，以获得更大的渠道权力和更多的商业利益。然而，随着营销渠道的发展，整条营销渠道需要所有成员相互协同来实现渠道利益最大化。此时，渠道中会出现一个渠道领袖，由它协调自身和其他渠道成员的关系，并对其他成员之间的关系进行适度管理，领导整个渠道与其他渠道进行竞争。一般来说，渠道领袖是通过权力来影响和控制其他渠道成员的行为和态度，渠道权力是渠道领袖控制其他渠道成员最主要的工具，而渠道领袖享有的权力大小取决于权力基础以及其他渠道成员对其的依赖程度。其权力来源可以归纳为两个方面：间接来源和直接来源。间接权力来源是渠道领袖对资源的控制程度及其规模大小;而直接权力来源主要有以下 5 种:奖赏、强制、专长、合法和声誉,并可以归纳为 5 种权力:奖赏权、胁迫权、专家权、法定权、声誉权。渠道领袖的这些权力来源使其能主导整个渠道,它可以是供货方,也可以是销售方。

总之,渠道领袖地位的确立以及其所拥有的权威取决于该公司与其他渠道成员的权力大小悬殊程度。渠道权力来源、依赖关系及权力之间的关系如图 5-2 所示。

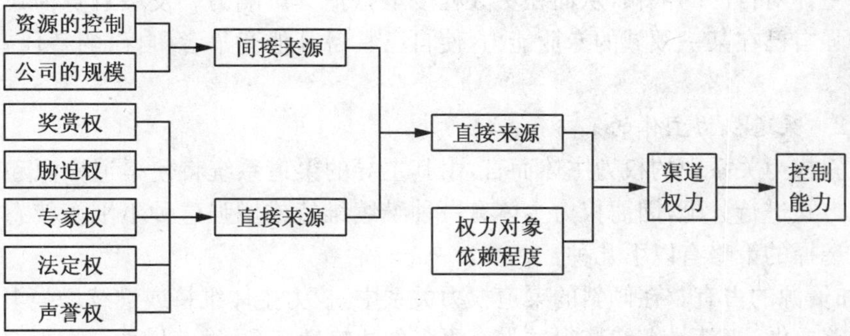

图 5-2　渠道成员的权力模型

5.1.6　渠道成员的权力策略

5.1.6.1　渠道权力客体的策略

不平衡的依赖导致了权力的倾斜,而在一个权力倾斜的关系中对资源和利益进行分配将可能导致渠道权力客体受到"剥削"。结合渠道权力产生的基础与渠道关系中的依赖关系,渠道权力的客体可以采取以下策略来抵消主体的影响:

(1)发展战略性资源。渠道权力的倾斜主要是因为权力关系双方所占有资源的不平衡,因此,在渠道权力关系中处于弱势地位的一方首先应当发展战略性资源,增加权力赖以产生的基础。增加这种战略性资源的意义:一方面在于改变关系双方力量的对比,抵消更多的影响力;另一方面则在于发展这种战略性的资源能够向对方提供更多的效用,从而增加对方对自己的依赖。

(2)组织联盟对抗。如果在倾斜的权力关系中双方力量的差距过大,处于弱势的一方单凭自身的力量无法更多抵消权力主体的影响,那么权力客体的另一种有效的对策就是在渠道系统内组织一个联盟,以集体的力量增加对权力主体的影响。

(3)寻求替代者。倾斜权力关系中的客体另外一种增强自身权力的选择是寻求一个能够向自己提供类似服务的替代者,从而减少对权力主体的依赖程度。在竞争性较强的市场中,找到一个替代者是相对容易的,问题在于在渠道权力结构形成以后,即使存在众多替代者,但权力客体却可能由于较高的转换成本而无法轻易转向替代者。这就要求实力较弱的渠道成员在与实力雄厚的企业建立渠道关系时,要未雨绸缪,做好这方面的准备。

(4)减少对特定关系的投资。当存在效用的替代性来源,而权力客体却不能轻易转换效用提供者的情况下,大多是由于权力客体对特定关系的投资过多而导致了较高的转换成本。这种关系特定型投资是渠道伙伴向特定渠道关系进行的投入,这种投资所形成的资产是针对特定渠道伙伴的,一旦转换渠道伙伴,这些专用性资产都将成为沉没成本,无法用作他途。因此,要减少对权力主体的依赖，就要减少关系特定型投资，降低转换壁垒，在能够转换渠道关系时，增加自己的自主性。

(5)双边锁定。一旦渠道权力客体发觉自己已经被权力关系对方“单边锁定”了，则权力客体除了忍痛终止渠道关系外，还有一种更佳的选择，那就是争取将自己的“单边锁定”转变成相互依赖的“双边锁定”。一种可能的途径是争取渠道权力主导方的投资，建立新的分销机构。

(6)发展自身的稀缺性。这是一种更加富有创造性的策略，通过使自己变得更加稀缺来增加渠道权力主体对自己的依赖，从而在更大程度上抵消其影响力。发展自身稀缺性的一个有效途径是增强自己在某一领域的专业能力，使自己具备其他竞争者(自己的替代者)所不具备的专长。

5.1.6.2 渠道权力主体的策略

对于倾斜权力关系中的权力主体而言，由其主导的渠道系统将使渠道资源和利益按照有利于自己的方式进行分配，因而权力主体有一种继续维持或增强这种不平衡状态的动机。权力主体可以选择的策略有以下几种：

(1)增加资源的占有。在倾斜的渠道权力关系中，权力主体维持或继续增强渠道权力的倾斜性的一个首要做法，就是继续获得并占有更多的战略性资源，继续增加与权力客体的实力差距。制造商寻求纵向或横向的一体化战略、投资于“拉引战略”建立品牌偏好等策略均是增强自身实力的典型方式。

(2)隔离替代资源。权力主体继续维持或增加权力客体对自己依赖的另一种重要策略是尽量减少权力客体寻求并转向替代者的可能性。一种典型的做法是将替代来源与权力客体隔离，如制造商要求中间商独家代理其品牌产品就是将替代来源隔离的典型策略。

(3)阻止联盟。阻止权力客体形成反抗联盟也是维持权力倾斜状态的一种重要策略。正如布劳(1964)指出的那样，如果权力客体群体共同感受到了权力主体的影响和“剥削”时，他们将结成联盟进行反抗。因此，阻止联盟形成的一个重要途径就是为每个权力客体提供不同的利益和义务方式，以在他们之间形成差异化的感受。大型制造商分别向不同的中间商提供不同标记、包装、款式，但却是标准化生产的同质产品就是这种创造感受差异的重要策略。

(4)单边锁定。维持或增加权力客体的依赖的另一种有效策略即是将其“单边锁定”在特定的渠道关系中，增加其转换的壁垒。这种“单边锁定”的主要形式就是吸引权力客体向特定关系进行专用投资。这通常需要权力主体提供一些“补偿性依赖”，如制造商提高市场覆盖的选择性来换取权力客体对关系的投入。

(5)发展自身的稀缺性。如同权力客体发展自己的稀缺性以增加权力主体对自己的依赖一样，权力主体也可以诉诸这种策略，以使权力客体更难寻求替代者。对于渠道权力的主体而言，要发展自己的稀缺性除了要发展一种具有差异化的专业能力之外，还应当致力于减缓横向竞争的程度，因为过度的横向竞争意味着为权力客体提供了更多的替代来源。

(6)减少需求。从另一个角度思考权力主体的意图，则可以得出一个更富有创意的方法，即通过减少对权力客体的依赖程度，从而增加客体对自己的净依赖程度。这个目的的达到是通过权力主体减少对权力客体所提供效用的需求来实现的，这种减少的需求可能是真正的减少，也可能是一种类似于扬言投资于自己提供某种服务的象征性减少。

5.1.6.3 渠道权力均衡策略

科兰等学者(2001)认为，“渠道成果取决于给定关系中的权力平衡”，因而随着市场环境复杂性和不确定性程度的增加，渠道成员也正在改变导致渠道效率偏低的权力倾斜的竞争状态，而逐步走向渠道联盟，使渠道关系中的权力结构趋向均衡。

渠道联盟是渠道系统中上下游企业之间为降低渠道运营成本，增加渠道共享收益而结成的战略联盟。对渠道联盟的认识我们应当注意以下几点：

第一，效用的满足既是渠道联盟的动因，也是渠道联盟的结果。这是因为：作为一个成员从关系中得到的经济性和非经济性满足越多，其双方的信任度就会越高，这会促使双方更积极地对联盟关系进行投入，从而共享更多的效用，加快联盟关系的螺旋式上升过程。

第二，在渠道联盟建立的过程中，关系双方对联盟的投入应当是对等的，这不仅是表达对渠道伙伴信任的最直接的方式，而且会避免不均衡投入造成的权力倾斜。

第三，双方在联盟中所树立的共同的目标，避免了合作中的机会主义行为，在共担风险、共享收益的渠道联盟中，争取渠道控制权的动机也被大大削弱了。

5.2　营销渠道的激励管理

在"渠道为王，决胜终端"的大趋势下，营销渠道管理在业界占据着日益重要的地位。在渠道管理过程中，对于营销渠道的激励更是不可或缺的重要内容。

5.2.1　渠道激励实施的前提

营销渠道管理中，激励实施的前提是了解分析渠道中间商的各种需求。只有了解其需求，才能有的放矢地实行激励措施，达到良好的激励效果，使其产生最佳工作业绩。

(1)经济的需求：追求销售和利益最大化，不愿承担过多销售费用。

(2)安全的需求：理性中间商总是会把货款安全放在第一位，不会为了完成厂商期望的销售任务而盲目铺货和压货，给自己造成财务负担和直接经济损失。同时，在经营中力求稳健，往往不会在市场前景不明朗的情况下做大量市场开拓工作。

(3)权力的需求：力图最大限度地控制零售客户，希望卖场是自己的资源，自己是厂商和卖场的枢纽，不希望厂商越过自己直接和卖场沟通。

由此可知，只有激励满足中间商的需求，才能实现双赢局面，即中间商在实现产品销售既得利益的同时，也使厂商获得目标利益的实现。换言之，激励有利于调动中间商的积极性与主动性，有利于厂商经销政策的顺利执行，并且通过对中间商的控制，使其严格执行厂商制定的分销政策，进而避免"窜货"与跨区销售。

5.2.2　渠道激励的意义

需要渠道激励的根本原因在于，在大多数情况下，构成营销渠道系统的各个渠道成员与制造商属于完全独立的不同经济实体，不是严格意义上的上令下行的关系，而是一种合作关系。同时，渠道成员首先是顾客的购买代理，其次才是供应商的销售代理，最主要的兴趣是销售顾客希望从他们那儿购买的产品，而不是帮助制造商更多地销售他们的产品。如果没有得到相关的激励，渠道成员一般不会去做一些可能有利于制造商但对他们自己没有任何利益的工作。维系渠道成员之间、渠道成员与制造商之间关系的纽带是双方对利益的追求。因此，为了提高自己产品在市场上的销售量，作为制造商就有必要采取一些激励措施，激发渠道成员销售本企业产品的兴趣。

渠道成员作为供应链中的一个重要而特殊的"阶层",不仅数量众多,而且分布广泛。制造商对于渠道成员的"话语权的大小,与制造商的实力和品牌知名度呈正相关。即便如此,任何制造商对渠道成员也不可能具有完全的'话语权'"。

在市场竞争如此激烈的情况下,制造商与渠道成员对"和气生财"应有深刻的理解。对于渠道成员的有效管理,虽然"胡萝卜加大棒"的政策永远存在并在一定程度上产生作用,但在现代管理中更多地强调以激励来营造整个渠道系统的和谐气氛,通过激励来调动渠道成员的积极性。

因此,对于渠道成员的有效激励,就成了几乎任何制造商渠道管理中的一项不可或缺的重要内容。渠道激励有以下好处:

(1)促使渠道成员帮助制造商获得更理想的销售时间。有些产品的销售,尤其是生产资料的销售具有很大的时间性和时段性,消费者可能只会在一年的某一时间才会用到此产品,所以他们会在某一特定的时间内才有需求。而制造商要想使自己的产品在销售淡季的时候也有一定的销售量,就需要渠道中间商积极有效的协作和配合。

(2)促使渠道成员帮助制造商获得更理想的销售空间。产品设计生产出来以后,大部分的工作就是营销渠道要做的事。产品从制造商手中转移到批发商那里以后,制造商的商品展示方式、陈列以及促销手段,对消费者的购买选择都有很大影响。只有通过对批发商进行激励,使他们积极推销制造商提供的产品,创造理想的销售空间,才能为制造商创造利润。

(3)鼓励渠道中间商成为企业信息的搜集者。在商品的销售过程中,有些渠道中间商会直接与消费者打交道,只有他们才知道消费者需要什么、不需要什么。他们了解自己的顾客,同时更能清楚及时地掌握市场的第一手资料。与制造商相比,他们更了解市场的变化趋势,但是很少有中间商会将这些关系到新产品研发设计的重要信息主动收集反馈给制造商,而这些信息对制造商产品的市场占有率至关重要。所以,制造商必须对中间商提供必要的激励,甚至将两者的利益直接挂钩,这样渠道中间商才会将自己掌握的市场情况及时反馈给制造商。

(4)激励中间商成为企业有效信息的传播者。一般而言,中间商无疑比消费者更了解制造商的产品优势和劣势,而这恰恰又是消费者在购买商品时最需要关注的,也是最想得到的产品的直接信息。所以必须激励渠道中间商,使他们积极成为企业信息的传播者,以更好地帮助企业建立信誉和产品良好的品牌形象。只有渠道成员主动积极地开展营销活动,才可能有效地扩大市场占有率。

5.2.3 渠道激励的类型

渠道激励的分类方法有很多种,依据激励措施针对的对象不同,可以分为针对总代理、总经销的激励以及针对二级代理甚至零售终端的激励;依据激励实施的时间不同,可以分为年度激励、季度激励和月度激励等;依据激励采取的手段不同,可以分为直接激励和间接激励等。

事实上,在营销实践中,制造商大多同时采用两种或两种以上的激励方式配合使用,这样可以根据制造商设计的渠道激励目标组合成各种各样的激励方案,以达到最大的激励效果。

5.2.3.1 根据激励的对象分类

(1)针对总代理、总经销的激励。

第一,年终奖励。制造商事先设定一个销售目标,如果总代理商或总经销商在规定的时间内达到了这个目标,则按照事先的约定给予奖励。若为区域总代理制或总经销制,则为兼顾不同地区差异,可以分别设立不同等级的销售目标,其奖励额度也随不同的销售目标而不同。这样做，一方面是为了体现公平，另一方面则为不同地区的总代理商或总经销商描绘出一个需要其不断努力发展才能达到的希望远景。

针对年终销售目标奖励，常见的奖励方式有销售额的折扣率、出国旅游、出国考察等，或者选择一些有助于总代理商或总经销商进一步发展所需之实物或服务，比如奖励汽车、配置电脑、提供管理软件或组织人员培训等。

第二，阶段性奖励。制造商根据不同的特定阶段，为总代理商或总经销商制定一个销售目标，如果在这个特定阶段内，总代理商或总经销商完成这个销售目标，则给予阶段性奖励。比如，在中国 IT 市场上，很多制造商都对总代理商或总经销商设定了特别的暑假销售奖励和寒假销售奖励等。更多的制造商将年终奖励分解为 4 个季度的阶段性奖励来执行。因为年终奖励作为一种结果性奖励，对制造商来说不仅不容易控制，而且存在很大的风险；而分解为 4 个季度的阶段性奖励之后，不仅易于控制，而且能够更大地发挥激励的作用。相应地，有些公司将阶段性奖励的周期分得更细，比如以月为周期，甚至不少公司以周为单位进行奖励。比如，一些日用消费品制造商对渠道成员的激励大多如此。

(2)针对代理、经销商的激励。对二级代理商或经销商的激励，不仅可以加速产品的流通和分销能力，而且还能够起到培养渠道成员忠诚度的作用。不过在执行对二级代理商或经销商的激励政策时，应把握好一个度的问题，应着重将奖励的考核依据放在实际的销售量上，否则可能造成短期的"销售繁荣"，实则形成"窜货"，这将直接导致价格体系混乱，影响到市场的正常发展。为此，制造商必须高度重视这个问题。

(3)针对零售终端的激励。除了鼓励总代理商或总经销商、二级代理商或二级经销商之外，还应该激励零售商，增加他们进货、销货的积极性。常见的激励方法：提供一定数额的产品进场费、货架费、堆箱陈列费、POP 张贴费、人员促销费、店庆赞助、年终返利、商店 DM 的赞助等。

在对零售终端的激励中，售点服务人员或营业员，作为最小单位的特定的"零售终端"，加强对其管理并有效调动他们的积极性，对于实现或超额完成预定目标至关重要。一个性能价格比非常好的产品，如果店员不积极推荐，甚至打击这个产品，它的命运可想而知。对店员的培训可以增加其对企业的认可，增加对产品的认同，有助于店员全面了解产品的性能和指标，增加销售技巧。

5.2.3.2　*根据激励的方式分类*

(1)直接激励。所谓直接激励，就是指通过给予渠道成员物质或金钱的奖励来激发其积极性，从而实现公司的销售目标。在营销实践中，制造商多采用返利的形式奖励渠道成员的业绩。

返利具有激励作用，也被企业视为激励经销商的主要手段之一。返利是指制造商根据一定的评判标准，以现金或实物的形式对经销商的滞后奖励。返利的特点是滞后兑现，而不是当场兑现。如果从兑现时间上来分类，返利一般分为月返、季返和年返三种；如果从兑现方式上来分类，返利一般分为明返、暗返两种；如果从奖励目的上来分类，返利可以分为过程返利和销量返利两种。

过程返利是一种直接管理销售过程的激励方式，其目的是通过考察市场运作的规范性以确保市场的健康发展。通常情况下，过程激励包括以下内容：铺货率、售点气氛(即商品陈列生动化)、安全库存、指定区域销售、规范价格、专销(即不销售竞品)、守约付款等。过程返利既可以提高经销商的利润，从而扩大利润目标，又能防止经销商的不规范操作，还可以培养一个健康的市场，保证明天的利润目标。

销量返利是为直接刺激渠道成员的进货力度而设立的一种奖励，其目的在于提高销售量和利润。在营销实践中，有三种形式的销量返利：

①销售竞赛：就是对在规定的区域和时段内销量第一的渠道成员给予奖励。

②等级进货奖励：就是对进货达到不同等级数量的渠道成员给予一定的奖励。

③定额返利：就是对渠道成员达到一定数量的进货金额给予一定的奖励。

企业在制定返利政策时，要多用过程返利，少用销量返利。这是因为销量返利是把双刃剑，由于其返利多少是根据销售量多少而定的，因此经销商为多得返利，就会千方百计地多销售产品，但同时销量也可能成为经销商窜货乱价等短期行为的诱发因素。特别是在制造商的产品占领市场后，制造商销售工作的重点转向稳定市场，这时根据销量返利政策的缺点就表现得越来越明显，即各经销商在限定的区域内，无法在限定的时间完成一定的目标时，他们很自然地会进行跨区窜货，最后导致价格体系混乱甚至崩盘。

【渠道实战 5—1】

化妆品企业的返利政策

某化妆品企业与其他大多数企业一样，以前对经销商的返利政策就是以销量作为唯一的返利标准，且销量越大返利的比例越高。该企业为每个经销商制定了三个不同的年销量指标，即必保任务、争取任务和冲刺任务，完成的年销量指标越高，则年返利的百分比越大，而且返利奖励是与经销商年销量的绝对值挂钩的。假如三项指标为必保任务 200 万元、争取任务 250 万元和冲刺任务 300 万元，返利比例分别为 1%、3%和 5%，相对应的返利金额为 2 万元、7.5 万元和 15 万元。按照企业的返利政策，如果经销商完成 200 万元的必保任务，只能拿到 2 万元的销量返利，而完成 300 万元的冲刺任务，就可拿到 15 万元。因此年销量只要增加 50%，返利就能翻好几番。对于经销商来说，自身的利润肯定是摆在第一位的。在销量返利政策诱导下，经销商就会削尖脑袋冲销量，争取拿到最高额的返利奖励。于是，有的经销商大肆向其他区域窜货；有的经销商压低价格甩卖。在他们看来只要能拿到最高额的返利，牺牲一点差价利润还是合算的。

为了制止窜货和低价甩卖，企业对一些违规的经销商三令五申，并以扣除返利相威胁，但根本不管用。因为厂家的铺底货款扣在经销商手上，所以经销商有恃无恐。于是，情况不断升级，愈演愈烈，原来一些一直遵守秩序的经销商也被迫卷入，价格越卖越低，不到一年时间，价格就接近“卖穿”。

经销商之间互相指责、投诉不断，企业被弄得焦头烂额，公司的营销员四处救火，疲于奔命，原来“做市场”的营销员现在却变成了“做消防”的。为了尽量减少低价产品对市场秩序的破坏，对那些抛售特别严重的区域市场，厂家出钱把低价甩卖的产品买回来。但情况并没有好转，因为源头没有堵住，厂家不断地买，低价产品又不断地流到市场。

后来，该化妆品公司吸取教训，在返利政策的制定上不以销量为唯一的考核标准，而是根据厂家不同阶段对营销过程的管理来综合评定返利标准。除了完成销售定额给予经销商一定奖励外，还设定了铺货陈列奖、渠道维护奖、价格信誉奖、合理库存奖、经销商协作奖等一系列补充激励方式，从一定程度上弥补了以往返利激励政策的缺陷。

（杨春富主编：《营销渠道管理》，东南大学出版社 2012 年版）

从上述案例不难发现，销量返利的优点是可以挤占渠道成员的资金，为竞争品牌制造商的市场开发设下路障；但缺点是若处理不好，可能造成渠道成员越区销售，导致窜货，扰乱市场。

与上述化妆品企业相比，百事可乐公司对经销商的返利激励政策显得更加符合实际，既强化了返利的优点，又关注到了可能出现的问题，从而在制定政策时就加以防范。

【渠道实战 5－2】

百事可乐对返利政策的规定

百事可乐公司对返利政策的规定细分为5个部分：年折扣、季度奖励、年度奖励、专卖奖励和下年度支持奖励，除年折扣为“明返”外（在合同上明确规定为1%），其余四项奖励为“暗返”，事前无约定的执行标准，事后才告之经销商。

(1)季度奖励在每一季度结束后的两个月内，按一定进货比例以产品形式给予。这既是对经销商上季度工作的肯定，也是对下季度销售工作的支持，这样就促使公司和经销商在每个季度合作完后，对合作的情况进行反省和总结，相互沟通，共同研究市场情况。同时，百事可乐公司在每季度末派销售主管对经销商业务代表培训指导，帮助落实下一季度销售量及实施办法，增强相互之间的信任。

(2)年终回扣和年度奖励是对经销商当年完成销售情况的肯定和奖励，在次年的第一季度内，按进货数的一定比例以产品形式给予。

(3)专卖奖励是经销商在合同期内，专卖某品牌系列产品，在合同结束后，公司根据经销商销量、市场占有情况以及与公司合作情况给予的奖励。专卖约定由经销商自愿确定，并以文字形式填写在合同文本上。在合同执行过程中，公司将检查经销商是否执行专卖约定。

(4)下年度支持奖励是对当年完成销量目标，继续和制造商合作，且已续签销售合同的经销商的次年销售活动的支持，此奖励在经销商完成次年第一季度销量的前提下，在第二季度的第一个月以产品形式给予。

以上奖励政策事前的“杀价”空间太小，因为经销商如果低价抛售所造成的损失和风险，公司是不会考虑的。百事可乐公司在合同上就规定每季度对经销商进行一些项目考评：实际销售量、区域销售市场的占有率、是否维护百事产品销售市场及销售价格的稳定、是否执行公司的销售政策及策略，等等。

为防止销售部门弄虚作假，公司规定考评由市场部、计划部抽调人员组成联合小组不定期进行检查，确保评分结果的准确性、真实性，做到真正奖励给与公司共同维护、拓展市场的经销商。

（MBA智库文档——营销渠道 http://doc.mbalib.com/view/c320e15233c0ce2ee567fc626c1423ce.html）

(2)间接激励。所谓间接激励，就是指通过帮助渠道成员进行销售管理，以提高销售的效率和效果来激发渠道成员的积极性和销售热情的一种激励手段。

间接激励的方法很多，比如，帮助渠道成员建立进销存报表，帮助渠道成员进行客户管理，帮助渠道成员确定合理的安全库存数以及帮助渠道成员进行客户开发、供单等。

第一，帮助中间商进行库存管理。在通常的供应链中，以四阶段供应链（零售商、批发商、分销商和工厂）为例，零售商观察顾客需求，然后向批发商订货，批发商向分销商订货，而分销商则向工厂订货。随着供应链往上游前进，订货量变动程度会不断增大，这种现象称为“牛鞭效应”。“牛鞭效应”的存在给买卖双方的经营都带来不利影响。为了消除这种不利影响，最常用的方法就是在供应链内部集中顾客的需求信息，即提高供应链每一阶段有关顾客需求信息的准确度。意大利著名的通心面食生产商巴里勒公司就颠覆了传统的根据分销商向公司发出的订单来发送产品的做法，而是建议经销商提供详细销售数据，由巴里勒公司在作详尽预测的基础上帮助经销商管理库存。这种方式在很大程度上改善了渠道管理的效率，提高了经销商对巴里勒公司的忠诚度。

第二，对零售商提供间接激励，帮助零售商进行零售终端管理。终端管理的内容包括铺货和商品陈列等。

【渠道实战 5—3】

宝洁公司的间接激励法

宝洁公司通过很多方式帮助分销商，主要做法有：制定更完善的覆盖区域划分；向分销商派驻厂商代表协助销售；协助培训分销商销售人员；招聘专职市场覆盖人员，并负责其工资奖金的发放；为分销商提供覆盖服务费，确立 14 天回款返利 3%的回款激励系统；协助分销商提高物流管理水平并推行数字化管理；等等。宝洁公司要求经销商组建宝洁产品专营小组，由厂方代表负责该小组的日常管理。专营小组构成一般 10 人以上，具体又可分为针对大中型零售店、批发市场、深度分销三个销售小组。每个销售人员在给定的目标区域、目标客户范围内，运用“路线访销法”开展订货、收款、陈列、POP 张贴等系列销售活动。厂商代表必须协同专营小组成员拜访经销商，不断对经销商进行实地指导与培训。同时，为了确保厂商代表对专营小组成员的全面控制管理，专营小组成员的工资、奖金甚至差旅费、电话费等全部由宝洁公司负责发放。厂方代表依据销售人员业绩，以及协同拜访和市场抽查结果，确定小组成员的奖金额度。宝洁还要求经销商配备专职文员以及专职仓库人员，工资、奖金亦由宝洁公司承担。宝洁公司的这些做法，不仅有效地帮助经销商提高了运营管理水平，使经销商获得了更多利益，同时也在此过程中向经销商灌输了宝洁的经营理念和文化，更加巩固了与经销商的合作关系。

（百度文库—经管营销 作者：陆承万 http://wenku.baidu.com/link?url=tJAQmcit-kkRaIICxO1HnbRr8wJuDRZZkp3PuOdfnSYBPBlA6-9OBWQzhbbCU_hRahssW-oWOwtAFhztRfrIOOviCNEoyaY-woSehh1FUwsO)

第三，对中间商进行培训。在国际市场上，一些大型制造商经常采用向中间商提供培训销售和维修的人员、商业咨询服务和帮助的方法来加强对中间商的支持力度。

【渠道实战 5—4】

立邦漆公司的渠道激励

立邦漆公司（简称立邦漆）2000 年初经过系统的产品规划与流程再造，设计出具有战略意义的新产品、新渠道推广方案及个性配色中心推广计划。这是目前世界上最先进的涂料销售供应方式。立邦漆通过向商店提供先进的电脑调色设备，使消费者得以在上千种色彩中选择自己喜欢的颜色，再配以“立邦爱彩科技”I colour 软件的支持，就可以得到非常理想的家居装饰效果。同时，它的硬件系统也为 El 后的电子交易创立了条件。立邦漆面向原有渠道经营者，积极鼓励渠道成员共同参与这一网络的建立。为了帮助更多的经销商进入这一领域，立邦漆又与中国银行联合签署了《银企合作协议》，度身定做了“经销网络一路通”这一金融创新产品。通过该产品，中国银行向立邦漆的全国经销商提供包括流动资金和商用消费信贷封闭式贷款在内的统一授信，以加快CCM系统的市场引入速度。迄今为止，立邦漆在全国已建立起1 000余家分属不同代理商、零售商的CCM个性配色中心，很快成为他们新的利润增长点，有效巩固了其在各自区域的业内地位，很多经销商通过CCM的实际推广，也重新定位了自己企业的发展方向；同时，原有渠道的产品份额以及销量也得到了相应支撑，保持了良好的产品比例与销售增幅。在此过程中，立邦漆也行之有效地掌控了渠道。

（王石安：《谁动了你的"渠道"》，博锐管理在线，http://www.boraid.cn/article/html/63/63189.asp，2006年10月23日）

第四，共同进行广告宣传。当某一产品进入一个新市场的时候，通常不为消费者所知晓，中间商一般不愿意经营这种产品，除非企业提供强有力的广告宣传，与中间商合作，共同承担广告费用。这样，既可减轻中间商的经济负担，又减少了企业的销售阻力。

第五，提供市场情报。市场情报是开展营销活动的重要依据。企业应将所掌握的市场信息及时传播给经销商，使他们能很好地制定经营计划。为此，企业有必要定期或不定期地跟经销商进行座谈，共同研究市场动向，制定切合实际的销售措施；企业还可将自己的生产状况、今后的成长计划以及即将开发的新产品等信息传递给经销商，为经销商合理安排销售计划提供依据。

第六，提升经销商的地位。对中间商单单进行物质激励是不够的。根据心理学原理，任何社会的人，除了具有最基本的物质方面的需求外，还有更高的非物质方面的追求。制造商可以通过激励，让渠道成员有一种归宿感、成就感等。比如，可以对经销商进行综合评价，选出业绩较好者，对其地位进行提升，由一般的经销商提升为特约经销商，由特约经销商提升为区域代理商甚至提升为全国代理商。采用这种方法可以进一步调动渠道成员的销售积极性。

在营销渠道管理中，很多公司都能非常熟练地运用直接激励的各种方法，但很少或不太善于运用间接激励的方法来赢得中间商的合作。事实上，间接激励涉及的内容及可能达到的效果比直接激励重要得多。

应当看到，间接激励比直接激励更具有重要性。从本质上讲，销量返利是一种变相降价，是对明日市场需求的提前支取，是一种库存的转移，尽管其可以提高渠道成员的利润，促进经销商的销售热情，为竞争者的市场开发设下路障，但它只能创造即时销量，而且为经销商实施低价越区销售提供了可乘之机。而通过提供管理和销售帮助的间接激励则是一种致力于建立互惠互利关系的手段，有利于企业产品战略的调整和创新，符合企业可持续发展战略的长远考虑。

5.2.4 建立渠道激励体系

5.2.4.1 确定渠道人员薪酬方式

在初步确定渠道人员工资总体水平后，要根据对他的工作期望，将其应承担的职责纳入工资奖金系统中。工资制度要体现吸引性、激励性、相对稳定性、公平性、可操作性。比如，薪资采用80∶20理论，奖励20%优秀的业务人员，60%中间的让他们有压力，而剩下的20%差的销售人员应给予辞退，建立一个有奖有惩的薪资体系。留住优秀的业务人员，使企业的销售工作顺利地开展下去，让优秀的人才为企业做出更大的贡献。

5.2.4.2 对福利政策的考虑

对于渠道人员的管理和激励的难点在于，目前招募渠道人员越来越多，特别是所有的渠道人员并不都是公司的正式员工，或许只是分销商的临时员工。因而，公司应遵守《劳动法》的规定，为新招聘的员工购买各种保险就显得尤为重要，特别是人身意外伤害、养老保险等，这些必须要单独购买，而不要纳入工资里面。公司在福利方面的投入在总的成本里所占的比例是比较高的，但这一部分支出往往被员工忽略，认为不如货币形式的薪资实在，有一种吃力不讨好的感觉。解决这一问题，目前最常用的方法是采用选择性福利，即让员工在规定的范围内选择自己喜欢的福利组合。

5.2.4.3 薪酬制度的透明化

实行保密薪酬制的企业经常出现这样的现象：强烈的好奇心理使得员工通过各种渠道打听同事的工资额，使得刚制定的保密薪酬很快变得透明了。保密的薪酬制度使薪酬应有的激励作用大打折扣。既然保密薪酬起不到保密作用，不如直接使用透明薪酬制度。透明化是建立在公平、公正基础上的，实行薪酬透明化，实际上是向员工传达这样一个信息：公司的薪酬制度，没有必要隐瞒，薪酬高的人有其高的道理，低的人也自有其不足之处；欢迎所有员工监督其公正性，如果对自己的薪酬有不满意之处，可以提出意见或者申诉。

5.2.4.4 需要注意的问题

(1)不要把报酬和权力捆在一起。可以给渠道人员更多的机会，在不晋升的情况下可提高工资级别；还可以大幅度地增加可以获得认股权奖励的员工名额，并尝试实施一项奖励管理人员的计划，鼓励他们更多地了解情况，而不是根据他们管理多少员工或者工作时间有多久发奖金。

(2)不能想给什么就给什么。可以试一试不用金钱的激励方法。金钱，要使用得适当，不一定是最好的激励手段，而不用金钱的奖励办法有着一些行之有效的优点：可以留有回旋余地。撤销某一位员工的基本工资提高6%的决定，要比收回给他的授权或者不再给他参与理想的大项目的机会困难得多。采取非金钱的奖励方法就没有这样的限制。

(3)不要凡事都给予奖励。对更多地实行绩效挂钩的付酬制度，日本经理并不以为然："你不能贿赂你的孩子去完成家庭作业，你不能贿赂你的太太去做饭，你不能贿赂你的员工去为公司工作。"奖励可以因人而异。

5.3 营销渠道的控制

5.3.1 渠道控制的来源及定义

5.3.1.1 渠道控制的来源

营销渠道控制问题由来已久，早期渠道控制问题的研究是经济学研究的延伸，直到20世纪70年代初，Stern等学者将行为科学方法引入渠道研究领域后，对该问题的研究才逐渐转向行为科学范式。Stern(1967)是最早对渠道控制问题进行研究的营销学者之一，他认为渠道控制是一个渠道成员就某一特定产品(或品牌)为其他渠道成员制定营销政策的能力。这一概念并没有明确渠道控制的本质内涵，并且将渠道控制归结为一种能力的观点，直接导致了该概念与渠道权力概念的混淆。Bucklin(1973)直接借用了组织学者Tannenbaum的控制定义，将渠道控制定义为"个人、群体或组织有目的地影响其他个人、群体或组织行为的过程"。这个定义虽然明确地将渠道控制的内涵界定为对行为的控制，但并没有在渠道关系背景中对渠道控制进行定义。也许是受El-Ansary和Stern(1972)的影响，渠道控制与渠道权力一度被认为是可以互用的两个概念，但还是有学者对两者进行了区分。这些学者认为渠道权力是一个渠道成员影响另一个渠道成员决策变量的能力；而渠道控制则指一个渠道成员对另一个成员行为和决策变量的实际影响。因而，权力是一种潜在影响力，而控制则是权力应用的实际结果。此观点得到了大多数学者的认可。虽然也有学者从较为宽泛的角度来研究渠道控制问题，即将渠道治理问题和产业组织问题纳入分析框架。

Bucklin(1973)是最早建立渠道控制模型的学者之一，他将巴纳德的权威理论应用于渠道控制分析，并应用经济学方法构建了一个渠道控制模型。该模型通过构建中间商的忍耐函数和收益函数描述了制造商对中间商控制的有效区间、制造商控制战略的作用区间，以及影响函数曲线移动的若干变量。然而，这个模型的一些前提假设受到了 El-Ansary 和 Robichearx (1974)的质疑，他们修正并发展了 Bucklin 的渠道控制模型。更为重要的是，这两位学者指出了渠道控制是组织间控制这一本质特征，并认为在这样的背景中权威或权力的使用是相互的，因而渠道控制也是相互的，而不是单向的。从渠道成员之间的依赖关系出发，两位学者进而指出渠道关系双方向对方实施的控制是针对不同问题或领域的，这取决于渠道成员在关系中的地位和作用。这种基于渠道依赖关系的相互控制的观点得到了诸多学者的认同。与之相应，营销学者们进行了大量实证研究以检验渠道依赖关系与渠道权力和渠道控制的关系。从文献资料来看，20 世纪 80 年代中期以后，鲜有学者提出专门针对渠道控制问题的理论模型，渠道控制大多被整合到了各种渠道关系模型中。

5.3.1.2　渠道控制的定义

渠道控制是一个渠道成员对另一个渠道成员的行为与决策变量成功施加影响的过程。渠道控制的本质是对渠道成员(组织)的行为进行控制，同时它也是一种跨组织控制、相互控制(或交叉控制)和结果导向的行为过程。渠道控制根植于相互依赖的渠道关系中，因而它与渠道关系中的诸多变量存在着千丝万缕的联系。

5.3.2　渠道控制的主要内容

对于现代企业来说，渠道控制的有效性主要是指企业在渠道规划、建设、维护和调整的过程中，根据控制力大小进行运作后取得的效果。它主要包括三个方面：

5.3.2.1　渠道控制力的大小

渠道控制力就是企业运行和管理渠道的能力。它在很大程度上，取决于企业对渠道的运行有多大的话语权和自由支配的能力。如果企业对渠道各个环节具有单方面的支配能力，那么它就具有很强的控制力；反之，则控制力呈递减趋势。从某种意义上说，企业对渠道的控制力如何，取决于渠道对企业的忠诚程度。忠诚度越高，控制力也就越高。因此，企业渠道的竞争力关键在于控制力如何。更进一步地说，就是如何提高渠道的忠诚度。同时，渠道控制力包括渠道链条的整体控制能力和渠道客户忠诚度的控制能力两个方面。研究表明，渠道的忠诚度主要来自渠道链中各个客户通过合作获得的利益的多少和对未来合作前景的期望。而在现代市场条件下，渠道利益的分配及保障体系始终存在着巨大的不确定性。因此，不同层次渠道的客户的忠诚度越低，控制力也越为低下，从而不仅影响到企业市场占有率和扩张速度，而且常常不可避免地导致核心渠道以及层次渠道之间发生业务和利益上的冲突，进而削弱和影响渠道控制有效性。

5.3.2.2　渠道控制的效果

渠道控制的效果主要是指在既定的渠道控制成本和控制模式下，企业通过渠道销售产品和服务的出货能力。它可以从数量和质量上反映渠道的投入产出效果，并通过渠道的市场覆盖率、渠道服务能力、维护成本和影响力等指标来分析，从而对渠道的效果进行优势和劣势的系统评估。渠道控制的效果与产品的细分市场高度相关。不同企业的渠道建设、控制模式只有与其产品的细分市场的特点相对应匹配，才能从结构上保证所构建渠道链的有效性，奠定最终有效出货的基础，实现对区域市场的有效覆盖。一般而言，其中任何一种渠道都不可能有效交叉覆盖所有的细分市场。不同控制模式和渠道构成，其控制效果是不同的。

此外，渠道构成中的客户素质、模式、实力、服务和管理等基本要素决定着渠道控制的效果水平和质量。只有拥有可控的优质渠道资源并提高渠道控制质量，才能构建起有效的营销链并产生强大的分销力。提高渠道控制效果的基本原则，就是要以顾客价值最大化为目标，通过渠道创新、功能发育、策略调整、资源投入等方法，提高整个渠道价值链的服务增值能力和差异化能力。通过为顾客提供针对性的增值服务，使产品获得有效差异，从而提高用户的满意度和忠诚度，使企业从根本上摆脱产品同质化所引起的过度无序竞争的销售困境。实际上，通过渠道增值服务的提供，使渠道链条各环节的利益提高，必然增强渠道控制的稳定性和协同性。例如，某饲料企业在发展原有经销商的养殖服务功能的同时，进行渠道创新，发展兽医和猪贩等成为饲料渠道客户。企业将市场促销调整为服务营销，加大服务资源的投入，充分利用渠道的服务功能，为广大养殖户提供防疫、收购、饲喂、品改等养殖综合服务，改善其养殖效益，从而提升了产品市场份额和用户的忠诚度。

5.3.2.3　渠道控制的效率

渠道控制的效率主要是指渠道控制中的流程运作效率。在现实的渠道流程中，涉及商流、信息流、物流、资金流等的顺畅性和运营维护成本。渠道流程运行效率的高低，除取决于渠道的结构、功能以及市场容量、需求、产品特性和地理等其他环境因素的影响外，还受到渠道控制模式本身及控制模式的影响。现今分销理论普遍强调，渠道设计中应考虑区域商流的习惯性，合理地设计渠道层次关系，减少不合理的物流和价格环节，实现渠道效率基础上的扁平化。例如，考虑在区域传统商业集散地设立总代理，利用业已存在的商流联系，直接覆盖地、县等二、三级市场，改变以往由中心城市代理覆盖地级代理，再由地级覆盖县级的一般性渠道构建思路。但在集中地专业市场内，由特约经销商设立库存，覆盖其他多个一般渠道客户（无需增加库存），既实现了物流集中和库存集约，又保证了很大的渠道占有，使渠道的整体效率最大化，同时减少渠道冲突，从而调动各级渠道成员的积极性，稳定区域市场秩序，有效降低维护费用。

为了提升渠道控制的效率，必须注意渠道链条各环节的协同分工。这一方面是指同一企业内部在使用不同类型的渠道覆盖相应细分市场时进行合理分工，另一方面还指渠道链各环节成员间的优势互补和资源共享，有效地获得系统协同效率，即提高分销效能，降低渠道运营费用。例如，企业利用管理经验、市场能力、技术服务等营销资源优势，承担品牌运作、促销策划、助销支持和市场维护等管理职能；核心经销商利用网络、地缘优势、资金、配送等资源优势，承担物流、结算、配合促销实施、前期推广等分销职能；各零销终端利用地理优势、影响力、服务特色等优势，承担现场展示、用户沟通、客户服务和信息反馈等销售职能。实际上，渠道有效控制的核心原则之一，就是谋求企业渠道价值链的系统协同效率，并以此为基础，在营销领域的经营商、各类优秀终端、用户和其他物流、服务等相关者建立分工协同、长期合作、共同发展的紧密性关系，打造以企业为主导的渠道价值链。在此基础上，企业利用自身的综合能力（品牌、实力、荣誉、管理经验等）逐步确立渠道领导权，承担营销链的构成、协调、领导和服务等管理职能。企业要提高渠道综合管理能力,引领渠道各级成员有效地协同运作,在市场竞争的关键环节获得优势,有效打击竞争对手,扩大市场份额,使合作各方利益加大,获得各成员的认同和拥护。

5.3.3 渠道控制的模式

渠道控制能力的大小及有效性的高低显然与控制模式密切相关。由于与渠道控制有效性相关的企业规模、产品类别、市场化程度、管理水平、品牌价值以及经营商素质等千差万别,因此,渠道有效控制的方式也就呈现多样化。

5.3.3.1 利用品牌控制渠道客户

在产品进入同质化的时代里,竞争十分激烈。区别产品的唯一特征就是品牌;品牌从很多方面来说是最重要的资产。从渠道管理的角度来看,产品品牌通过对消费者的影响完成对整个渠道的影响。作为渠道客户的中间商、终端商等分销商也要树立自己的品牌。但是渠道客户的品牌只能是在渠道中起作用,对消费者的作用小。渠道客户的品牌往往是附加在所代理主要产品的品牌上的。没有厂家的支持,渠道客户的品牌价值就会大打折扣。对于渠道客户来讲,一个优秀品牌的产品意味着利润、销量、形象,但是更意味着销售效率的提高。一般而言,畅销的产品所需要渠道客户市场推广的力度比较小,所以渠道客户销售成本比较低,还会带动其他产品的销售。这样,同时因为销售速度比较快,提高了渠道客户资金的周转速度,所以企业只要在消费者层面上建立自己的良好的品牌形象,就可以对渠道施加影响。通过这个品牌给渠道客户带来销售成本的降低、带来销售效率的提高,从而增加渠道控制的有效性。

5.3.3.2 利用长期战略和愿景控制渠道客户

每一个企业须有自己的战略目标和愿景规划,在行业中确立自己的优势与地位。这是每个企业领导人所必须考虑的事。企业若没有一个长远计划与目标,就难以在竞争中保持优势,从而最终会影响到企业的发展。一个长期没有战略的企业是没有灵魂的企业,是只会赚钱的企业,没有发展前途。虽然国内的诸多渠道客户素质普遍低,没有自己的长远规划是可以理解的,但是对于生产商来讲,一定要有自己的长远规划。因为渠道客户都会考虑企业的发展情况。市场机会是有限的,对甲公司产品的经营,很可能意味着放弃了乙公司同类产品的营销。基于渠道客户这个考虑,企业一方面要用自己在市场上的地位与实绩来证明自己的优秀;另一方面要不断把自己的长远规划和愿景向渠道客户阐述,使他们对未来有一定的"憧憬"。一旦渠道客户认可了公司的理念、企业的发展战略,认可了公司的主要领导人,即使暂时的政策不合适,暂时的产品出现问题,渠道客户也不会计较。

5.3.3.3 利用利益对渠道客户进行控制

每一个渠道客户都要有一定的利益作为保障,尤其是短期的利益,因此厂家必须给渠道客户一定的利益空间,但要保持合适的"度"。企业必须认识到,如果渠道客户不合作,损失了合作的利润,也会使其整体利润降低,风险较大,渠道客户一般情况下是不会冒此风险的。所以,如果企业能够把握住这一点,对渠道客户的控制在心理上就占有了一定的优势。一般而言,如果企业给渠道客户带来的利润很小,其和企业不合作之后,自己还是有盈利的,那么,这样的合作关系对渠道客户来讲是无所谓的,企业也就没有控制住渠道客户。因此,对渠道客户的利润要大于渠道客户的纯利。只有这个时候,才会让渠道客户在和企业"分手"的时候感到肉疼,才是企业说了算,才是控制住了渠道客户。具体办法:如增强产品的品牌优势;增加自己的产品销售量,降低渠道客户其他产品的销量;降低渠道客户其他产品的单位利润;增大自己的返利和折扣，使自己渠道客户的单位利润加大；等等。

5.3.3.4 利用厂家服务控制渠道客户

一般而言，渠道客户与企业相比管理能力较弱，渠道客户的人员素质也要比企业差。企业有专业的财务人员、营销人员、管理人员和市场推广人员，渠道客户则可能是亲戚或朋友居多。很多渠道客户在发展到一定规模后，非常想接受管理、营销、人力资源方面的专业指导，还有一些想借助大学的教授或者专业的咨询公司来帮助自己提高管理水平，但最后发现对方不能满足自己的真实要求和期望，而所花费用甚高。渠道客户的这种动机为企业提供了契机。企业可以通过对渠道客户的培训与咨询来达到管理与控制渠道客户的目的。企业对渠道客户的服务包括帮助渠道客户销售、提高销售效率、降低销售成本、增加销售利润，即销售代表给渠道客户的一个解决方案。这个方案既能解决渠道客户当前的盈利问题，又能解决他们长远的盈利问题。厂家与渠道客户在这种情况下，合作都会很愉快，最终达成双方共赢，谋求企业的长远发展。

5.3.3.5 利用终端控制渠道客户

由于零售业与消费者直接面对面的接触，因此消费品行业最常用的一个办法就是直接控制终端，直接控制渠道客户的下家。每个企业的做法可能不一样，但无论哪一种做法，控制零售店是最根本的目的。让零售店首先认同产品、认同品牌、认同厂家，而不是首先认同渠道客户，这样厂家就有把握在渠道客户出现问题的时候，把零售店切换到新的渠道而不影响销量。具体办法包括：培训终端员工、举行促销活动、建立零售店的会员体系、建立零售店甚至大型最终购买者的基本档案、制作零售店网点分布图，以及建立零售店、主要零售店员、竞争对手、渠道客户以及厂家基本情况档案。这些档案需要经常更新，以保证基本资料的准确性和完整性。企业只有建立强大的基础市场数据库，在这个数据库的基础上，开展针对终端的拜访和举行直达终端的各项活动，从而增强对渠道客户的谈判能力，并更有效地控制渠道。

5.3.3.6 利用激励淘汰机制控制渠道客户

企业可以根据不同渠道客户的态度和能力，定期或不定期地进行评估；然后采取不同的激励淘汰措施，将所有渠道客户分为优秀的、可用的和不可用的，对不可用的坚决淘汰。企业必须消除感情因素的影响，同时也不要顾虑淘汰渠道客户可能对销售量短期内产生的影响。企业不必越做越大，但必须越做越好、越健康，而没有健康的分销渠道就不可能有健康的企业。对渠道客户的培训在当前具有举足轻重的作用，系统专业的培训是提升企业分销渠道能力最重要的手段。对于优秀的渠道客户必须从战略高度予以激励和支持，但又要注意不要过于放纵和迁就，控制和激励都要松紧适度，否则容易起到相反的效果。

本章小结

1. 营销渠道权力的来源是指渠道权力赖以产生的源泉或基础。渠道权力的来源有以下五种：奖赏、强制、专长、合法性和参照与认同。

2. 营销渠道权力划分为强制性渠道权力和非强制性渠道权力；经济性渠道权力与非经济性渠道权力；直接渠道权力和间接渠道权力；培养式渠道权力和命令式渠道权力；侵略式渠道权力和非侵略式渠道权力。

3. 渠道成员激励的类型分为以下几种：依据激励措施针对的对象不同，分为针对总代理、总经销的激励以及针对二级代理甚至零售终端的激励。依据激励实施的时间不同，分为年度激励、季度激励和月度激励等。依据激励采取的手段不同，分为直接激励和间接激励等。

4. 渠道控制是一个渠道成员对另一个渠道成员的行为与决策变量成功施加影响的过程。渠道控制的本质是对渠道成员(组织)的行为进行控制，同时它也是一种跨组织控制、相互控制(或交叉控制)和结果导向的行为过程。渠道控制的主要内容包括渠道控制力的大小；渠道控制的效果；渠道控制的效率。

5. 渠道控制模式的多样化，包括：利用品牌控制渠道客户；利用长期战略和愿景控制渠道客户；利用利益对渠道客户进行控制；利用厂家服务控制渠道客户；利用终端控制渠道客户；利用激励淘汰机制控制渠道客户。

思考题

1. 什么是渠道权力?
2. 渠道激励的意义是什么?
3. 渠道激励可以分为哪些类型?
4. 什么是渠道控制?
5. 渠道控制的模式有哪些?

案例练习

沃尔沃汽车公司对经销商服务的激励活动

AB沃尔沃是位于瑞典的沃尔沃公司的国际总部，它发起了一场世界范围的维修技师比赛，作为对公司产品进行高质量服务支持的激励活动的一部分。获胜者将成为VISTA(沃尔沃国际维修技术协会)的成员。另外，在瑞典举行的长达一个星期的庆祝会上将嘉奖他们取得的成绩。

在美国和加拿大，经过历时一年之久的种种测试挑选出了优秀的技师。VISTAⅢ在北美的活动被AB沃尔沃评为最成功的活动。42位来自全世界的最后参赛者中有14位是来自美国和加拿大的选手。一位美国人在最后测试中取得了公司有史以来最好的成绩。

沃尔沃公司这个大范围的计划是“为了帮助经销商从和谐的服务中获益”。和谐的服务包括商店的管理、熟练的技术和买主与经销商之间的关系。

VISTAⅢ首先致力于提高技术熟练程度，其次对良好的商店管理做出奖励。它鼓励技师“以合理的价格，在初装时进行正确的安装”。

美国的沃尔沃公司要求其技师重视和使用公司的技术手册，它希望80%的维修人员和90%的沃尔沃经销商能参加VISTA。对技师来说，活动最根本的吸引力在于获胜者能得到的认可。

像在汽车拉力赛中一样，VISTAⅢ采用检查点数来记录参加者的进展情况。在瑞典的最后测试之前，将先进行4个系列的笔试和2个阶段的实践测试。第一轮检验是每季进行的总共4次开卷笔试，所有美国和加拿大的沃尔沃技师都可以参加。

完成了1～4次的测试，技师可以获得一些象征性的广告特制品，如有沃尔沃VISTAⅢ题字的袖珍螺丝刀、钱夹、关键标签或杯子。此外，每一次测试可积累100点的奖励点数，这些点数可以用来换取在公司5本折叠式小册子中所列的各种奖品。

在所有4次测试中平均分达到60分或更高的技师有资格获得一个等级。熟练技师必须在测试中平均分达到或超过75分。除了在每次测试中积累的点数，他们还可以获得额外的400点和优秀奖。他们必须通过NIASE(国家汽车维修质量协会)的认证，或者取得地区熟练工人证。NIASE是非营利性的独立组织，致力于将该领域专业化，向优秀技师颁发证书。加拿大也有组织向该国的技师颁发类似"地区熟练工人证"的证书。

持有证书的技师在测试中的平均分达到或超过75分，他们被要求取得NIASE的证书，不过并不需要有"地区熟练工人证"。他们可以从每次测试中取得100点，加上额外的200点，获得优秀奖。

沃尔沃公司向这些技师宣称："即便没有NIASE证书和地区熟练工人证，你仍有机会成为受尊重的专业技师小组中的一员。"

质量技师在测试中得分在60～74分。除了之前积累的点数，他们还能获得100点和荣誉奖。

各等级的技师将被授予印有VISTA的带扣以及相应的证书和臂章。熟练技师和持有证书的技师可获得King Louie的蓝色防风雨的夹克，夹克上贴有代表级别的臂章。

然而，只有熟练技师才能进入半决赛。

半决赛在沃尔沃公司的11个地区培训中心进行。第二轮检验将筛选出美国沃尔沃公司最熟练的员工。参赛选手需要参加实践操作测试和闭卷书面考试。每一个中心只有得分最高的前三名选手才能进入第三轮检验，即在新泽西州总部举行的决赛，决赛内容包括3小时20分钟的实践操作测试。

在两天中，来自美国和加拿大的42位选手将努力解决有关维修的8个问题。在相同条件下，每一位参赛者都要修理汽车刹车、后车轴、自动变速装置和电气系统。

完成所有这些任务，参赛选手可获得的总分应当是400分。来自美国佛蒙特州南伯灵顿阿尔马汀汽车公司的布鲁斯·唐纳森取得了390分，这是VISTA活动开展以来的最高分。在实践操作测试中，如果两名选手取得的分数一样，则根据之前的笔试分数来决定谁是获胜者。

所有决赛的参赛选手都可以获得荣誉奖章和VIS TAⅢ正式决赛的手表。

沃尔沃汽车公司的副总裁约翰·萨伊斯在一次颁奖宴上对决赛选手说："你们的表现将得到宣传。沃尔沃汽车的买主们将意识到：那些雇用了经过VISTA和NIASE认证的技师的经销商，其维修服务完全值得信赖。"宣传将会出现在国家、地区和当地的出版物上。沃尔沃汽车公司为其经销商服务的《瞭望》杂志列出了每一位决赛参赛选手所碰到的有关装配的情况。

在杂志中会问读者这样一个问题："你能做到什么程度呢?"

11位来自美国的选手和3位来自加拿大的选手以优异的成绩通过了测试，他们可以前往瑞典总部。在为期一周所有费用全免的旅行中，他们将和来自其他国家的技师一起参观沃尔沃公司总部，参加宴会，并与沃尔沃公司的一些董事会面。

这些技师被发给专门的夹克、裤子和臂章，他们将作为一个小组出现在全世界的同事面前。

"VISTA将帮助你成为最优秀的技师，成为对经销商有重大贡献的人，成为赚钱能手，成为该领域最受尊敬的人。你将从所参加的课程中获益，而且所有人都会知道这一点。"沃尔沃公司对大奖获得者如是说。

VIS TAⅢ第二个目的是为了奖励有效的商店管理。它鼓励团队工作，将可换取奖品的点数授予那些沃尔沃公司的服务经理。每一家经销商的技师的总测试分数会加总后进行平均，如果团队的平均分达到或超过 75 分则将受到奖励。每一位团队成员可获得额外的 100 点，服务经理能赢得 400 点。沃尔沃公司将在一次特别的宴会上盛情款待来自每个区域的最佳团队的成员。

沃尔沃公司与 1 400 位参加活动的技师和服务经理之间的信息传达方式非常简单。在活动开始之前，公司会给技师邮寄一套资料，介绍活动并附有奖品目录。它还会给经销商邮寄一份精美的艺术海报，作为店内展示。沃尔沃公司在每次测试后都会将记分卡寄给参加者，卡上也同时记录了参加者所积累的总点数。如果想要换取奖品，技师可以将印在记分卡背面的奖券寄回。

沃尔沃公司 85％的技师和 95％的经销商都参加了 VISTA。这次促销活动对熟练技师、持有证书的技师和质量技师的认证目标完成度达到了 90％。沃尔沃公司说，这次活动的参与度是非常高的。

国际总部 AB 沃尔沃认为与其他国家相比，在美国组织的活动是进行得最为成功的。

（豆丁网，http://www.docin.com/p—706016609.html）

案例点评：请按照本章所学的渠道知识来对沃尔沃汽车公司改进经销商服务的激励活动作出评价。

渠道实训

实训目的	通过访问一个企业，了解渠道控制的重要性和步骤、营销渠道成员的管理，以及营销渠道控制的方法
实训内容	要求学生走访一个企业，并分析该企业渠道控制方面的步骤、任务和特点
实训要求	1. 走访一家企业； 2. 记录该企业的渠道控制工作状况，并进行归纳总结； 3. 与小组成员一起汇总收集到的企业营销渠道控制工作的材料，完成一份走访调查分析报告
实训步骤	分组→确定小组走访的企业→收集该企业渠道控制工作资料→小组讨论→书面归纳总结讨论意见→完成走访调查分析报告

拓展学习

渠道激励的“三大法宝”

目标激励，这是一种最基本的激励形式。厂家每年都会给分销渠道成员制定（或协商制定）一个年度目标，包括销量目标、费用目标、市场占有目标等，完成目标的分销商将会获得相应的利益、地位以及渠道权力。所以，目标对于分销商来说，既是一种巨大的挑战，也是一种内在动力。在目标的制定方面，企业往往存在“失当”的问题，大多表现为目标过高的倾向，而过高或过低的渠道目标都不能达到有效激励的效果，过低了轻而易举，过高了遥不可及。因此，要制定科学合理的渠道目标，必须考虑目标的明确性、可衡量性、挑战性、激励性以及可实现性特征。

渠道奖励，这是制造商对分销商最为直接的激励方式。渠道奖励包括物质奖励和精神奖励两方面。其中,物质奖励主要体现为价格优惠、渠道费用支持、年终返利、渠道促销等,实际上就是“Money”,这是渠道激励的基础手段和根本内容。而精神激励的作用也不可低估,因为经济基础决定上层建筑,上层建筑也反作用于经济基础,渠道成员同样有较高的精神需求。精神激励包括评优评奖、培训、旅游、“助销”、决策参与等,重在满足分销商成长需要和精神需求。

工作设计,这是比较高级的激励模式。工作设计的原义是指把合适的人放到合适的位置上,使他们开心,使他们能够发挥自己的才能。这一思想用在渠道领域,则是指厂家合理划分渠道成员之经营区域(或渠道领域),授予独家(或特约)经营权,合理分配经营产品之品类,恰当树立和定位各渠道成员的角色和地位,互相尊重、平等互利,建立合作伙伴关系,实现共进双赢。

(中华品牌管理网,http://www.cnbm.net.cn/wenda/112607574.html)

第 6 章　营销渠道的竞合管理

本章主要学习营销渠道竞合管理的相关理论，包括营销渠道冲突管理和渠道合作管理；了解营销渠道冲突或合作的主要原因，了解解决渠道冲突和合作的策略和方法；通过学习能结合具体行业和企业实际解决渠道冲突，建立渠道合作战略。

【学习目标】

1. 理解渠道冲突的基本概念和类型；
2. 理解引起渠道冲突的主要原因；
3. 理解和掌握解决渠道冲突的策略和方法；
4. 理解和掌握渠道合作的条件和形式；
5. 掌握渠道战略联盟的相关理论。

【引例】

苹果渠道分析

苹果 iPhone 6 发布会如期而至，产品配置与之前曝光的没多大差别，唯一令人感到吃惊的是，iPhone6 首发市场并不包括中国大陆，这让苹果的渠道商几家欢喜几家愁。那么，苹果手机在中国市场的渠道商有哪些？当前是个什么状态呢？

苹果手机中国市场的渠道结构

第一个层次是直营渠道，标识为 Store，由苹果公司自行经营。直营店一般建设在一线城市的核心商圈。从 2008 年 7 月北京三里屯店开业，到 2014 年 8 月无锡恒隆广场店开业，已经建设直营店 12 个，覆盖北京、上海、深圳、成都、重庆、无锡 6 个重点城市。2015 年 5 月，苹果网络和实体零售店高级副总裁安吉拉—阿伦德茨提出，要加大直营店的建设规模，预计到 2016 年，中国的直营店数量将达到 20 家。

第二个层次是直供渠道，分成三等级，分别标识 Premium、Shop 及没有标识，由苹果公司直接供给产品。其中，标识 Premium 的是 APR 店(Apple Premier Reseller，苹果优质经销商)，主要包括英龙华辰、酷动、iSpace、I-ZONE、鸿华世纪等几家优质经销商。国美、苏宁、大中、宏图三胞等家电连锁一般标识为 Shop。直供店主要覆盖一、二线城市。

第三个层次是分销渠道。苹果授权分销商共10+3家，面向全国进行分销，分销商下游重点店面有标识Shop，部分没有标识。其中，10家是传统分销商，以天音、爱施德、中邮普泰三家传统国代商为主；另外3家是指运营商的终端公司，包括移动终端公司、联通华盛公司、电信天翼终端。苹果在运营商的营业厅销售，并不是由苹果直供，而是通过运营商终端公司（也有传统分销商）进行供给。除此之外，苹果还有授权企业客户经销商、授权教育经销商，规模较小。

在实体渠道结构中，还有以下一些特点：一是苹果以实体渠道为主，覆盖策略为分层覆盖：直营店覆盖重点一线城市，直供店覆盖一、二线主要城市，三线及以下主要通过分销商进行覆盖。二是苹果对渠道商的管理细到店面层面，将店面分为四级，各个级别之间在店面管理规范、接受培训程度、产品供给、系统延伸（主要是POS系统）等方面有所差异。三是苹果通过授权分销的量大约在80%，其中通过传统分销商和运营商终端公司分销几乎各占一半。

中国手机销售渠道转型，苹果渠道面临隐忧

进入4G时代以来，在市场容量增速放缓、供大于求、产品同质化严重、毛利下降等行业因素影响之下，手机厂商越来越看重销售渠道建设，尤其是随着电商渠道崛起、运营商营销费用压降等趋势与政策的变动，手机渠道发生剧烈的变化，主要体现在渠道扁平化和线上线下一体化。对比当前销售渠道变化，对苹果销售渠道进行评估，会发现存在以下几点隐忧：

一是实体渠道分销占绝对主体，或利润被渠道拿走，或渠道积极性不高。回顾苹果渠道变迁过程，由区域代理制到全国代理制，打开市场后，通过直营店、直供店逐步削弱国代商的力量。尽管苹果做出了较多努力，现状仍然是分销占绝对主体地位，苹果对产品利润占据较多。这种情况下，很多时候渠道的积极性并不会很高，影响产品销售。近两年来，三星已经开始着手进行区域代理制及直供的探索，以减少渠道成本。

二是渠道之间打架情况严重。这里面包括运营商渠道与社会渠道的打架。运营商渠道按照合约计划，购机优惠较多，而社会渠道希望获得更多的利润空间，却经常会为了销量而不得不降价。对于苹果新机销售的一年周期内，往往前半年运营商销量较大，后半年社会渠道优势逐步明显。按照苹果渠道策略，直供店与分销商有不同的覆盖范围，但在实际中，却存在直接的冲突。此外，还有水货对行货的冲击、合约拆包机对正常手机的冲击。

三是电商渠道发展滞后，线上线下一体化更是无所说起。艾瑞咨询发布了《2013年主流电商平台手机销量排行榜》，2013年苹果产品电商销量占比6.5%。这其中，绝大部分电商销售是由分销商供给的，渠道链条依然较长。2014年，预计电商渠道销售手机份额将达到20%，各大手机厂商都在加大电商方面的投入，苹果可以出手了，至少在授权经销商层面，加大电商企业的力量。至于线上线下一体化，这是在电商发展起来之后再考虑的事情。

除此之外，我们发现，苹果的合作分销渠道，无论是运营商的终端公司，还是传统手机国代商，都在加快扁平化的步伐。在这个过程中，苹果产品是重要抓手。能否站好队，与渠道共同发展，也将是苹果在探索渠道转型路上需要认真考虑的。

思考：苹果手机在中国大陆市场的渠道结构是怎样的？在我国渠道管理转型期，苹果手机的渠道结构存在哪些隐忧？谈谈你的应对策略。

6.1　竞合概述

6.1.1　竞合的含义

竞争在战略管理领域是指主体组织通过对产业因素的分析,建立优势资源及培育自身的独特能力,从而建立相对于其竞争对手的优势地位并获得更高绩效。合作是指组织之间通过提供互补性的资源、技能和能力,共同从事某项活动来寻求共同利益的行为。它们的组织目标可能各异,但这并不影响它们之间产生互惠性的依赖关系。因为很少能有组织能够拥有其发展所需要的全部资源,合作成为以共享资源的方式解决组织发展与资源不足之间矛盾的有效途径之一。

组织间竞争关系与合作关系同时存在的现象由来已久,对这种现象的关注也一直存在。世界上对战略联盟的内部运作情况的研究,关注于企业如何运用竞争性合作提高自身内部技能和技术,同时又能够有效防止把竞争优势转移给野心勃勃的合作伙伴。竞合是一个组织与其利益相关组织在利益博弈中形成的既竞争又合作的一种关系。竞合可以存在于个人、组织、组织之间或网络等各层面。

6.1.2　竞合的动机

竞合战略的动机缘于互补的概念,组织进入竞合是因为竞合能帮助组织从竞争中胜出。竞合产生的原因有两个:一是来自组织生存于其中的变化且不确定的环境因素;二是参与竞合的组织各自的因素尤其是知识结构因素即关于"知识诀窍、知识内容和知识起源"等,组织的知识结构驱动着合作过程,从而在产生合作关系基本特点等方面起到一定作用,随之可能影响合作关系中出现的利益结构,由此产生竞合。

6.1.3　竞合关系

现有文献从竞争和合作的二维视角对竞合关系形态进行了研究。早期研究根据合作和竞争强弱的不同将竞合关系分为三种类型:合作主导关系;对等关系;竞争主导关系。这种观点在很大程度上是从一维的视角将合作与竞争看作是连续统的两端,将合作与竞争对立起来。而后期,其他一些学者同时从竞争和合作的二维的视角来探讨竞合关系,以竞争对手之间的合作研发为研究出发点,从合作技术开发承诺和合作市场开发承诺两个纬度总结了四类竞合关系:现有知识的交换;合作研发;联盟设立市场新标准;合作整合现有业务。

在这里,我们认为营销渠道的竞合管理包括营销渠道的冲突管理和合作管理。

6.2　渠道冲突管理

6.2.1　冲突及渠道冲突的定义

冲突是两个或两个以上的相互作用的主体,彼此之间在某种程度上存在不相容的行为或目标。渠道冲突作为营销渠道管理研究的热点,一直是学术界关注的焦点。国外关于渠道冲突的定义受到学者们普遍认可的是由 Annet、Coughian 提出的定义，他们指出渠道冲突是存在于构成营销渠道各个组织之间的一种对峙或者不和谐的状态。当其中的一位渠道成员和它的渠道合作者对立，渠道冲突就产生了。渠道冲突的方向和焦点是对手，追求的目标也由渠道的合作者掌控。当渠道成员将其上游或者下游的渠道合作伙伴当作对手时，就产生了渠道冲突。

6.2.2 渠道冲突的类型

依据冲突的不同水平，从争论的频率、争论的重要性、争论的强度三个维度将渠道冲突分为：低冲突区、中冲突区和高冲突区。Stephen Pettitt 和 Frances Brassington 按冲突对系统行为的消解强度不同，将渠道冲突分为公开冲突和隐蔽冲突。虽然每个学者根据不同的依据和角度，对渠道冲突的分类情况不尽相同，但他们都为对渠道冲突类型的分类以及进一步研究渠道冲突管理提供了不同的视角和思路。

6.2.2.1 水平渠道冲突、垂直渠道冲突和多渠道冲突

关于渠道冲突的各种分类中，以菲利普·科特勒的分类最具有代表性。菲利普·科特勒依据渠道成员的关系类型，将渠道冲突分为水平渠道冲突、垂直渠道冲突和多渠道冲突。

(1)水平渠道冲突，指营销渠道中同一层级的渠道成员之间产生的冲突。其产生的原因主要是制造商没有合理地规定目标市场范围内的中间商的数量以及它们各自所管辖的范围，从而使中间商之间产生了利益方面的矛盾。渠道的中间商为了追求自身利益最大化必然会做出抢夺其他渠道成员市场的行为。在发生上述问题的时候，制造商应该迅速地采用行之有效的方法，将中间商之间的冲突及时地缓和或化解，以免影响营销渠道的运作效率。此外，制造商也应该在矛盾没有产生之前，采取有效的控制措施进行预防。

(2)垂直渠道冲突，指某个营销渠道中，不同层级的渠道成员间产生了冲突。相比前一种渠道冲突，这种渠道冲突更为普遍。首先，分销商为了追求自身的利润，获得更大的市场份额，会采取自营和分销相结合的方式进行产品的销售，这在很大程度上会对下游成员的经济利益造成伤害；其次，下游渠道成员的实力逐渐增强，为了寻求更大的渠道控制权，它们会对上游成员发起冲击，产生冲突。

(3)多渠道冲突。随着新型营销渠道的出现以及市场细分程度的提高，更多的制造商开始采用多营销渠道系统。多渠道冲突是指当制造商采用多营销渠道的时候，不同的营销渠道成员为了同一个目标市场所发生的冲突。制造商可以通过鼓励不同渠道成员之间的良性竞争，协调它们之间的关系，以避免过度的竞争。

6.2.2.2 潜在冲突和现实冲突

按照显现程度，可把渠道冲突划分为潜在冲突和现实冲突。

(1)潜在冲突是指渠道成员由于在目标、角色、意识和资源分配等方面存在着利益上的差异和矛盾，而这种差异和矛盾还没有导致彼此行为上对抗的一种冲突状态。

(2)现实冲突是指渠道成员彼此之间出现的相互诋毁、报复等对抗行为的冲突状态。

6.2.2.3 功能性冲突和病态性冲突

按渠道冲突性质，可以将其划分为功能性冲突和病态性冲突。

(1)功能性冲突是指渠道成员把相互对抗作为消除渠道伙伴之间潜在的、有害的紧张气氛和病态动机的一种方法时的冲突状态。这种冲突具有建设性。功能性冲突一般具有以下特征：一是调和冲突无需多大的成本；二是相异的认知可产生新的、更好的观点；三是攻击行为并没有失去理智或不具破坏性，冲突有利于提高整体绩效。

(2)病态性冲突是指渠道成员之间敌对情绪和对抗行为超过了一定限度，并因此对渠道关系和渠道绩效产生破坏性影响时的冲突状态。当渠道成员之间缺乏理解或渠道中出现强制的官僚主义的渠道管理行为时，这些行为会导致渠道成员追逐“个体利益”的倾向。

6.2.3　渠道冲突的成因

关于营销渠道冲突的成因，不同的学者有着不同的侧重点。一是认为可能源于目标不一致、模糊的角色和权利、感知差异、中间商对制造商的依赖。二是认为可能源于角色差异、资源的稀缺、感知差异、期望差别、决策领域的分歧、目标差异、传播障碍等。我们认为这些原因可归结为三个方面：目标不相容、归属差异以及对现实认知的差异。

(1)目标不相容。渠道成员之间的一系列目标存在着很大的差别，这种差别容易造成渠道冲突。一般情况下，渠道成员为了减少运营成本或提高自身的效益，会为渠道整体目标的达成做出相应的努力。然而，在达成渠道整体目标和保持渠道高效运作的整个过程中，每个渠道成员都有自己不同的观点和意见。这些观点和意见主要是源于其不同个体的目标设置上，从而导致成员个体目标与渠道整体目标之间存在差别，当整体目标与个体目标出现矛盾时，渠道冲突就无法避免地发生了。

(2)归属差异。归属差异主要是指渠道成员在确定关于目标客户、市场区域、渠道分工以及技术等领域归属的问题时存在着差异和矛盾，如若不及时妥善地处理这些差异和矛盾容易导致渠道冲突的发生。归属差异表现为：目标客户的归属差异、市场区域的归属差异、渠道分工的归属差异、技术相关的归属差异。

(3)对现实认知的差异。对现实认知的差异是指渠道的各成员对渠道中所发生的事件、行为以及状态等方面的观点和想法存在着差异。当渠道成员对于如何解决成员之间存在的紧张关系或如何去实现渠道的整体目标有着不一致的观点和想法时，就容易产生渠道冲突。渠道成员对于现实认知的差异表现为：对于现实发生的事件状态的理解、对于渠道未来发展的预期、对于决策信息的把握程度、对各种可选决策方案的理解，以及不同的目标和价值观等。每个渠道成员的认知情况主要源自于其先前的行为经验以及可以接受的信息的容量和准确度。

由于信息沟通方面的原因产生的渠道冲突至少可以分为以下两个方面：一是缺乏及时的信息沟通。企业因为无法及时顺畅地与渠道其他成员进行相关信息的交流，所以极易引起渠道冲突的发生。二是信息沟通受到干扰。受到干扰的信息容易产生扭曲和失真，当渠道成员对特定的信息出现差异性的理解或者做出不恰当的行为时，就会引发潜在的渠道冲突。

6.2.4　渠道冲突管理

国外学者从多个视角提出了渠道冲突管理的策略。菲利普·科特勒认为有几种可有效管理渠道冲突的机制。一种是采用高级目标，即渠道成员就共同追求的基本目标达成协议，如是否能够生存、市场份额多少、质量高低或顾客是否满意等。当渠道面临更高效的竞争渠道、不利的立法或者消费者需求的转变等外部威胁时，这类做法通常会发生。另一个有效的措施是两个或者多个渠道层级之间的人员轮换，使相应的渠道成员逐渐理解对方的观点。

Russell S.Winer 提出了四种解决渠道冲突的方法：界定产品线(将不同的产品提供给不同的渠道以减少重叠问题)；与渠道成员共同合作，以合资形式解决问题；投入更多的资金开展“推”“拉”活动；完善财务制度，重点利用佣金和高提成。

在渠道冲突管理方面，Louis W.Stern 提出的解决渠道冲突的观点最具典型性。渠道冲突管理主要可以分为两种方法：一种是对渠道冲突进行第一时间的控制，以免其发展成为具有破坏性的高水平渠道冲突。该方法一般需要通过健全渠道的制度化机制，如建立渠道行为规范、调解仲裁委员会等，从而在冲突升级为敌对的状态前将矛盾化解。另一种方法则是在渠道冲突升级为高水平冲突之后采取一定的行为方式来处理冲突。

在渠道冲突管理方面，国外学者的主流观点可归纳为：首先，设计限制早期冲突的制度化机制，包括信息强化机制、第三方机制、建立关系规范。其次，从渠道成员对其关系满意程度方面来考察渠道成员所采用的一般性的冲突解决方案的类型。再次，Louis W. Stern 提出通过激励解决冲突并达成合作。关于冲突解决类型的研究一直集中于谈判者的类型。大量的实际调查证据表明，经济动机最为有效，而不是个性、渠道参与者及其关系史。诉诸经济私利是解决争端的最有效方式，将渠道成员（谈判者）的理由和经济学联系起来并与良好的人际关系中的充分沟通计划结合后则特别有效。

6.2.5 渠道冲突的影响

渠道冲突的影响具有二重性，既有破坏性的一面，也有建设性的一面。

(1)渠道冲突的消极影响。渠道冲突的消极影响，是指渠道冲突的发生或存在对渠道组织内部成员间的关系、渠道组织的经营发展、渠道与外部环境的关系等的正常运行产生的不利影响，主要表现为渠道的群体优势丧失，渠道成员经营效果差，阻碍渠道成员创新，损害渠道形象，降低渠道成员市场竞争力。

(2)渠道冲突的积极影响。忽视渠道冲突的积极影响是人们认识陷入误区的表现，对渠道管理的完善和企业发展极为不利。如果渠道成员不及时改进产品或服务来满足变动中的客户需求，顺应竞争者的行动及科技发展，渠道就会走向衰落。彼得·德鲁克指出，"在决定重要决策之前先引发争论十分必要，因为争论使得决策者不会成为组织的俘虏，争论也能够为决策人提供不同的替代方案。同样，争论也能够刺激人的想象力，提高企业决策质量。"彼得·德鲁克的见解展示了冲突影响积极性的一面，即渠道冲突可以暴露渠道中存在的问题，增强渠道活力，进而促进渠道创新。

综上所述，冲突对渠道产生的作用，关键取决于冲突双方对于冲突管理的认识水平和处理方式等。同样的冲突可以使一个渠道衰亡，也可以使之在冲突中不断修正，获取更大的进步。

6.2.6 渠道冲突协调

渠道冲突协调即通过预防渠道冲突和及时有效地解决现实冲突问题，确保渠道的整体运转效率不断接近理想状态，以实现渠道管理目标。

6.2.6.1 *在渠道冲突协调中应把握好的几个基本原则*

(1)效率原则。不断增进渠道成员间的合作，减少渠道的运行成本，提高渠道运行效率是企业渠道管理的目标之一，同时也是企业渠道冲突管理的终极目标。

(2)系统性原则。有效的渠道冲突管理必须从渠道战略计划入手，在渠道组织结构设计中加以体现，在渠道资源的配置和运行管理中得到落实、执行的过程和系统。

(3)创新原则。这一原则要求企业在解决渠道冲突问题时要体现出必要的灵活性和创造性。要从战略的角度来看待渠道冲突问题，充分运用现代信息技术来解决渠道冲突问题。

(4)权变原则。在渠道冲突管理的过程中，应随着渠道环境的变化不断调整冲突管理的对策，灵活处理渠道冲突问题，即在渠道运作中表现出很强的应变弹性，并使渠道管理切换敏捷且成本低廉。

6.2.6.2 协调渠道冲突管理的基本步骤

(1)渠道冲突防御。即通过分析现存的渠道关系,找出可能引起渠道冲突的各种直接因素并制定相应的对策,以达到预防渠道冲突的目的。

(2)渠道冲突预警机制。仅仅借助企业对渠道冲突的预防并不能完全消除企业渠道冲突,企业应建立一套渠道冲突预警机制,在渠道冲突转变为现实冲突或者进一步转变为病态冲突时及时发现问题,采取对策。

(3)渠道冲突诊断。即对感受的渠道冲突进行诊断,区分冲突类型,弄清楚冲突的现象和本质,构架有关冲突管理的信息系统,进而分析产生冲突的原因和影响。

(4)渠道冲突处理。首先,必须制定并优选渠道冲突管理方案,其内容包括实现冲突管理目标的策略措施和有关的工作流程、制度与资源准备,以及评估、检测标准等。其次,执行冲突管理方案,主要是选择适当的人员,在适当的时机全面推行和落实管理方案。

(5)渠道冲突管理的评估及反馈。这一阶段主要是做好冲突管理的检查和效果评估工作,找出工作差距,进一步完善冲突管理措施,提高冲突管理水平。

【渠道实践 6—1】

渠道领袖和渠道冲突

渠道成员在渠道中各自都具有相应的渠道权力,其渠道权力的大小取决于渠道成员承担渠道角色所必须拥有的资源的多少,其中具有最多、最大权力的渠道成员就会成为渠道领袖。制造商、批发商、零售商各有不同的争夺渠道领导地位的权力源泉和方法。长期以来,大制造商相对于零售商,拥有高度的市场力量,这是由于制造商推出巨量广告以建立品牌偏好,迫使零售商经营他们的品牌。而现在零售商对制造商的关系已发生了某些转移,逐渐成长起来的大零售商,拥有诸多同制造商争夺权力的能力,也对制造商提出了更高要求。

零售商开发了容易辨认的低价商店品牌与制造商品牌相竞争,而制造商提供的新品牌缺少可容纳的货架,巨型零售商坚持要从制造商处取得更大的促销费用,否则他们的品牌在商店里就不允许进入或维持,并得不到商店的支持。针对渠道力量格局的变化,制造商对抗大零售商的影响力的办法主要是创新策略。不断开发独特产品的制造商,能够获得零售商的优待,包括获得最佳货架空间。具体策略如下:

一是花色品种策略。制造商应当努力从规格、口味、构型及功能特征方面加强一个大类产品的开发。高度花色品种策略可确保其占有货架空间,增加零售商转换制造商的成本。

二是品牌识别策略。顾客口碑极好的品牌具有很高的通路力,它来自顾客高交易量和品牌忠诚度。

三是制造利润策略。对中间商使用准时生产存货管理制度及提供财务支援可加强制造商的影响力量。

四是捆绑策略。包装折扣和多种产品合作促销可以降低零售商的产品采购成本。

五是服务反应策略。制造商的后勤保障能力如交货准时程度、紧急供货能力等,能增加其讨价还价的能力。

六是培训策略。制造商为中间商提供的高级营销和产品知识培训提高其通路力。

七是地理策略。全国性的制造商比区域性制造商会获得更低广告、销售及产品开发费用优势。

八是质量策略。制造商被认可的产品质量既会产生品牌忠诚又会转为商店忠诚，即中间商追求的光环效应。

九是市场开发策略。具有很强市场开发能力的制造商能增加消费者对其中间商渠道的需要。

制造商和中间商、零售商都有自己的优势，谁能成为渠道领袖的关键在于各自的实力和渠道管理能力。如果在渠道成员中找到了具有开阔思维和全局眼光的渠道领袖，并且赢得了其他成员的信任，那么就会减少渠道冲突的可能性或更快地解决冲突。

促进合作通常是消除冲突的方法，处理矛盾及促进合作的行动，要从渠道领导者感觉到渠道中的潜在矛盾就开始。渠道领导者通过对成员的日常观察，可以衡量他们之间的彼此满意度，及时发现问题并收集改进意见。合作是处理矛盾的目标，需要由渠道领导者走出第一步，主动做出合作的努力。渠道领导者促进合作的具体工作包括：对中间商的营业人员培训，为生产商提供市场信息反馈，帮助开展促销活动，提供经济上的援助，为渠道成员提供相互交换意见的平台和机会。

单纯的负责解决冲突和增进合作并不一定能保证良好地完成任务，也不一定决定渠道的存亡。这是因为渠道成员可能缺乏达到目标所必需的能力，例如销售人员不足，或是产品质量差、市场范围小等。在这种情况下，就需要渠道领导人果断地做出保留或改组渠道的决定。

6.2.7 营销渠道冲突——窜货

6.2.7.1 窜货概述

窜货是商业行为，其目的是盈利。经销商跨过自身覆盖的销售区域而进行的有意识的销售就是窜货，也称为冲货。这是经商网络中的公司分支机构或中间商受利益驱动，把所经销的产品跨区域销售，造成市场倾轧、价格混乱，严重影响厂商声誉的恶性营销现象。

按照性质分类，窜货可分为三类：恶性窜货，经销商为了牟取非正常利润，蓄意向非辖区倾销货物；自然性窜货，一般发生在辖区临界处或物流过程中，非供销商恶意所为；良性窜货，经销商流通性很强，货物经常流向非目标市场。

按照市场分类，窜货也可分为三类：同一市场内部的窜货——甲乙互相倒货；不同市场之间的窜货——两个同一级别的总经销之间相互倒货；交叉市场之间的窜货——经销区域重叠。

6.2.7.2 窜货的原因、表现和危害（见表6—1）

表6—1　　窜货原因、表现及危害

原　因	表　现	危　害
·多拿回扣，抢占市场 ·供货商给予中间商的优惠政策不同 ·供应商对中间商的销货情况把握不准 ·辖区销货不畅，造成积压，厂家又不予退货，经销商只好拿到畅销市场销售 ·运输成本不同，有窜货空间 ·厂家规定的销售任务过高，迫使经销商窜货 ·市场报复，目的是恶意破坏对方市场	·分公司为完成销售指标，取得业绩，往往把货销售给需求量大的兄弟分公司，造成分公司之间的窜货 ·中间商之间的窜货：甲乙两地供求关系不平衡，货物可能在两地低价抛售走量流转 ·为减少损失，经销商低价倾销过期或即将过期的产品 ·更为恶劣的窜货现象是经销商将假冒伪劣商品与正品混同销售，掠夺市场份额	·一旦价格混乱，将使中间商利润受损，导致中间商对厂家不信任，对经销其产品失去信心，直至拒售 ·供应商对假货和窜货现象监控不力，地区差价悬殊，使消费者怕假货、怕吃亏上当而不敢问津 ·损害品牌形象，使先期投入无法得到合理的回报 ·竞争对手品牌会乘虚而入，取而代之

6.2.7.3　解决窜货问题的办法

窜货的发生需要三个条件，即窜货主体、环境、诱因。所以，要想从根源上解决窜货问题，就必须从这三点入手。

(1)选择好经销商(窜货主体)。在制定、调整和执行招商策略时须明确的原则就是避免窜货主体出现或增加。要求企业合理制定并详细考察经销商的资信和职业操守，除了从经销的规模、销售体系、发展历史考察外，还要考察经销商的品德和财务状况，防止有窜货记录的经销商混入销售渠道。对于新经销商，企业不是太了解他们的情况，一定做到款到发货。宁可牺牲部分市场，也不能赊销产品，防止某些职业道德差的经销商挟持货款进行窜货。此外，企业一定不能让经销商给市场拓展人员发工资，企业必须学会独立承担渠道拓展人员的基本工资与补贴。

(2)创造良好的销售环境。

一是制定科学的销售计划。企业应建立一套市场调查预测系统，通过准确的市场调研，收集尽可能多的市场信息，建立起市场信息数据库，然后通过合理的推算，估算出各个区域市场的未来进货量区间，制定合理的任务量。一旦个别区域市场进货情况发生暴涨或暴跌，超出企业的估算范围，就可初步判定该市场存在问题，企业就可马上对此做出反应。

二是合理划分销售区域。合理划分销售区域，保持每一个经销区域经销商密度合理，防止整体竞争激烈，产品供过于求，引起窜货；保持经销区域布局合理，避免经销区域重合，部分区域竞争激烈而向其他区域窜货；保持经销区域均衡，按不同实力、规模划分经销区域、下派销售任务。对于新经销商，要不断考察和调整，防止对其片面判断。

(3)制定完善的销售政策

一是完善价格政策。一些厂家在制定价格政策时由于考虑不周，隐藏了诸多可导致窜货的隐患。企业的价格政策不仅要考虑出厂价，而且要考虑一批出手价、二批出手价、终端出手价。每一级别的利润设置不可过高，也不可过低。过高容易引发降价竞争，造成倒货；过低调动不了经销商的积极性。价格政策还要考虑今后的价格调整，如果一次就将价格定死了，没有调整的空间，对于今后的市场运作极为不利。在制定了价格以后，企业还要监控价格体系的执行情况，并制定对违反价格政策现象的处理办法。企业有一个完善的价格政策体系，经销商就无空可钻。

二是完善促销政策。企业面对销不动的局面，常常是促销一次，价格下降一次，这就表明企业制定的促销政策存在着不完善的地方。完善的促销政策应当考虑合理的促销目标、适度的奖励措施、严格的兑奖措施和市场监控。

三是完善专营权政策。在区域专营权政策的制定上，关键是政策手续的完备与否。企业在制定专营权政策时，要对跨区域销售问题做出明确的规定：什么样的行为应受什么样的政策约束，受到何种处罚。此外，还应完善返利政策。完善的营销政策可以从根本上杜绝窜货现象。

6.2.7.4　窜货预防策略

(1)制定合理的奖惩措施。在招商声明和合同中明确对窜货行为的惩罚规定。为了配合合同有效执行，必须采取一些措施，包括：

一是交纳保证金。保证金是合同有效执行的条件，也是企业提高对窜货经销商威慑力的保障。如果经销商窜货，按照协议，企业可以扣留其保证金作为惩罚。这样，经销商的窜货成本就提高了，如果窜货成本高于窜货收益，经销商就不会轻易窜货。

二是对窜货行为的惩罚进行量化。企业可选择下列形式：警告、扣除保证金、取消相应业务优惠政策、罚款、货源减量、停止供货、取消当年返利和取消经销权；同时奖励举报窜货的经销商，调动大家防窜货积极性。

(2)建立监督管理体系：

一是把监督窜货作为企业制度固定下来，并成立专门机构，由专门人员明察暗访经销商是否窜货。在各个区域市场进行产品监察，对各经销商的进货来源、进货价格、库存量、销售量、销售价格等进行摸底，随时向企业报告。这样，一旦发生窜货现象，市场稽查部就会发现异常，企业能在最短时间对窜货做出反应。

二是企业各部门配合防止窜货的发生。比如，企业可以把防窜货纳入企业财务部门日常工作中。由于财务部门与渠道拓展人员联系特别紧密，多是现款现货，每笔业务必须经过财务人员才能得以成交，因此财务人员对于每个区域销售产品的情况是非常清楚的。所以，只要企业制定一个有效的防窜流程，将预防窜货工作纳入财务工作的日常基本工作中，必将会减少窜货现象的发生。比如，利用售后服务记录进行防止窜货。售后记录记载产品编号和经销商，反馈到企业后，企业可以把产品编号和经销商进行对照，如果不对应，就可判断为窜货。

三是利用社会资源进行防窜货。一是与当地工商部门联系，合作印制防伪不干胶贴。二是组成经销商俱乐部，不定期举办沙龙，借此增进经销商之间的感情。三是采取抽奖、举报奖励等措施。四也是最好的方式，即把防伪、防窜货结合起来，利用消费者和专业防窜货组织协助企业防窜货。

(3)防止渠道拓展人员参与窜货：

一是建立良好的培训制度和企业文化氛围。企业应尊重人才、理解人才、关心人才，讲究人性化的方式方法，制定人才成长的各项政策，制定合理的绩效评估和酬赏制度，真正做到奖勤罚懒，奖优罚劣。公正的绩效评估能提高渠道拓展人员的公平感，让员工保持良好的工作心态，防止渠道拓展人员和经销商结成损害企业的利益共同体。

二是内部监督渠道拓展人员，同时不断培训和加强对市场监督人员的管理。

(4)培养和提高经销商忠诚度。随着行业内技术的发展与成熟，产品的差异化越来越小，服务之争成为营销竞争一个新的亮点。完善周到的售后服务可以增进企业、经销商与顾客之间的感情，培养经销商对企业的责任感与忠诚度。企业与渠道成员之间的这种良好关系的建立，在一定程度上可以控制窜货的发生。通常，经销商为维系这种已建立好的关系，轻易不会通过窜货来破坏这份感情的。有条件的或无条件地允许经销商退货，尽量防止经销商产品出现积压而窜货。

(5)利用技术手段加强管理。利用技术手段加强管理的效果和目的如同在交通路口安装摄像头：利用技术手段弥补营销策略缺陷，建立销售服务防窜货平台(ChinaChoice)，适时监视经销商，帮助收集窜货证据。基于这种目的，采用带有防伪防窜货编码的标签对企业产品最小单位进行编码管理，把防伪、防窜货结合起来，便于对窜货做出准确判断和迅速反应。可借助消费者建立科技窜货预警平台，在矛盾激化前予以平息，保证整个销售体系的和谐、平顺。许多生产企业已经采用了科技防窜货技术。这种技术手段的特点，主要借助通信技术和电脑技术，在产品出库、流通到经销渠道的各个环节中，追踪产品上的编码、监控产品的流动，对窜货现象进行适时监控。

6.2.7.5 窜货后的处理工作

(1)防止窜货的扩大。一是允许窜货经销商将其窜货在被窜货市场销售，直到被窜的货物完全消化，但销售价不能低于企业规定的价格；二是责令窜货经销商停止窜货。

(2)制裁窜货经销商。根据不同情况可采取以下方式进行惩罚：没收保证金、取消年终返点奖励、取消年终奖金、取消广告支持、取消经销资格。

(3)安抚被窜货经销商。当窜货发生时，企业或者被窜货经销商收购窜货产品，防止窜货冲击当地价格体系，同时给予被窜货经销商适当的补偿，以减少其不满情绪。

B2C 网站的巨头出现以后，经销商、辖区、窜货这些概念的含义都得推倒重来，甚至不复存在。现代物流和信息技术的大发展将促进经济体内统一市场的真正建立，有时甚至是全球化的。

6.3 营销渠道合作概述

6.3.1 营销渠道合作的定义

渠道合作即渠道成员之间的合作，意指渠道成员为了共同及各自的目标而采取的共同且互利性的行动和意愿。西方理论界普通接受这样一个观点：渠道合作根源于渠道成员之间的相互依赖性，而相互依赖性则是渠道成员功能专业化的结果。在一个渠道功能非专业化的经济中，所有的生产者或服务供应者都只能将其产品或服务直接出售给最终消费者，就像人类早期的生产者所做的那样。在这种情况下，他们不需要与其他的人或组织合作，因此渠道合作也不存在。然而，随着人类社会的发展，出现了社会分工、专业化和市场交换，尤其是出现了商业，这种直销的交易方式变得越来越不经济，尽管还在使用，但其重要性在各种各样的渠道中却一直在下降。

现在，已经很少有企业只使用这种"零层次渠道"了，多层次渠道已经占据了统治地位。与零层次渠道相反，多层次渠道中的渠道成员专业化于那些他们具有相对优势的功能上，于是专业化一方面给渠道成员带来规模效益化(这是功能专业化的主要动力)，另一方面使他们在功能上日益相互依赖，这就使他们为了实现自身的目标必须先实现他们共同的目标。如斯登和伊尔一安萨里所言："(渠道)成员被推入彼此依赖的关系中，因为他们需要资源——不仅仅是资金，还有专业化技巧、进入某一特定市场的能力，以及与此相似的其他要素。为了完成渠道的任务，渠道成员在功能上的相互依赖性要求他们进行最低限度的合作，否则渠道便不可能存在。"

6.3.2 渠道合作的形式

渠道合作的形式主要有联合促销、联合贮运、独家代理、信息共享、联合培训和地区保护等。作为渠道合作的重点形式是渠道纵向营销合作，主要有 5 种合作关系：

(1)松散型关系。这是指整个渠道由各个相互独立的成员组成，没有哪一个成员拥有足以支配其他成员的能力，每一个成员追求自身的最大利益，共同执行分销功能。这种合作关系多见于中小企业之间。

(2)共生型关系。这是指两家或两家以上公司通过联合开发新的市场机会而形成的渠道关系。相对于前一种，共生型渠道成员的合作基础更牢靠一些。

(3)管理型关系。这是指由一个或少数几个实力强大、具有良好品牌声望的大公司依靠自身影响，通过强力的管理而将众多分销商聚集在一起而形成的渠道关系。

(4)公司型关系。这是指通过建立自己的销售分公司、办事处或通过实施产供销一体化战略而形成的渠道合作关系。这是各种渠道合作关系中最为紧密的一种。

(5)契约型关系。这是指在营销渠道中，参与商品分销的各渠道成员通过不同形式的契约来确定彼此的分工协作与权利义务关系而形成的一种渠道合作关系。特许经营便是一种典型的契约型渠道合作形式。

6.3.3 营销渠道合作对顾客让渡价值的影响

6.3.3.1 渠道合作对顾客总价值的影响

(1)渠道合作与产品价值。顾客在购买一种产品时，首先考虑的因素就是产品价值。产品价值是产品的品质、功能、规格、特色、款式等因素所产生的价值。建立竞争性的产品价值，要求企业熟知目标顾客对产品品质、功能、款式等的期望，即制造商必须熟知目标顾客的真实需求。这要求制造商需要掌握大量的市场信息。

对于制造商来说，营销渠道是一个重要的信息来源。营销渠道是连接制造商与最终顾客的桥梁，由于它的特殊性，其可以收集和传递营销环境中有关潜在与现行顾客的营销调研信息。然而在实际中，渠道成员为了提高自己与制造商的砍价能力，有时会有意阻碍信息的上行；况且，在传播过程中，由于对传播过程缺乏必要的监督和管理，信息极易失真，因此渠道成员往往充当的不是信息中转站的角色，而是制造商与最终顾客之间的屏障。通过合作，建立有效的激励约束机制，可以充分调动渠道成员的积极性，实现市场信息的共享，保持信息的真实性、及时性，从而有利于制造商把握市场信息，进行产品创新，创造富有竞争力的产品价值。

在这方面，宝洁公司的做法值得大家学习。为加强与沃尔玛的信息沟通，宝洁通过一个复杂的电子数据交换系统与沃尔玛连接，这一联网使宝洁能监控沃尔玛商场的存货管理，通过数据传送，宝洁收到来自众多独立的沃尔玛商场中各种不同规格产品的即时销量、需求数量，从而及时、快速地了解市场信息，对市场需求变化及时、准确地作出反应和调整。

(2)渠道合作与服务价值。如今科技的迅猛发展，使得产品价值趋于一致，产品在品质、功能、特色等方面的差异逐渐缩小。正如李维特所说：“现代竞争并不在乎各家公司在其工厂中生产什么，而在于它们能为产品增加些什么内容，诸如包装、服务、广告、客户咨询、融资、送货、仓储以及人们所重视的其他价值。”因此，仅仅具有竞争力的产品价值是不够的。

有效的竞争方式应该是伴随产品实体出售，向顾客提供各种附加服务，也就是要增加顾客服务价值。顾客在接受服务时，会与不同层次的渠道成员接触。比如，制造商提供咨询、处理顾客投诉、售后服务等，批发商进行产品分类、再包装、运输等，零售商进行产品展示、示范使用方法、送货等。在服务的过程中，需要渠道成员的共同努力，哪一个环节出了问题，都会影响到顾客的满意度。

然而现实中，由于分工的不明确，常常发生推诿现象，往往由于某一个渠道成员的不当做法而使得顾客无法享受到应有的售前、售中、售后服务，从而影响到顾客的服务价值。渠道成员若进行合理分工，明确各自的职责，同时以各自核心能力的互补性为基础，来营造一种协作关系，让顾客在各个渠道层次上都能满意，那么合作各方均会受益，相应地会提高顾客的服务价值。

(3)渠道合作与人员价值。顾客总价值的另一个构成要素是人员价值。人员价值指企业员工的经营思想、经营作风、业务能力、知识水平、工作效率与质量所产生的价值。综合素质高且把顾客至上思想落实到行动上的员工能够正确地了解顾客需求，提供所需要的信息，妥善解决产品销售和使用过程中出现的问题，增加顾客的满意感，提高顾客总价值。产品在销售过程中，零售商与顾客接触甚多，因此零售商人员的表现在很大程度上影响人员价值的高低。几乎所有的企业都期望零售商按照自己的规范运作。在自己的营销网络中做到这一点不难，因为那是自己的人员，但在他营渠道中做到这一点，就只有借助渠道合作了。

通过渠道合作，制造商就关于员工的培训、服务、促销策划等方面与零售商达成协议，这样制造商就可以通过培训，不断地向零售商灌输自己的企业文化和营销方式，使人员价值得到提高。在这方面，鼎盛时期的摩托罗拉做得很出色。我们在通信市场看到摩托罗拉的专卖店或者专柜，在全国都是统一的，其促销小姐介绍每一款新的机型时，对新机型的介绍几乎都是一样的，这种做法创造了更多的满意的顾客，从而创造了更多的市场。这样高度的一致来源于摩托罗拉完善的培训系统。可见，摩托罗拉正是通过渠道合作来提高人员价值的。

(4)渠道合作与形象价值。形象价值是指企业及其产品在社会公众中形成的总体形象所产生的价值。良好的企业形象能够促进顾客和社会公众对企业的认知和认同度，提高产品声誉和价值。形象价值与产品价值、服务价值、人员价值密切相关，在很大程度上是上述三个方面价值综合作用的反映和结果。可以这么说，形象价值是产品价值、服务价值、人员价值的正相关函数，可表示为：

$$\boldsymbol{I}=\boldsymbol{f}(\boldsymbol{Pd},\boldsymbol{S},\boldsymbol{Ps})$$

其中，I 为形象价值；Pd 为产品价值；S 为服务价值；Ps 为人员价值。

从式中可知，随着产品价值、服务价值、人员价值增加，那么形象价值就相应地增加。因此，渠道合作在提升产品价值、服务价值、人员价值的同时，也增加了形象价值的含金量。

6.3.3.2　渠道合作对顾客总成本的影响

当然，仅仅拥有较高的顾客总价值，也不可能赢得、保留顾客。顾客在购买产品的时候还要付出一定的成本。

(1)渠道合作与货币成本。在成本的构成中货币价格占了很大的比重，是顾客在购买时考虑的首要因素。货币成本包括购买和使用产品时付出的直接成本和间接成本。直接成本指支付给产品销售单位的费用；间接成本是顾客为购买和使用产品而耗费的相关费用。营销渠道往往抬高企业产品的销售价格，而且这种提价占了产品销售价格的很大比重。

根据麦肯锡高层管理论丛的资料，分销渠道成本通常占一个行业商品和服务零售价格的15%～40%。由此可见，通过改善分销渠道，降低分销渠道成本，企业可以大大提高自己的竞争力和利润率。长期以来，中国企业一直沿用传统的批发零售模式。这种金字塔式渠道的多层次框架降低了渠道的效率，延误了产品到达消费者手中的时间，导致厂家对终端消费者的信息掌控不力，并且增加了营销成本。厂家与经销商之间的合作可以实现生产厂家绕开渠道的所有中间环节，直接与零售系统打交道。这种合作可以避免渠道冲突，降低厂商的存储费用，增加厂商生产的稳定性，减少为了重复寻找合作伙伴而付出的交易费用等。这样，分销渠道成本就可以大幅度地降低，企业就可以获得价格上的优势，减少顾客的货币支出。

(2)渠道合作与非货币成本。顾客的另一方面的成本是非货币成本，包括时间成本、精神成本和体力成本，即指顾客为了得到和使用所需产品而消耗的时间、精神以及体力等折合而成的代价。产品的购买和使用所消耗的非货币成本越大，顾客付出的代价就越大，满足感就越低，所感受到的让渡价值就越低。当非货币成本耗费超出所能承受的限度时，顾客不可避免地会转换购买。企业必须采取有效的措施来降低顾客的非货币成本。消费者购买产品的过程是一个从产生需求、寻找信息、判断选择、决定购买到实施购买，以及购后感受的全过程。在购买过程的各个阶段，均需付出一定的时间、精神与体力。

如当消费者对某种产品产生了购买需求后，就需要搜集该种产品的有关信息，从而需要付出较多的时间、精神与体力。此时，如果企业能够迈过多种渠道向潜在顾客提供全面详尽的信息，就可以减少顾客为获取产品情报所花费的时间、精神与体力，从而降低顾客购买的总成本。又如，对于结构性能比较复杂、装卸搬运不太方便的机械类、电气类产品，如果企业能为顾客提供良好的售后服务，如送货上门、安装调试、定期维修、供应配件等，就会减少顾客为此所耗费的非货币成本。

渠道合作可以有效地降低顾客的非货币成本。这是因为在有效的渠道合作中，各个渠道成员明确了各自的职责，最大程度上避免了彼此推诿职责的现象的出现，产生了巨大的协作效应；能够为顾客提供完善的售前、售中、售后服务，降低顾客在购买过程中的时间、精神、体力等方面的耗费，从而降低顾客的非货币成本。因此渠道合作对降低顾客购买的总成本，获得更大的顾客让渡价值具有重要意义。

6.4 营销渠道合作的形式

6.4.1 渠道特许经营

渠道特许经营是一种典型契约型的渠道合作形式，也是一种独特的交易组织形态。特许经营通过受许方(特许经营商)加盟到特许方(特许权提供者)之中，共同使用品牌且独立经营，它们之间签订市场交易契约，资源实行有成本转让，同时又存在着同一个企业内的共同治理、严明关系的科层制特征。借用 Gearg Drahein(1952)的思想，特许组织既是一个社会团体，又是一个企业。

特许方通过提供一定产品商标和服务标记的使用权与受许方签订一种契约关系，将自己拥有的商标、商号、产品、专利和专有技术、经营模式等，以特许经营契约的形式授予被特许者使用，被特许者则在特许者统一的业务模式下从事经营活动，并向特许方支付特许加盟费和特许权使用年费。根据这种交易关系，我们看出，特许方和受许方构成了一个合作性的“共同体”，“当几个资源所有者同意限制或控制他们未来的行动以实现比没有合作时更高的收益时，一个共同体也就产生了”。为了利用和保护品牌资本，特许各方以同一种形象出现在公众面前，借助建立这种共同体的形式，他们从分享品牌信誉的生产、经营性资源中获利。通过建立使专用资产的准租金不被剥削、不会流失的制度安排，特许共同体成员就可以根据既定的特许契约，相互合作，利益分享。

渠道特许经营主要有两种模式，即以可口可乐、百事公司为代表的商品商标特许经营和以麦当劳、肯德基公司为代表的经营模式特许经营。商品商标型的特点是特许人向受许人转让某一品牌产品在特定区域的制造权和经销权，向其提供技术、专利和商标等在规定范围内的使用权，但对其生产方式不做严格规定。与之相对，经营模式型则要求加盟者“克隆”总部的全套经营模式，通常特许人会提供非常详细的经营计划。

特许经营本质上是建立在契约关系上的一种销售商品或服务的方法，“是将追求自我报酬的独立公司组织起来的鼓励性的分销体系”。特许经营体系是一种混合的组织模式，关系双方是独立而又相互依赖的，不像纯粹的市场交易双方那样关系松散，也不像组织内部关系那样等级森严。总之，特许经营的本质是建立在市场营销渠道中长期契约上的合作关系。对于特许双方来说，合作的唯一目的就是为了获得更大的利益。一般来说，对于受许人而言，只有获得比单体经营更多的利益，特许经营关系才是有效的。

渠道特许经营合作的优势：

(1)集体组织优势。特许经营组织成员共同组织他们的活动，不是离散、独立地通过市场和外部世界交换资源，而是把交易活动转移并内部化到一个共同拥有的独立组织之中，这种做法为的是获得集体组织优势，即将市场的交易内部化到由交易专用性资源(品牌)的特许经营组织中，通过这种方式，避免了外部机会主义的潜在威胁。

激励渠道成员加入特许经营有两个主要的因素：一是特许组织通过在一个商业体系下经营成员们所希望的物品，可以帮助他们获得经营上的规模效应。二是如果特许经营成员通过一个集中型组织买卖而不是个人直接进行交易，则他们的市场地位会改善。例如，对于一个小规模的种植葡萄酿酒的企业主来说，他无法建立起全国性的信誉，而通过加入特许经营组织，就可以获得大型组织具有的集体性信誉所带来的好处。

(2)独立经营优势。既然具有集体组织优势，特许经营商为什么没有采取集体组织的极端形式，青睐纵向一体化，反而拒绝合并？对于他们来说，这是由于特许经营受到独立经营的离心力作用。特许经营商是介于独立企业与受雇于人之间的一种经营方式。例如，代销和制造许可证等受许方式，他们和特许方在法律上是独立的，是一种买卖关系，这能增大生产、经营的自主独立性和灵活性，激励经营者索取更多剩余。如果他们形成纵向一体化的企业，成员们在经济上必然不独立，特许管理体制趋于庞大并导致无效，则会增加特许双方的运营成本，增大经营投资数额和风险。

特许经营一方面能够从分享品牌信誉的生产性资源中获得集体组织优势，另一方面通过避免垂直一体化，又获得了独立经营优势。但在现实市场上，特许方和受许方由于互相的依赖感过重，严重的短期行为、规模经济的难以形成也会引起冲突。这当然要求特许商具有特许经营的实力，但具有知名度、美誉度以及顾客忠诚度的品牌才是特许经营的核心；可操作性强的科学的经营模式是特许经营的根本载体；战略规划和业务发展计划是特许经营体系发展的前提，同时还要慎重选择受许商，建立双赢关系。特许商不能盲目追求规模经济效应，更重要的是与受许商结成利益共同体。合理的加盟费收取方式最能体现两者的利益共同体关系。以特许商的共性为核心，允许受许商的个性发展。特许经营要求核心的标志性产品和服务必须保持一致，要求各加盟店的工作程序和工作方法保持统一。在此前提下，允许受许商针对各地不同的消费偏好提供特色产品。特许商要建立完善的后勤服务体系，实现规模经济，为受许商提供完善的后勤服务，在诸如员工培训、广告宣传以及采购配送等方面实现规模经济，从而降低经营成本，提高竞争力。

6.4.2　无缝营销渠道

6.4.2.1　无缝营销渠道的含义

美国学者斯特恩(Stern)在《营销渠道》一书中对无缝营销渠道定义为：无缝营销渠道是指为了提高整条营销渠道的服务质量，从而为消费者创造更有价值的服务，营销渠道中的各成员组织打破原有的组织边界，在多层面的基础上相互协作，就如同在一个企业的团队中一样工作的营销方法，这里既包括制造型企业与其经销商之间可能建立的合作关系，也包括批发商与零售商之间的联盟。

种种迹象表明，在现有市场环境下，要想单靠某一企业的力量来维持长久的竞争优势已经非常困难了。企业在运用如再造流程、核心流程再设计及跨功能团队等方式后，组织内部的生产潜力多已被挖掘，内部生产力的提高空间已很小了，而与此同时，渠道成员之间的合作方式却仍是杂乱无章，有颇多改善的空间。显然，渠道成员的协作是明智的选择。

6.4.2.2 无缝营销渠道的策略

无缝营销渠道策略主要从以下三个方面展开：

(1)合理分工。为避免因职能上的重复而造成的资源浪费，制造商应与渠道成员根据各自的长处确定具体的分工。需要说明的是，经销商必须是制造商在各地精心挑选的实力雄厚的批发商。他们必须符合一定规模、财务能力、商誉、销售额、仓储能力、运输能力和客户结构等指标要求。其中，客户结构是指候选经销商必须具备一个较为完善的、有一定广度和深度的客户网络；网络中应包括一定数量和一定层次的二级批发商和零售商，并且能较为完善地覆盖一个区域市场。

由此可以看出，无缝营销渠道策略的核心是建设性的协作关系。这种建设性的协作关系是以双方核心能力的差异性或者说互补性为基础的。这种互补性决定了无缝营销渠道策略创造价值的潜在空间，这样的双方合作才具有价值。只有当双方各有所长时，一种比较平衡的合作伙伴关系才能确立。无缝营销渠道可以促进渠道成员利用各自的优势通过合理分工，各自负责擅长的渠道职能，以避免重复、无效的工作，从而降低各自的成本。这种降低成本的源泉在于相互定向的整合，而不是各自独立的内部优化。

(2)IDS(Integrated Business System)一体化营销改造计划。制造商应该意识到批发商、零售商等各渠道成员作为独立的经济实体，与制造商有着不同的经济利益，其中不乏与制造商相悖的利益，如批发商或零售商希望能自主地决定价格、希望制造商能尽量提供信用延长支付期等。与此同时，制造商为维护市场领导者地位，实施全方位覆盖策略，必然会尽可能多地发展渠道成员，开拓渠道范围。因此，如果不与渠道成员达成某种方式的合作关系，渠道发展可能失控。

IDS计划是指制造商帮助经销商进行改造，改造后的经销商将在与营销有关的职能部门拥有与制造商相似的组织机构和运作方式，这样制造商与经销商很容易对面临的问题达成共识，即使发生冲突，双方的管理人员也容易沟通解决。IDS改造计划的步骤是：制造商内部组成一个跨部门的工作小组，小组成员来自营销、销售、财务、技术等各部门；IDS小组对经销商进行诊断，找出它管理上的问题和不足，并同经销商一起制定符合制造商标准的改造计划；经销商自行按照计划进行改造，IDS小组提供各种支持。事实上，IDS小组为经销商提供的是一种有导向性的咨询服务。

无缝营销渠道成员间的合作范围一般只涉及渠道成员之间部分职能部门的跨组织合作，而非两个企业整体层面上的共同运作。但值得注意的是，这种合作的成功往往需要合作者在整个组织层面上进行互动式的调整。这一方面是因为现代企业市场营销已经越来越演变成为企业的整体营销，有牵一发而动全身之功效；另一方面，无缝营销渠道策略得以实施的基本动因在于这种策略能够明显地给合作各方带来更多的利益。

(3)零售商教育政策。虽然零售商拓展的职能主要由经销商承担，但制造商不能放弃与零售商的合作，不能放弃对他们施加影响。由于零售商的数目众多，要对他们实施IDS改造计划需要耗费大量的人力、财力与物力，从表面上看未免多此一举。但是实际上零售商直接与消费者打交道，掌握着大量有关消费者的一手信息，且零售商的工作效率又与制造商的销售密切相关，所以制造商应该采用教育零售商的方式来加强与零售商的联系。制造商应该定期拜访零售商(通常每月一次)，向零售商宣传产品特点，传授销售技巧和POP陈列技巧，同时也向零售商搜集产品的消费信息，并将这些信息反馈给企业的营销部门。

无缝营销渠道的合作方式已经越来越倾向于共享信息。信息在创造并维持渠道的竞争优势方面起着至关重要的作用。当今的跨国大型企业之所以愿意投入大量的人力、物力实施零售商教育策略，其根本的原因就在于通过这种途径，与零售商保持密切的联系，共同分享信息。

综上所述，无缝营销渠道策略实际上是强调以建设性的协作取代过去各扫门前雪而引起渠道激烈竞争和冲突的做法。强调企业的市场营销应该重视挖掘企业组织之间所蕴涵的价值。从实践角度分析，无缝营销渠道具有能使各合作方共享信息、降低成本的价值，更重要的是，无缝营销渠道使各方能够分享对方企业的经营资源，从而增加收益。

6.4.3　营销渠道成员战略联盟

6.4.3.1　渠道成员战略联盟特征

企业战略联盟作为一种组织形式，具有如下特征：

组织的松散性：战略联盟是一个动态的、开放的体系，是一种松散的企业间组织形式；

竞争与合作共存：战略联盟改变了传统的以竞争对手消失为目标的"对抗性"竞争，联盟中竞争与合作并行不悖，为竞争而合作，靠合作来竞争；

行为的战略性：联合行为注重从战略的高度改善联合体共有的长远经营环境和经营条件；

地位的平等性：战略联盟各方是在资源共享、优势相长、相互信任、相互独立的基础上通过事先达成的条款或协议而结成的平等关系；

联合的协同性：战略联盟可将各相关企业独特的优势结合起来，建立一个"全优"的机构，其中每项工作、每个环节都可能是一流的，这是任何单个企业所望尘莫及的；

范围的广泛性：战略联盟可以产生于企业价值链的各个环节，涉及众多行业，范围相当广泛。

6.4.3.2　渠道成员战略联盟形成动因

企业战略联盟的动因可分中间动因和最终动因两种。最终动因是指获得预期的经济绩效，中间动因包括资源(技术、资本、人才等)的共享和风险与成本的共担。具体来说，战略联盟的动因有以下几个方面：

(1)提高竞争力。在技术日益分散化的今天，已经没有哪个企业能长期进行技术垄断，企业单纯依靠自己的能力已经无法掌握竞争的主动权。为此，大多数企业的对策都是尽量采用外部技术资源并积极创造条件以实现内外资源的优势互补。具体方法是与其他企业结成战略联盟，借助于联盟内企业的科研人员合作，相互传递技术，加快研究与开发的进程。实践证明，战略联盟除了比传统的全球性内部战略和金字塔式管理组织具有更为活跃的创新机制和更经济的创新成本外，也更能照顾到不同国家、地区、社会团体甚至单个消费者偏好的差异性，更有利于开辟新市场或进入新行业，因而有更强的竞争力。

(2)分担风险并获得规模和范围经济。激烈变动的外部环境要求研究开发能不断缩短开发时间，降低研究开发成本，分散研究开发风险。随着技术的日益复杂化，开发的成本也越来越高。这些都使得新产品、新技术的研究开发具有很高的风险。在这种情况下，企业自然要从技术自给转向技术合作和技术相互依赖，通过建立战略联盟，扩大信息传递渠道的密度与速度，以避免单个企业在研究开发中的盲目性或因孤军作战导致全社会范围的重复劳动和资源浪费，降低风险。与此同时，市场和技术的全球化，提出了要在相当大的规模上和多个行业进行全球生产的要求，以实现最大的规模和范围经济，从而能在以单位成本为基础的全球竞争中取得有利地位。

(3)防止竞争过度。随着大企业市场渗透力度的加大和市场占有率的提高，一定容量的市场分割最终会在大企业之间告一段落。如果大企业间仍在所剩无几的零星小市场中继续展开全面竞争，不仅成本提高，造成两败俱伤，而且还可能因为竞争过度而失去自身现有的市场。因此，为了避免未来竞争地位的丧失，避免在诸如竞争、成本、特许及贸易等方面的纠纷，企业之间必须建立战略联盟，加强合作，维护竞争秩序。

(4)挑战“大企业病”。由于企业规模扩大、管理层次增加、协调成本上升，使得一些大企业的行政效率向着官僚式的低效率迈进，出现所谓的“大企业病”。战略联盟的经济性在于企业对自身生产效率的战略性革新，不涉及组织的膨胀，避免带来企业组织的过大及僵化，使企业保持灵活的经营机制和资源使用的高效率。战略联盟还可避开反垄断法对企业规模过大的制裁。

6.4.3.3　渠道战略联盟实施的难点

尽管营销渠道战略联盟的实施可以极大地推动渠道内企业战略伙伴的形成与发展，并为联盟企业带来实效，但是，渠道战略联盟的构架并不能说明各联盟方从此就成了战略伙伴，不存在任何矛盾与冲突。相反，在渠道内实施战略联盟不可避免地会遇到一系列的难点与问题。

(1)联盟双方平等信任关系的建立。战略联盟本身意味着较长时期的合作关系，而维持合作关系尤其是长期的合作关系，联盟双方的平等关系是最基本的条件。如果出现联盟双方的地位不平等，或者一方的投入大于另一方，或者联盟收益失衡，或者一方胁迫另一方等，就会使联盟建立在一个非常不牢靠的基础之上，联盟关系难以维持。然而，真正树立联盟双方平等关系并非一件易事。因为，联盟企业之间的实力差异、利益冲突、渠道权力的动态变化始终存在，它们都会对合作企业保持平等关系带来极大的冲击。因此，联盟双方平等关系的建立仅仅是一个相对静止的概念。这个概念仅仅提醒有着良好愿望的联盟企业在寻找合作伙伴时，要力求合作企业的地位与实力相当(相互能够钳制)，合作资源投入对等，合作利益均衡，双方自主自愿，以奠定一个良好的合作基础。

事实上，除了各种客观因素对联盟双方平等关系的建立有一定的影响外，联盟双方的主观因素即“信任”更是影响联盟双方能否保持平等关系的关键因素。

战略联盟中的信任是指联盟双方之间的彼此信赖是对合作对方充满信心的表现。信任在联盟中的作用是明显的。信任的存在会使合作双方忽视双方在地位实力等方面的差异性；会使双方利益冲突减弱；会使双方合作意向增强，形成更为紧密的合作关系；会使合作双方实现长期的合作。《哈佛商业评论》中一篇研究报告显示，根据对一家汽配厂商与429家零售商的关系调查，信任制造商的零售商比不信任制造商的零售商对双方关系的投入要高出12%，寻求其他供货渠道的可能性要低22%。在营销渠道战略联盟中建立联盟企业的相互信任，主要表现为产销联盟企业间的信任建立。在产销联盟企业中建立相互的信任，主要应做好以下工作：

首先，加强沟通与交流。信任的建立是以良好的沟通与交流为基础的。只有通过沟通才能使联盟各方了解对方公平、守信、没有机会主义行为的态度，才能达到相互的理解与信任。不仅联盟之初需要必要的沟通与交流，在联盟进程中，同样需要保持密切的沟通与交流，以保证联盟双方不产生误会与隔阂,联盟关系得以健康地发展。

其次,营造公平氛围。产销联盟中的公平营造主要包括两个方面:公平的利益分配和公平的合作关系程序。前者指合作后的利益所得双方都能接受,并感到公平;后者指合作规则及行为态度双方均能接受,并感到公平。

忽视公平在联盟信任中的作用的公司,往往容易以其实力夺取尽可能多的合作利益,使合作的信任关系得不到维持,最终导致联盟破裂。利益分配如果保持在一个公平的水平上,并能随着通货膨胀、汇率变化、顾客需求变化、技术水平变化及竞争变化而维持一种动态的公平,联盟各方的信任度就会增强,合作关系就能持久。公平的合作关系程序从某种程度上来说,其对信任的影响大于公平的利益分配。因为,联盟各方认为对利益分配的控制存在诸多不可控因素的作用,即使出现不公平也极有可能是不可控因素的影响,与合作方的态度无关。但是,公平的合作程序则带有很强的可控性及主观因素。如果在合作程序中出现不公平的现象,常常是实力强的一方强制作用的结果。因此,相对弱小的一方总是将强大一方的合作程序视为合作方诚意或值得信任与否的重要体现。在联盟中建立良好的人际关系,尊重合作伙伴,相互体谅各自的困难,并采取切实的行动相互补充,是非常必要的。

再次,精简合作伙伴。精简合作的数量是建立信任关系的另一条有效途径。因为信任来源于交往,反复的交往可以加强信任的程度。在企业交往时间、精力投入一定的情况下,企业合作伙伴越多,分配在各伙伴中的交往时间与机会就越少,就越难建立深厚的信任。反之,合作伙伴越少,则交往机会越多,就越容易建立较好的信任关系。再则,合作对象越少,企业对每一个合作伙伴不同的文化背景、资源背景、合作需求背景采取有针对性的交往,进行专门性的投资,增强双方的依赖,放大合作的价值,从而建立双方的信任感与认同感。

(2)避免渠道联盟中的权力复归与凸显。以产销联盟为主的渠道战略联盟面临的另一个难点是渠道权力的复归与凸显。所谓渠道权力的复归与凸显,是指产销联盟企业随着联盟关系的延续,一方制约另一方的渠道权力控制现象再度出现。本以建立平等、互利为基本要求的联盟,之所以会出现渠道权力复归现象,从理论上分析,主要有以下几方面的原因。

首先,一对多合作的出现导致渠道权力的复归。渠道战略联盟的形式一开始主要表现为一对一的状态。但是,由于战略联盟的合作建立在合作企业相对独立的基础之上,存在合作中的竞争。因此,相互之间的合作领域与信息共享都会存在一定的局限性。企业为实现合作利益的最大化及抵御合作风险,往往有意识地降低一对一联盟的依存度,而转向与多个其他企业之间的联盟(也仅仅限于某些领域和有限的信息共享),出现一对多的联盟形式。一对多形式的出现至少会产生两个负面的效应:一是增加了面对同一合作伙伴的各个企业之间的竞争,导致合作一方利用竞争对多个合作企业形成钳制,渠道权力出现复归。二是一对多合作会出现与合作方合作程度不同、合作企业能力不同的状况。合作能力相对较差的企业容易出现合作中的非绩效,如果这种状况始终不能改变,甚至能力差距不断扩大,权力复归必然出现。

其次,联盟模仿的出现导致渠道权力复归。渠道战略联盟相对于传统的产销交易方式是一种本质创新的产销交易方式。这种创新表现为生产商与零售商之间通过建立和发展各种信息技术或网络,实现信息共享,并将分享的信息有效地应用于生产经营决策中,并刺激生产和经营效率的大幅提高,使得销售额和利润扩展很快,合作各方在这种高速的过程中充分享受到了这种创新带来的效益,合作中存在的各种矛盾也被暂时掩盖或忽视。然而,战略联盟的高效益必然引起其他企业的纷纷模仿,企业战略联盟的普及使得战略联盟的创新效应逐渐丧失,原来存在于合作关系中的各种矛盾开始显现并日益突出。优势企业为了谋取更多的利益,利用威胁、制裁等手段迫使弱势企业接受其单方面提出的合作条件，渠道权力开始复归。

再次，信息要素比重的下降导致渠道权力复归。在渠道交易活动中，企业间的行为影响取决于三个重要的因素，即经济要素、地位要素及信息要素。经济要素是指企业的经济实力，这里指市场占有率、产业影响力和资金拥有量等；地位要素是指相对于合作方而言的合作作用与价值，主要包括零售商为生产商开拓新市场的能力，以及生产商为零售商提供有销路的产品的能力；信息要素是指企业信息处理能力与合作企业信息处理能力的合作程度与水平。一般而言，在渠道战略联盟中，合作双方受经济与地位要素影响的比重越大，越使合作双方更多地关注当前利益的实现与维系上，合作与协商共进的意识淡化，在行动上更趋向于权力的应用。反之，如果信息要素的比重增加，则有利于合作各方绩效的提高及竞争能力的长远提升，更易产生非权力的战略伙伴关系。然而，合作中信息要素的培育有时不尽如人意，有时又会因为大量模仿者的介入而导致合作企业间建立起来的优势信息要素丧失，使得信息要素的比重下降；而经济要素与地位要素的作用被高估，经济要素与地位要素的比重回升，又诱发渠道权力复归。

(3)防止产销对立关系的出现。渠道战略联盟使得产销双方结成战略伙伴关系后，尤其是初级阶段，由于产销决策与产销行为的一致性，使得战略联盟的效应十分明显。但是，随着战略伙伴关系缔结的普遍实现，使得产业内所有企业都在从事构筑以时间、速度为核心资源的经营体制，从而使原有联盟企业建立起来的联盟效应消失。后加入联盟的企业获取战略联盟效应回报的程度也远不如早期加入企业原有的效应。这时，在战略联盟中寻找差别化竞争优势成为联盟企业扩大渠道战略联盟效应的一条有效途径。然而，由于产销双方追求差别化竞争优势的评价基础不同，产销联盟中的各种新分歧与新矛盾脱颖而出。

对于厂商而言，对于差别化竞争优势的认识主要建立在量的基础上，即零售商能否为厂商打开市场，并保证产品的销量。因此，厂商要求零售商在销售方法、销售空间的位置上要与其他厂商相区别(如设立专卖店形式)，保证厂商一定利润的实现。厂商的这种差别化认识，零售商却难以接受。一方面，大量购进厂商的商品及店铺空间大量给予单一厂商会使得商品进货品种减少，从而削弱零售商在多品种上吸引顾客的竞争力；另一方面，面临经营风险的扩大，一旦产品出现滞销，直接损失巨大，而且还会产生各种交易的间接费用。对于零售商而言，渠道战略联盟的差别化竞争优势应体现在经营业态的新颖性及经营风格的本土性上。因此，它希望厂商为之提供独特的产品及独特的配送服务。但是，厂商认为，产品的差异化会带给企业庞大的产品开发和广告费用，增加机会损失。如果所合作的零售商并非是规模化大企业则情况将更糟。同时，向特定零售商提供差异化的产品还会影响与其他零售商的关系。因此，厂商对零售商提出的差别化竞争思路也难以响应。

由此可见，只要在渠道联盟中坚持差别化竞争优势的要求，就不可避免地会出现产销对立的状况。由此，缓解由差别化竞争导致的产销对立关系成为渠道战略联盟中必须面对的另一个难点。

综上所述，营销渠道的战略联盟是应对全球竞争、谋取最佳渠道效益的产物，是新时期渠道群体行为的必然选择。渠道机构成员要充分认识组建渠道战略联盟的战略意义，以积极的态度，结合自身实际，加强与渠道成员的纵向或横向联合，在提高渠道整体效益的前提下，谋取渠道个体成员利益的实现。

本章小结

1. 营销渠道的竞合管理包括营销渠道的冲突管理和合作管理。渠道冲突是存在于构成营销渠道各个组织之间的一种对峙或者不和谐的状态。渠道冲突的类型按不同的标准可以分为水平渠道冲突、垂直渠道冲突和多渠道冲突和潜在冲突和现实冲突，以及功能性冲突和病态性冲突。

2. 渠道冲突的消极影响表现在渠道的群体优势丧失，渠道成员经营效果差，阻碍渠道成员创新，损害渠道形象，降低渠道成员市场竞争力。渠道冲突的积极影响是可以暴露渠道中存在的问题，增强渠道活力，进而促进渠道创新。

3. 解决渠道冲突应该遵循的原则有效率原则、系统性原则、创新原则、权变原则。协调渠道冲突管理的基本步骤：一是渠道冲突防御，二是渠道冲突预警，三是渠道冲突诊断，四是渠道冲突处理，五是渠道冲突管理的评估及反馈。

4. 渠道合作的形式主要有联合促销、联合贮运、独家代理、信息共享、联合培训和地区保护等。作为渠道合作的重点形式是渠道纵向营销合作，主要存在 5 种合作关系：松散型、共生型、管理型、公司型、契约型。

5. 营销渠道合作对顾客让渡价值的影响：渠道合作可以提高产品价值、服务价值、人员价值，而形象价值是上述三个方面的正相关函数，那么渠道合作就可以提高形象价值。渠道合作可以有效地降低顾客的非货币成本。在有效的渠道合作中，各个渠道成员明确各自的职责，最大限度地避免彼此推诿职责的现象的出现，产生巨大的协作效应；能够为顾客提供完善的售前、售中、售后服务，降低顾客在购买过程中的时间、精神、体力等方面的耗费，从而降低顾客的非货币成本。因此，渠道合作对降低顾客购买的总成本获得更大的顾客让渡价值具有重要意义。

6. 营销渠道合作的形式：渠道特许经营、无缝营销渠道和营销渠道成员战略联盟。渠道特许经营是一种典型契约型的渠道合作形式。渠道特许经营主要有两种模式，即商品商标特许经营和经营模式特许经营。商品商标型的特点是特许人向受许人转让某一品牌产品在特定区域的制造权和经销权，向其提供技术、专利和商标等在规定范围内的使用权，但对其生产方式不做严格规定。经营模式型则要求加盟者"克隆"总部的全套经营模式，通常特许人会提供非常详细的经营计划。无缝营销渠道，是指为了提高整条营销渠道的服务质量，从而为消费者创造更有价值的服务，营销渠道中的各成员组织打破原有的组织边界，在多层面的基础上相互协作，就如同在一个企业的团队中一样工作的营销方法，这里既包括制造型企业与经销商之间可能建立的合作关系，也包括批发商与零售商之间的联盟。营销渠道的成员战略联盟是应对全球竞争、谋取最佳渠道效益的产物，是新时期渠道群体行为的必然选择。

思考题

1. 什么是营销渠道冲突？造成营销渠道冲突的动因有哪些？
2. 营销渠道冲突会产生哪些影响？避免渠道冲突有什么办法？
3. 营销渠道合作有哪些形式？分别有什么特点？
4. 营销渠道合作是怎样影响顾客让渡价值的？
5. 什么是渠道战略联盟？结合实际分析进行渠道战略联盟的必要性。

案例练习

李某是经销五金水电的企业主,他刚刚挂断了来自某工业公司销售经理的电话。他感到非常愤怒,因为自己是经销该工业公司多年的高品质水龙头这种盈利产品的分销商,其费了九牛二虎之力开拓A市场,当开始取得成效的时候,该工业公司却准备向A市场上的另一家大型家居中心直接供货。

案例点评:请分析在这种情况下导致冲突的可能原因。

渠道实训

实训目的	通过访问一家企业,使学生初步感受渠道竞合管理的内容,了解渠道冲突管理和合作管理的类型及动因,掌握进行渠道冲突管理的策略,学会创造渠道合作的条件,解决渠道矛盾,形成渠道合力
实训内容	要求学生走访一家企业,并分析该企业渠道竞合管理工作的状况,学习该企业应对渠道冲突和开展渠道合作的策略
实训要求	1. 走访一家企业 2. 记录该企业的渠道竞争管理工作的状况,并进行归纳总结 3. 与小组成员一起汇总收集该企业营销渠道竞合管理工作的材料,完成某企业渠道冲突管理和合作管理的启示手册
实训步骤	分组→确定小组走访的企业→收集该企业渠道资料→小组讨论→书面归纳总结讨论意见→完成学习渠道竞合管理的启示手册

拓展学习

旅游渠道与平台:竞合而又共生

旅游渠道与平台对参与者创造价值的不同,注定了渠道应该更看重对消费者端的品牌影响力,而平台更看重对业内的聚合力。

近来国内旅游行业B2B平台的数量快速增长,同时渠道商也在快速发展。B2B平台与渠道各自在运营上有其特点和运行规律,但是在竞争的同时也可以开展合作。正确把握两种不同模式的区别与自身运营重点,有助于彼此业务发展与相互合作。

平台与渠道商业模式不同

目前市场上的旅游百事通、宝中等采用的是B2C的渠道运营模式,这种商业模式中渠道商主动采购及组织供应商的产品,针对产品进行销售推广,通过自己建立的线下和线上渠道把产品卖到消费者手上,并提供相应的售后服务、承担相应的法律义务。

而现在市场上出现的八爪鱼、旅景、旅游圈、欣旅网等采用的是B2B平台模式,其内涵是聚合产品供应方和产品购买方,打通信息不对称,通过建立生态圈促进和便利双方的交易。

渠道着力消费者,平台着力同行

渠道模式是否成功,关键看能否把供应商的产品卖出去;而能否卖出去,一是要看消费者对渠道品牌有多大的认可度,二是渠道本身的质量与销售能力。在散客化的今天,渠道商不能再简单地依赖门店靠关系营销单位客户,而是要通过对散客的需求了解,找到适合他们的产品并用有效的手段销售到客户手上。因此,针对客人的营销,提升品牌在消费者端的黏稠度,是渠道应该着力的方向。

平台模式则不同，平台模式考验的是对同行买卖双方的聚合力。能否聚集同业交易人气，提高交易活跃度，这是平台能否成功的关键。因此，平台的着力点在于系统的技术打造、各种规则的制定，以及生态圈建设。

渠道商、平台在供应商的价值提供上是完全不同的

渠道商给供应商提供的价值在于把供应商的产品通过门店销售出去，这是一个主动推广的过程，包含产品选择、产品设计、针对消费者的广告营销推广等，同时渠道商还为供应商在收款、售后服务方面提供服务。这一系统的动作包含两层内容：一是渠道主动的市场营销行为，二是供应商与渠道商双方是上下游买卖关系。

平台带给供应商的价值则主要体现在如何让自己的产品被更多同行买家知晓，以及平台系统工具对他在销售和管理上的效能提升上，或者为交易参与方提供其他有价值的服务。供应商与平台之间不存在上下游买卖关系。

渠道与平台有竞争但也可以开展合作

平台与渠道这两个不同的业务类型，有竞争，但也可以开展业务合作。从竞争方面看，矛盾主要集中在：一是对渠道商门店的管理受到平台的影响，使得门店绕开渠道直接与平台上供应商开展业务合作。门店是渠道商建立的销售终端，渠道商为门店提供了各项服务，承担着门店的法律风险，而平台并不对门店的销售行为承担法律风险。二是渠道自身引进的供应商体系、与供应商建立的直接采购关系被平台在中间插了一脚，影响了渠道对供应商的黏稠度，也影响了渠道在供应商端的收益。因此，双方各自立场的不同，存在结构性矛盾，竞争就难以避免。

当然，从理论上讲，平台参与者比渠道更广泛，如果供应商遵守渠道商的交易规则，同时平台也能够配合，渠道可以与平台合作，在平台上选择供应商的产品进入渠道销售。不同的渠道可以从同一个平台选择供应商的产品，但其都会有相应的规则来约束供应商和平台。目前，渠道与平台已经开展了合作，如旅游百事通已经分别从旅景、旅游圈和八爪鱼等平台采购部分供应商的产品，而这些供应商在与百事通交易时遵守旅游百事通的交易规则，平台也配合渠道按照相应的结算流程与渠道合作。

与此同时，平台也可以从渠道商那里得到供应商的产品供平台买家购买。旅景、去哪儿的 B2B 平台都从百事通的产品库引进产品，并把这些产品提供给平台上的购买方。

目前国内 B2B 平台发展迅速，这会给行业提供更加高效便捷的交易手段，解决信息不对称的问题。以往渠道运营商在日常经营中，自觉不自觉地扮演着平台商的角色，眼睛只盯着供应商和门店，起到简单的连接作用，忽略了客人对渠道品牌的认同度、忽略了客人需要什么样的产品、忽略了客户关怀。而 B2B 平台的广泛兴起，促使渠道商反思渠道本来的商业模式，反思渠道应该更加看重什么，反思应该拿什么去与平台竞争。这将促进渠道的自我完善，使渠道得以在平台的推动下发展到一个注重产品、注重消费者体验、注重新科技环境下渠道的 O2O 建设的新阶段。

总之，正是因为两者的商业模式不同，对参与者创造价值的不同，注定了渠道应该更看重对消费者端的品牌影响力，而平台更看重对业内的聚合力，从而最终形成消费者想旅游找渠道，同行想做交易找平台的格局。

（环球旅讯，2015 年 7 月 7 日）

第 7 章　营销渠道中的流程管理

渠道流程的畅通与否关系着整个社会的经济发展，也是各种组织机构生存发展的关键所在。本章阐述营销渠道中物流、资金流、信息流的相关内容，使学生了解营销渠道流程在企业营销活动中的重要作用，针对不同的渠道流程，通过有效的手段进行管理。

【学习目标】

1. 了解营销渠道流程所包含的内容；
2. 掌握渠道物流管理的含义、内容；
3. 理解营销渠道物流的重要作用；
4. 深入了解资金流程管理的内容；
5. 熟悉常用的渠道信息管理技术。

【引例】

网购奢侈品遇尴尬，快递不敢接

时下网上买房、买车已不是新鲜事，网购奢侈品也成了不少消费者的热门选择。但不少消费者抱怨称，价值数万元的名表、名包，快递公司不愿接单，而未保价的物品连连出现破损延误的情况，丢失数万元的奢侈品仅获赔几百元，频频吃到哑巴亏。

对此，不少快递公司则表示"很无奈"，不少消费者还不习惯进行保价，而出于成本和风险因素考虑，公司也不得不对保价的快件进行最高限价。

一位从事 3 年专业奢侈品牌折扣网代购的卖家告诉记者，自己做代购以来，时不时会碰到买家问他："我的爱马仕发快递安全吗？""快递员会不会调包，万一丢了怎么办？"甚至有买家为了安全起见会选择跟他同城当面交易。

有电商网站为了确保客户的奢侈品安全，邀请用户上门取货，并承担用户来回的路费和住宿费用。"住最好的酒店，来回打飞的价格也就在5 000元左右，与快递公司的承保费用相比甚至更便宜，用户体验还好。"某奢侈品网站负责人表示。

这些未保价的奢侈品面临的风险是不言而喻的。近期频繁爆出"iPhone 变砖头"等快递人员调包、丢件事件，而 10 多万元的商品最终可能只能获赔几百元。

据了解，为了防止快递公司出现调包、磕碰等问题，保证安全和配送速度，一些奢侈品电商不仅购买了保险，而且在商品入库时就逐一贴上防伪标签。而为了做好"最后一公里"的服务，电子商务企业则纷纷开始自建物流渠道。

记者采访了多位业内人士，目前行业普遍面临的问题是，贵重的物品快递公司不愿接单，便宜的物品消费者则不愿保价。一位卖家对记者表示，一般消费者网购的商品价格都在几百元之内，很少有买家会对此进行保价，而对于总价较高的一些货品，快递公司则建议卖家分开邮寄。

一位快递公司的市场部人士向记者透露，配送保价物品比普通快件需要额外的人力、配送成本。针对一些特别贵重的保价快件，公司会以特别标签区分，而且会通过单独的柜台进行操作，而其他快件即使是一些大客户也和普通快件的运转方式一样。

根据业内的普遍规则，保价金额由寄件人声明，快递公司则按照保价率收取保价费，发生物损后快递公司按声明价格进行赔偿，丢失未保价物品一般赔付运费的 3～5 倍。

其实，即使消费者愿意交足保价费，快递公司也不是"来单照收"。圆通快递一家营业部负责人对记者表示，由于其站点规模不大，一般不接收超过 1 万元以上快件，"有些皮包手表等奢侈品我们也没有条件鉴定其价值，而接单后一旦出现问题，快递公司承担的风险也过高"。

（新华网，http://news.xinhuanet.com/society/2012－04/19/c_111803721.htm）

思考：为什么快递公司不愿意进行奢侈品的运输？物流在此时对营销渠道造成了怎样的冲击？如何解决这个问题？

在目前市场经济条件下，生产者和消费者之间在时间、地点、数量、品种、信息、产品价值、所有权等多方面存在着差异和矛盾，而营销渠道就是连接两者的"运河"，往来输送的正是这些产品或服务、所有权、资金、信息等。这些就构成了渠道中的一个流程。这些不同种类的流程将构成渠道的各种机构贯穿联系起来。在营销渠道的各种流程中主要有实体流程、所有权流程、资金流程、信息流程及促销流程。本章将对物流（即实体流程）、资金流、信息流进行讨论分析。

7.1　营销渠道物流管理

7.1.1　物流的含义

物流的定义有很多。在中华人民共和国国家标准（GB/T 18354－2006）《物流术语》中，物流是指物品从供应地向接收地的实体流动中，根据实际需要，将运输、储存、装卸搬运、包装、流通加工、配送、信息处理等功能有机结合来实现用户要求的过程。

7.1.2　物流的职能

物流的职能是物流活动特有的，区别于其他经济活动的职责和功能，主要包括：运输、存储保管、配送、包装、装卸搬运、流通加工、信息处理等。

（1）运输。商品运输的任务就是实现商品实体的空间移动，解决商品的生产和消费之间的地点差异问题，创造商品的空间效用，满足消费需要。商品运输需要通过一定的运输工具，沿着一定的运输路线和流动进程来完成。

(2)储存。商品从生产地点到消费使用地点的转移过程中，由于运输力量限制、运输工具转换等待销售或者其他某种原因，需要在一个或数个仓库中发生短暂的停留，这就是储存。有些储存可以创造商品的时间效用，即被保存到顾客最需要的时间去销售，可以卖出非常有利的价格，但有些储存可能引起交货延迟、商品变质、资金积压等负面效果。

(3)保管。保管是物流的一个重要环节，包括在商品运输、储存和流通加工过程中的放置、编号、记录、保养、维护等活动，其主要作用是维护商品品质，防止损坏和变质。

(4)配送。配送就是根据用户的要求，在物流的节点上进行分货和配货工作，并将配好的货送交收货人的活动。配送有两大特点：配送不是一般意义上的订货、进货，而是送到用户手中的一种服务性供应，是一种"门到门"的服务；配送是在全面配货基础上，完全按照用户要求进行的运送，是"配"与"送"的有机结合。

(5)包装。为保证产品完好地运送到消费者手中，一般都需要不同方式、不同程度的商品包装。从营销角度讲，包装分为运输包装和销售包装。运输包装的作用主要是便于运输和防止运输中的损坏；销售包装则是为了便于消费者购买、使用，便于零售商销售，并能鲜明地显示商品的特点，起到商品广告宣传的作用，以吸引购买者注意和使其产生偏爱，扩大产品销售。包装可以在生产过程中完成，也可以是在流通过程中完成。

(6)装卸搬运。装卸搬运是对商品运输、保管、包装、流通加工等物流活动进行衔接的中间环节，包括装卸、堆垛、入库、出库及连接以上各项作业的短程搬运。装卸搬运是随运输和保管而产生的必要物流活动，在物流活动的全过程中频繁发生。因此，如何改进商品包装和运输工具，以减少商品损坏是该流程的一项重要任务。

(7)流通加工。流通加工是指物品在从生产地到使用地的过程中，根据需要施加包装、分割、计量、分拣、刷标志、拴标签、组装等简单作业的总称。流通加工是为了提高物流速度和物品的利用率，在物品进入流通领域后，按客户的要求进行的加工活动，即在物品从生产者向消费者流动的过程中，为了促进销售、维护商品质量和提高物流效率，对物品进行一定程度的加工。流通加工通过改变或完善流通对象的形态来实现"桥梁和纽带"的作用，因此流通加工是流通中的一种特殊形式。

【链接】

阿迪达斯的流通加工

阿迪达斯公司在美国有一家超级市场，设立了组合式鞋店，摆放着的不是做好了的鞋，而是做鞋用的半成品，款式花色多样，有6种鞋跟、8种鞋底，均为塑料制造的，鞋面的颜色以黑、白为主，搭配的颜色有80种，款式有百余种。顾客进来可以任意挑选自己所喜欢的各个部位，交给职员当场进行组合。只要10分钟，一双崭新的鞋便唾手可得。这家鞋店昼夜营业，职员技术熟练，鞋子的售价与成批制造的价格差不多，有的还稍便宜些。所以顾客络绎不绝，销售金额比邻近的鞋店多10倍。

(道客巴巴，http://www.doc88.com/p-9827123847926.html)

(8)物流信息处理。物流信息包括发货信息、商品在途运输信息、包装加工信息等，是市场信息的一个非常重要的组成部分。现代的企业营销活动已经越来越重视信息，掌握和运用物流信息可以为企业降低成本、提高效益、赢得竞争优势提供有力依据。因此，企业要重视物流信息的搜集、整理、分析和应用，加强信息网络建设，推广和应用现代信息设施和手段，促进物流信息快速、准确、全面、灵敏地传递和交流。

7.1.3　营销渠道物流的作用

7.1.3.1　对企业产品具有增值作用

营销渠道物流对企业产品的增值作用主要体现在地点效用、时间效用和占用效用三个方面。

(1)地点效用。物流活动通过把货物从生产地运送到消费地，提供了产品的地点效用。物流扩展了市场的边界，因而增加了产品的经济价值，这就是地点效用。地点效用的产生主要是通过运输实现的，如把农产品从农场通过铁路或公路运输到消费者需要该产品的市场，便产生了地点效用；同样，当把钢材运送到需要的工厂，也产生了地点效用。

(2)时间效用。货物不仅要送达消费者需要的地点，而且要在消费者所需要的时候送达，这就是时间效用。物流产生时间效用是通过保持库存和货物的战略位置来达到的。例如，公司通过广告，事先把产品信息发布出去，在信息发布规定的时间，把产品送达零售店以产生时间效用。运输也能在某种程度上产生时间效用。例如，为了快速地把货物送到消费地，采用航空运输来代替铁路运输，这就是时间效用。

(3)占用效用。这与市场营销中的产品推销有关。推销是一种直接或间接地与顾客接触，增加顾客想拥有商品愿望的一种努力。物流在经济活动中的作用取决于占用效用的存在与否，因为时间与地点效用只有在产品需求存在时才有意义；反过来，占用效用也依赖物流，因为只有时间与地点效用的存在，才能使占用效用得以实现。

7.1.3.2　促进企业存货成本最小化

物流与生产企业的关系表现在生产周期的长度上。生产周期的长短与生产线数目、生产的规模相关，生产线数目较少会导致生产周期过长，容易引起某一种产品的过多存货。因此，管理层在做生产决策时要仔细权衡生产周期长短的利弊。许多行业现在都趋于缩短生产周期并改变生产线的时间与费用，采用零库存方法进行存储与计划的公司更是如此。这就是朝着“拉式”系统发展的趋势。在这种系统中，生产是由需求“拉”动的，而不是在需求前由生产“推”动的。

企业希望将生产的季节性需求影响最小化。但是，完全期望这样的需求是不现实的。而把需求量已知的产品在规定的时间送到规定的地方，这是可以做到的。例如，为了降低成本，避免需求高峰供货不足的情况的发生，生产经理一般喜欢在旺季来临之前生产出所需要的产品。这种事先生产，由于成本的原因，有时是不可行的。为此，物流部门必须与生产部门配合，准备接受季节性存货，这种季节性存货可以在销售前的 3～6 个月前就开始。例如，年货或圣诞物品的生产，可以在夏季就开始。

由于物流与生产也在原材料供应方面相互交叉，如原材料发生短缺，则会引起生产的停顿，或增加生产成本。企业既要保证原材料和其他生产投入物能满足生产计划，又要注意尽量减少存货成本。因为需要这些协调，许多公司把生产计划从制造管理转向物流管理。

7.1.3.3　关系企业营销战略的成败

物流被称为市场营销的另一半。这是因为公司物流系统中的产品物流负责产品到客户的运输和存储，因而对产品的销售起着重要的作用。下面从价格、产品、促销和地点方面论述物流对营销战略的影响。

(1)价格。从物流的角度考虑,把托运量调整到运输折扣的批量是很重要的。铁路运输有最小托运量,公路运输有针对不同托运量的运价,运量越大,单位运价越小,一次性大批量托运可以获得折扣价格。

公司在销售产品时,也常对大批量采购者给予折扣,如果采购的批量能与运输折扣的批量相吻合,则可为公司或顾客节约大量费用(取决于销售条款)。而价格计划要与运输重量要求相吻合,公司用较大的采购批量能得到较低的价格。因此,当公司计划以多少数量及价格向顾客销售时,应比较这些销售数量的重量与运价的要求。在大多数情况下,为使单位运价降低而购买一定重量的产品,可获得成本优势。

此外,物流经理可能对在不同价格下出售一定的数量感兴趣,因为这会影响到存货需求、补货时间和其他与客户服务有关的问题。虽然这种分析有些困难,但公司通常会确保物流经理在有吸引力的价格下保持足够的数量。

(2)产品。在市场营销领域,另一个经常涉及的决策是关于产品方面的,即物理特征。产品的大小、形状、重量和包装等物理特性影响物流系统对产品的移动和存储。因此,物流经理应参与新产品的营销,提供有关新产品的运输和存储信息。此外,公司也常会对老产品做一些改进,以促进销售。这种改变可能是包装设计或包装的尺寸。产品物流尺寸影响存储与搬运系统,也影响对承运人的选择、设备的要求、破损率、存储能力、装卸设备的利用等物流的其他方面。

市场营销影响物流的另一方面是消费包装。营销经理常把包装看成是不说话的推销员。在零售时,包装可以是营销销售的决定因素,包装的外观、包装提供的信息都会影响消费者对产品的购买。消费包装对物流的重要性体现在:消费包装应适应工业包装,消费包装的大小、形状会影响工业包装的应用;消费包装对商品保护的作用也是物流经理所关心的;消费包装的物理特性影响物流系统,如运输、装卸和仓储。

(3)促销。促销是市场营销中的重要部分,促销的策略可分为推动式和拉动式两类。拉动式促销是通过广告促销,推进式促销则是与销售中间人合作来刺激销售。这两种策略对物流系统的要求是不一样的。拉动式策略引起的需求不平稳,难以预测,对物流系统的要求是具有救急能力;而推进式策略则需求模式比较平稳,与零售商的合作使制造商可以事先发货。

(4)地点。地点或场所是指销售渠道,它包括交易渠道和产品配送渠道。销售人员的决策是关于批发和零售,而物流人员必须满足不同销售决策对物流的要求,如批发商购买的批量大,对存货的预见性较好,而零售的物流要复杂得多。

7.1.4 渠道物流管理的内容

在国家标准(GB/T 18354－2006)《物流术语》中,物流管理是指为以合适的物流成本达到用户满意的服务水平,对正向及反向的物流过程及相关信息进行的计划、组织、协调与控制。具体而言,物流管理是指在社会生产过程中,根据物质资料实体流动的规律,应用管理的基本原理和科学方法,对物流活动进行计划、组织、指挥、协调、控制和监督,使各项物流活动实现最佳的协调与配合,以降低物流成本,提高物流效率和经济效益。现代物流管理是建立在系统论、信息论和控制论基础上的。

实施物流管理的目的就是要在尽可能最低的总成本条件下实现既定的客户服务水平,即寻求服务优势和成本优势的一种动态平衡,并由此创造企业在竞争中的战略优势。根据这个目标,物流管理要解决的基本问题,简单地说,就是把合适的产品以合适的数量、合适的价格在合适的时间、合适的地点提供给客户。物流管理以实现客户满意为第一目标、以企业整体最优为目的、以信息为中心,重效率更重效果。

物流系统并不是简单地追求在各个环节上各自的最低成本,因为物流各环节的效益之间存在相互影响、相互制约的倾向,存在着交替损益的关系。比如,过分强调包装材料的节约,就可能因其易于破损造成运输和装卸费用的上升。因此,物流管理强调进行总成本分析,以达到总成本最低,并满足既定的客户服务水平的目的。

物流管理的内容非常丰富,下面介绍几种主要物流活动的管理项目。

(1)库存管理。企业在经营活动中越来越重视供应链的作用,库存管理是整个供应链中的一个重要方面。库存是指处于储存状态的物品或商品。从生产过程角度看,库存可分为原材料库存、零部件及半成品库存、成品库存三类;从库存物品所处状态看,可分为静态库存和动态库存;从经营过程角度看,可分为经常库存、安全库存、生产加工和运输库存、季节性库存、促销库存、投机库存和积压库存。

库存管理的目的是在满足顾客服务要求的前提下通过对企业的库存水平进行控制,力求尽可能降低库存水平,提高物流系统的效率,以强化企业的竞争力。库存存在于企业经营过程的各个环节:在企业销售阶段,为了能及时满足顾客的要求,避免发生缺货或延期交货现象,需要有一定的成品库存;在采购生产阶段,为了保证生产过程的连续性,需要有一定的原材料、零部件的库存;在采购、生产、销售不断循环的过程中,库存使各个相对独立的经济活动得以进行。各个环节之间存在供求品种及数量的不一致,库存对此进行调节,把各个环节连接起来,可以起到润滑剂的作用。但是,库存商品要占用资金,发生库存成本。因此,既要防止缺货,避免库存不足,又要防止库存过量,避免发生大量不必要的库存费用,降低库存成本。

随着库存管理概念的变化和通信信息技术的发展,库存管理逐渐从传统的库存管理技术方法向现代的库存管理技术发展。传统统计库存控制方法所确定的库存水平与实际所需求的库存总不能达到一致,特别是在需求不连续的情况下,这种不一致将会扩大。传统的库存管理技术主要是ABC分类法和经济订货批量法(Economic Order Quantity,EOQ),现代库存管理技术主要有物料需求计划(MRP)、及时生产方式(JIT)、快速反应(QR)和有效客户响应(ECR)等。

①ABC分类法。一般来说,企业的库存物资种类繁多,每个品种的价格不同,数量也不等,有的物资品种不多但是价值很大,而有的物资品种很多但价值不高。由于企业的资源有限,对所有库存品种均给予相同程度的重视和管理是不可能的,也是不切实际的。为了使有限的时间、资金、人力、物力等能得到更有效的利用,应对库存物资进行分类,将管理的重点放在重要的物资上,并依据重要程度的不同,分别进行不同的管理,这就是ABC分类方法的基本思想。

ABC的分类标准如下:品种少、占用资金多的重要商品归为A类;品种较多、占用资金一般的商品归为B类;品种多、占用资金少的次要商品归为C类。

表7—1　ABC分类标准表

分　类	品种占用累计百分比(%)	资金占用累计百分比(%)
A	5～20	60～80
B	20～30	20～30
C	60～80	5

在对库存进行ABC分类后，接着便是根据企业的经营策略对不同级别的库存进行不同的管理和控制。对于A类库存，企业必须对其定时进行盘点，详细记录并经常检查分析物资使用情况、存量增减、品质维持等信息，加强进货、发货、运送管理，尽量维持较低的经常库存量和安全库存量，加强与供应链上下游企业的合作以降低库存水平，加快库存周转率；对于B类库存，一般进行正常的例行管理和控制；而C类库存一般只需进行简单的管理和控制，如大量采购库存、减少管理人员、库存检查时间间隔长等。

②经济订货批量法(EOQ)。EOQ是一个最佳订货量，一般用于定量订货方式中。定量订货法是指当库存量下降到预定的最低库存量(订货点)时，按规定数量进行订货补充的一种库存决策方法。

定量订货法的基本原理是：预先确定一个订货点，在仓库管理中连续不断地监控库存水平；当库存水平降低至订货点时，发出订货通知，执行订货任务；采购的物品到达时，库存品的数量得到补充。利用定量订货法进行库存控制，必须连续不断地检查库存物品的库存数量，所以这种方法也称为连续库存检查控制法。在实际应用中，定量订货法需要确定三个参数的值：订货点——解决什么时候订货的问题；订货批量——解决一次订货多少的问题；安全库存量。

如果企业对物品的需求量和订货提前期是确定和已知的，那么企业可以不设置安全库存；如果企业对物品的需求量和订货提前期是不确定和未知的，企业很难保证不发生缺货现象，为了防止发生缺货，就必须保持保险储备，即安全库存。

③物料需求计划(MRP)。MRP是依据市场需求预测和顾客订单来制定产品生产计划，在产品生产进度计划的基础上，组成产品的材料结构表和库存状况，再通过计算机计算出所需材料的需求量和需求时间，从而确定材料的加工进度和订货日期的一种实用技术。其基本目的是在合理利用、组织货源保持生产流程畅通的前提下维持最低的库存水平。MRP主要用于订货管理和库存控制，它从产品的结构或材料清单出发，根据需求的优先顺序，在统一的计划指导下，实现企业的产、销、物、信息的承继，解决了制造业所关心的缺货或超储的矛盾。

MRP的基本结构包括MRP输入、MRP实行和MRP输出三个部分，分别用来解决需求什么、需求多少、何时需求三个问题，以便确定所需材料的生产或订货日程和进度，保证按生产进度的要求进行生产，同时维持最低的库存水平。

MRP的基本输入系统主要由基本生产进度计划、材料清单表和库存动态记录三部分组成。MRP实行是指在时间段上各种材料的净需求数量，同时也确定材料订货的数量、订货时间、订货批量和零部件的加工组装时间等。MRP输出两种报告：一种是基本报告，其内容主要有计划订货日程进度表、进度计划的执行和订货计划的修正调整及优先次序的变更，主要为采购部门和生产部门的决策提供依据。另一种是补充报告，其内容主要有成果检验报告、生产能力需求计划报告和例外报告。例外报告是专门针对重大事项提出的报告，为高层管理人员提供管理上的参考和借鉴。

④及时生产方式(JIT)。JIT最早是由日本丰田汽车以“看板”管理的名称开发出来，并应用于生产制造系统，其后JIT方式的“及时”哲学被广泛地接受并被大力推广。传统的库存概念认为库存是一种安全保障，是企业的资产；JIT认为库存是浪费，对企业来说是负债，因此，要求尽量实现“零库存”，因此JIT也称为零库存管理方式。实际上，在实践中绝对的零库存是不可能的，但是，它强调及时服务、过硬品质，通过消除浪费使库存减少到尽可能低的水平，彻底消除浪费。

及时化和目标管理是及时管理方式的两个支柱。JIT系统是一个“拉动”系统，首先由供应链最终端的需求“拉动”产品进入市场，然后由这些产品的需求决定零部件的需求和生产流程。及时化就是依据拉动的原理，生产系统的上一道作业按照下一道作业所需要的材料、数量和时间及时供应，以保证生产系统连续顺畅地运行。所谓目标管理，就是生产现场的生产工作人员在生产设备、生产过程、材料加工质量等方面出现异常情况时，能依据规定自行判断查明原因并采取适当的改进措施，以保证产品的质量和提高生产效率。

(2)运输管理。运输管理是物流管理部门依据企业的分销计划、贸易合同、销售状况等对物流中的商品运输工作制定的行动计划，其内容包括统筹安排，确定运输工具、路线、商品品种和运量、装运时间、起运地、目的地以及每项活动的执行者和所需费用等，以使商品运输工作有计划、有目的地进行，确保商品能在规定时间、地点由生产地转移到消费使用地。

运输管理应贯彻以下五项原则：快捷——用最短的时间、最快的速度将货物送达目的地；准确——实物与订单相符，同时防止少发、多发；安全——保证货物、运输工具和工作人员的安全，控制损耗；节省——控制、降低运输成本；完整——保证货物的品质和外形不受损。运输管理的主要职能是选择合适的运输方式和运输方案，并安排和执行运输计划。

①运输方式的选择。运输方式的选择是物流系统决策中的一个重要环节，是物流合理化的重要内容，所以对于进出货物必须选择最适合的运输方式。选择运输方式的判断标准包括：货物的性质、运输时间、交货时间的适用性、运输成本、批量的适应性、运输的机动性和便利性、运输的安全性和准确性。对货主来说，运输的安全性和准确性、运输费用的低廉性以及缩短运输总时间等因素是其重点，特别重视运输费用的低廉性。批发和零售业则重视运输的安全性和准确性以及运输总时间的缩短等运输服务的质量。

②基本运输方式。运输有五种基本方式。它们的经济和服务特征比较如下：

一是铁路运输。铁路能提供长距离的商品的低成本、低能源运输，运输量较大。其运输的经济里程一般在 200 公里以上，主要适用于以下作业：大宗低值货物的中、长距离运输，也较适合运输散装、罐装货物。适于大量货物一次高效率运输；对于运费负担能力小、货物批量大、运输距离长的货物来说，运费比较便宜；轨道运输的安全系数较大。

二是公路运输。公路运输能提供更为灵活和更为多样化的服务，多用于价高量小的货物的门对门服务，其经济里程一般在 200 公里以内。公路运输主要适用于以下作业：近距离的独立运输作业；补充和衔接其他运输方式，当其他运输方式担负主要运输时，由汽车担负起点和终点处的短途集散运输，完成其他运输方式到达不了的地区的运输任务。

三是水路运输。水路通常表现为四种形式：沿海运输、近海运输、远洋运输、内河运输。水运主要承担以下作业任务：承担大批量货物，特别是集装箱运输；承担原料半成品等散货运输；承担国际贸易运输，即远距离，运量大，不要求快速抵达的客货运输。

四是航空运输。航空运输常被看作是其他运输方式不能运用时，用于紧急服务的一种极为保险的方式。它快速及时，价格昂贵，但对于致力于全球市场的厂商来说，当考虑库存和顾客服务需求时，空运也许是成本最为节约的运输模式。所以空运一般用于以下作业：成为国际运输的重要工具，对于促进国际技术、经济合作与文化交流有重要作用；适用于高附加值、低质量、小体积的物品运输；快速运输途径。

五是管道运输。它是近几十年发展起来的一种新型运输方式。管道运输的运输形式是靠物体在管道内顺着压力方向顺序移动实现的。与其他运输方式的重要区别在于管道设备是静止不动的。目前，全球的管道运输承担着很大比例的能源物质运输，包括原油、成品油、天然气、煤浆等。其完成的运量常常大大高于人们的想象，主要担负单向、定点、量大的流体状货物运输。

(3)配送管理。配送是指根据用户的指示,在配送中心或物流节点把货物备齐后,以合理的方式送至用户的经济活动。配送不是简单地将各个超市门店所要的货物送达就可以了,而是要按照各个门店的具体要求,在准备和搭配货物的基础上,以确定的组织和明确的供货渠道,把货物完好无损地送到规定的地点。

配送功能是由运输功能派生出来的,配送一般是在本市、本地区范围内小批量进行的,但在一些发达地区,配送也跨越城市界限,例如美国的沃尔玛公司采用先进的网络,对在不同城市的连锁超市的货物进行统一的配送。从物流的整个环节来看,配送处于运输的末端,直接与门市接触,所以配送工作的好坏直接而又具体地体现了物流系统对需求的满足程度。

配送在企业经营中具有巨大的作用,主要表现为以下几个方面:

①物流设施和资源得以有效利用。首先,仓库和运输车辆的利用率可以提高。在库存、运输力量分散的情况下,仓库和运输车辆的利用率一般都比较低,而在统一配送的情形下,仓库、运输力量实行统一安排,其利用率都比较高。其次,门店仓库空间可以用作销售空间,门店实现"零库存"成为可能。

②商品库存得以有效控制。在库存分散的状态下,经常会出现物资超储积压和设备闲置现象,既要占用大量资金,影响资金周转,又不能充分实现物资的价值。而实行统一配送后,由于服务的对象是众多的连锁门店,因而超储物资快速销售的可能性大大增加了,它的价值和使用价值也就能够得以实现。

③强化了门店的销售功能。统一配送有利于实现顾客对消费需求多样化、个性化、快节奏的要求。通过统一配送,可以将必要的商品以必要的数量在必要的时间内送至门店,因而能起到强化门店销售功能的作用。

7.2 资金流管理

在营销过程中,伴随着商品实体和商品所有权向顾客的转移过程,必然要发生资金向生产者的回流过程。所谓资金流就是指货币或资金从顾客向生产者的转移过程或是从买者手中向卖者手中的转移过程。对这一过程的管理就是资金流程管理,渠道节点企业要维持正常运转,就必须保持这个过程的畅通。

在渠道资金流带来大量机遇的同时也带来了严峻的挑战。在渠道资金流管理中,企业若能正确处理,则能节约大量资金,产生巨大效益,促进企业成长;相反,如果对资金流动管理不善,往往导致企业经营失败。

资金流程管理包括三个主要内容:确定资金回流时间(取决于销售方式是经销还是代理,回款方式是预付还是赊销),确定赊销的信用额度(取决于合作伙伴或渠道成员的信用),加强应收账款的管理。

7.2.1 确定资金回流时间

营销最为基本的活动是交易,交易的完整内容是把商品卖出去,把钱收回来。但是,由于商品与货币的分离,一手交钱、一手交货在大宗交易与分销过程中已经很难出现了,必须选择是先收款还是先供货,从而大大增加了资金或货款回收的风险。

(1)是经销还是代理。经销和代理是两种经销方式,两者决定资金回流的时间。采取何种销售方式,需要进行认真的分析与研究,根据市场、企业、产品等情况进行决策。

经销制,是指生产者在分销产品的同时将产品的所有权转移给批发商或零售商,这意味着将该商品的风险也转移给了他们。从另一方面来说,经销制也是买断制,买断制的原则就是一手交钱、一手交货,因此厂商更希望中间商采取经销制。

代理制,是指生产者在分销产品的同时不将产品的所有权转移给第一个买者(或渠道成员),而是当这一成员将产品转卖给下一个买者时,产品所有权同时完成从生产者至第一个代理商,第一个代理商至第二个经销商的转移。在产品代理过程中,生产者一直拥有所有权,自然承担着风险,而代理商仅获取销售额一定比例的代理费。因此,中间商更愿意厂商采取代理的方式。

可见,从生产者方面来看,经销制有利于降低资金回流风险,但有可能影响市场占有率的提高;而代理制可以吸引更多渠道成员加入,从而提高销售额,但是不利于降低资金回流风险。

(2)是赊销还是预付。当然,从一般意义上讲,经销制比代理制的资金回流风险小,但具体到一个企业不一定如此,还要取决于企业在各个方面的资金回流的管理水平。

在经销制中,虽然在理论上是一手交钱、一手交货,但实际上很难做到,总会出现一个交款与付货的时间差:先收款后发货为预付,先发货后收款为赊销。卖方总希望先收款后交货,买方则相反,希望先收货后付款。厂商采取何种付款方式,取决于与中间商的实力对比及相互间的信任度,一个畅销的品牌可以实现先付款后发货,一个信誉极好的中间商也可以实现先赊货后付款。

在代理制中,虽然代理商事先不必向生产厂商交付货款,但必须交纳定金,这个定金也有早交和晚交的问题。是定金就应该在发货之前交纳,但有些不规范的代理制,生产商没收到定金就发货,到头来既收不到定金,也收不回货款。在代理制中,双方遵守合同、讲究信用是非常重要的,否则收不回货款的风险非常大,因为这种方式的运作程序就是先发货后付款。后付款也常常会有一个账期的问题,是1个月回款、3个月回款,还是1年回款,都应在交易前确定。

(3)赊销与价格的相关性。对于生产企业来说,如能实现分销资金流程的先收款后发货方式,自然可使资金风险降低为零、但其结果可能找不到一定数量的理想的分销商。分销能力越强的中间商越会制约生产者的交易条件,其中最常见的要求就是赊销。赊销是商业的润滑剂、稳定市场销量的重要保障,同时赊销也是要花费成本的,缺乏应有的成本管理会导致赊销不仅有收不回货款的风险,而且还有利息损失。因此,在决定采取赊销方式时,生产者应该提高价格或直接加上赊销成本以弥补赊销带来的损失。

(4)赊销与销售额的相关性。前面分析赊销与价格的相关性,是假定销售额不变的条件下出现的。实际上,由于采取资金流程的不同方式,销售额会发生较大变化。一般情况是,付清货款的期限越长,赊销成本越大,但销售额越多。因此在确定赊销期长短时,要考虑由于赊销增加销售额,比较利润增加的数量能否超过该种方式所花费的赊销成本的数量。这也是确定赊销的重要变量。

【渠道实践】

"回款陷阱"面面观

赊账乃营销风险之源,它很可能在悄无声息地侵蚀着公司利润,最终会将公司拖垮。所以,企业必须密切关注与回款相关的各个环节的不正常举动,避免陷入追讨债款的困境。以下是一些回款陷阱,仅供参考。

·心存侥幸，想当然客户会按时付款。

·对中间商不进行信用调查和评估，尤其是老客户，唯恐得罪朋友。

·签订合同时，客户根本不讨价还价，完全认同厂家开出的条件。对此，应该注意，很有可能客户根本无意付款，准备“捞一把就跑”。

·厂家急于销货，在付款条件上做无条件的让步，致使某些不良之徒有机可乘。

·出现欠款，业务员不但不积极追款，反而处处为其客户辩解。此时要考虑，业务员是不是拿客户的回扣了。

·对客户延期付款过于宽容。

·财务管理漏洞百出，与销售部门缺乏沟通。

·对实力强大的中间商过于依赖，以为“大树底下好乘凉”。殊不知，大树不倒则已，一倒就呈崩溃之势，到时只好自认倒霉。

·“撒下香饵吊金鳌”，一开始还比较守信用，回款比较及时，骗取厂家信任之后，则加大进货量，此后便以种种手段拖欠货款，甚至跑路。

7.2.2 确定赊销的信用额度

信用额度又称赊销额度，是指提供给客户的最大赊销额。超过这一额度，收不回来的风险较大，公司会遭受损失。

(1)信用额度的定性分析。信用额度的定性分析是分析客户、企业自身和市场环境情况，从而确定一个大体的“多”与“少”的信用额度，有人将其称为宽松和严格的信用政策，如表7—2所示。

表7—2 宽松和严格的赊销政策适用情况

宽松的赊销政策	严格的赊销政策
商品出现积压	利润过低，难以补贴利息费用
需求下滑	出现较多坏账
新产品上市	库存较低
利润率较高	需求强劲
需要较大产量	定制产品无法转至他处
商品过时	生产过程过长
生产能过剩	顾客现金流量充裕(如零售店)
客户财力有限但订单利润较大	
寻求建立新渠道超	
越竞争对手	

(2)信用额度的定量分析。这是指对每一个客户进行定量化的信用评级，确定各自的信用级别，即对客户还债能力进行评价，然后根据不同级别确定不同的赊销额度。

采用定量方法对企业进行信用评级，关键在于评价指标体系的建立，众多学者与专家提供了不同的指标体系。

7.2.3 加强对应收账款的管理

我国目前的企业经营信用着实令人担心，不少企业并不把欠账、赖账当作一件很严重的事情。面对这种现状，我们不能对他们的道德自律寄予厚望，要建立预警机制，同时加强内部管理，应以应收账款管理作为核心，采取以下 5 个步骤：

(1)积极调查，做好客户信息管理。在与客户的交往过程中，应有目的地了解有关信息，即使签约后，还应监控客户情况的变化。将收集到的信息归入客户信息档案，并相应建立客户信息管理数据系统。

(2)分析信息，确定客户信用额度。在信息管理系统基础上对客户信用做出分析，按照一定的标准(视企业自身状况而定)给予客户不同信用额度(即赊销额度及付款期限等)。

(3)谨慎行事，进行信用风险控制。一般来说，为了防止信用危机，可以采取控制发货、监督与检查客户群、信用额度审核、贸易暂停、巡访客户、置留所有权、坚持额外担保等方法。

(4)密切关注，实施应收账款监控。应当建立监控系统，定期联系客户，专人监控，及时反馈更新信息。

(5)想方设法，追回客户拖欠账款。对于拖欠账款的客户，一般可采取停止供货、取消信用额度、发出催款通知、协助客户解决其纠纷，委托第三方追账等方法；若再不行，则采取法律诉讼解决。

7.3 信息流管理

从市场营销的角度来看，企业与市场的联系包括三种流向：货物与劳务由企业流向买主；货币由买主流向企业；企业与市场、环境之间的信息沟通。企业开展市场营销活动不仅需要人、财、物等方面的资源要素，而且需要信息。可以认为，信息是营销活动的形成要素之一。

在现代经济生活中，以下三种发展趋势使企业对市场营销信息的需求较以往任何时候更为强烈：

(1)市场地域的扩大。随着国内各地乃至国际之间经济联系的加强，市场不再局限于本地，市场营销从地区扩展到全国，甚至跨越了国界，营销决策人员在不同地区市场或国际市场中面临较为生疏的环境，需要收集、加工许多新的信息。

(2)购买者的购买行为复杂化。随着购买者收入水平的明显提高，他们购买的挑选性越来越强，这使得购买行为复杂化，由此引起对购买者行为研究的相应复杂化。

(3)竞争由价格竞争发展到非价格竞争。在较高收入水准的市场中，购买者对产品价格不再像过去那样敏感，价格高低对最终决定是否购买的影响力度大为削弱，由此品牌、产品差异、广告和销售推广等竞争手段的作用日益凸显。但这些非价格手段能否有效运用，前提条件也在于是否能获取正确的信息。

而现代信息技术突飞猛进的发展，也为企业大规模收集、处理信息提供了先进手段。多年来，计算机、复印机、传真机、摄像机等设备投入应用，使信息的收集和处理产生了重大革新，但这并不等于企业就能有效地利用并及时获取所需的信息。相比之下，企业缺失的往往是与现代信息技术配套的管理信息系统。

为了及时、有效地寻求和发现市场机会，为了对营销过程中可能出现的变化与问题有所预料，为了在日趋激烈的市场竞争中取胜，企业必须建立一个有效的营销信息系统，以便及时、系统地收集、加工与运用各种有关的信息。

7.3.1 企业需要关注的信息

生产者应注意收集与销售有关的一切信息，加强与经销商、消费者及其他相关主体的信息沟通。不同行业、不同竞争地位的企业需要着重关注的信息会有所不同。总的来说，企业需要关注的信息涵盖以下几个方面：

(1)宏观信息：政府的经济管制、优惠政策、法律措施、经济周期性变化、消费特点及趋势、科学技术、行业现状、发展趋势、市场结构等。

(2)竞争对手信息：渠道战略、市场开发能力、市场份额、资金、人员、优势、劣势、目标市场定位等。

(3)客户信息：销售能力、忠诚度、信用度、渠道贡献、合作诚意、需求、存在的主要问题等。

(4)公司信息：渠道现状、营销政策、产品知名度、营销资源、市场份额、配送网络、市场机会、市场威胁等。

7.3.2 收集信息的要求

企业收集信息是为营销决策服务的，因此营销决策对所收集的营销信息有以下要求：

(1)准确。来源是否可靠？收集、处理的方法有无偏颇？

(2)及时。营销信息的时效性极强，因此对获得信息、传递信息和处理信息的速度有严格要求。

(3)恰当。即确定决策者所需的信息和传送频度。信息量太少，传递间隔过长固然不好；但量太多，造成无用信息过多或庞杂而理不清头绪，报告过频而使管理者疲于应付，同样不行。

(4)系统。企业在营销活动中受到众多因素的影响和制约，如果仅得到一堆杂乱无章的信息是无济于事的。为此企业必须连续、大量、多方面地收集、加工有关信息，分析相互之间的内在联系，提高有序化程度。只有这样的信息，才可以运用。

(5)费用代价要小。收集、处理信息必然涉及费用支出。一方面支出水平受企业预算制约；另一方面支出水平不应超出所获信息可能给企业带来的收益。否则，信息收集、处理过程就失去了其存在的价值。

7.3.3 渠道信息系统

7.3.3.1 渠道信息系统的概念

信息流是对物质流的反映。人们对事物的管理可以通过对信息流的认识和掌握来控制物质流，从而实现对事物的利用。世界上的事物是复杂的、多样的，一个复杂的事物包含很多小的事物，每一个事物就是一个系统。这样，复杂的事物就存在各式各样的信息流，这些信息流组合在一起，服务于管理的目的，就会形成信息流的网络，称为信息系统。

企业销售人员和营销渠道成员处于销售活动的最前沿，直接接触顾客，对市场的变化最了解，是企业的耳目，能够收集到各个方面的市场信息。利用营销渠道得到的信息具有具体、生动、真实而且费用低廉的特点，是企业收集市场信息和营销渠道成员信息的最基本途径。收集到的原始信息经过加工、整理，编成研究报告，可为企业的各项管理活动提供决策参考。

渠道信息系统涉及的信息内容十分广泛，既有企业内部的微观信息又有企业外部的宏观信息。渠道信息系统就是对以上信息内容进行收集、整理、分析、评价、传输，由人、机器和程序组成的人工系统，为营销渠道管理者、企业经营管理者进行经营决策提供必要的信息。

7.3.3.2. 信息系统对于渠道管理的作用

(1)杜绝信息“贪污”，及时作出决策，帮助企业提高管理透明度。信息系统可以帮助企业经营者准确及时地收集和监控与销售、库存、费用等相关的数据，然后从这些大量的信息中挖掘出对企业最有价值的数据，并加以科学有效地分析和预测，全面掌握企业的营销运营状况、资金周转状况、市场资源状况、销售人员总体状况，及时制定各项销售政策以适应市场的变化。

(2)掌握分支机构，帮助企业提高运营效率，降低运营成本。企业在发展过程中，常常面临对分公司、分销商、连锁店和专卖店等的管理失控问题。大部分企业试图采用人海战术(从总部派出大量人员到各地)来解决此类问题。但实际上，问题并没有得到解决。产品库存、物流和应收账款等数据没有一个完整的管理信息平台，各分支机构的库存、应收账款、费用等销售汇总数据无法及时准确地统计上报，相应地造成管理决策层无法及时掌握有价值的客户订货和售点销货情况，更无法实时了解分处各地的销售机构的销售与库存情况。信息技术的发展为解决这一问题提供了条件，即通过渠道管理信息系统，可以保证分支机构随时把数据上传到总部的电脑上，管理者可以随时查看相关的数据。

(3)加强客户关系管理，提升客户满意度。客户关系管理就是通过对企业与客户间发生的各种业务行为进行全面管理，以赢得新客户，巩固和保留现有客户，并增加客户的利润贡献度。企业与客户之间的关系主要体现为渠道和售后服务发生的业务关系，如合同签订、订单处理、货物发送和货款回收。传统的客户关系处理方式一般是以依靠销售人员自行管理和维护为主，因此经常发生因销售人员跳槽而造成客户流失的现象，对企业发展造成不利影响。营销管理系统中的客户管理功能能够有效地提高客户满意度和忠诚度，也有利于提高交易的命中率，并且分销管理与客户关系管理系统的融合也使企业对外部资源的管理不断完善。

(4)帮助企业规避经营中的风险，灵活应对市场。营销管理系统能够实时掌握市场的变化状况，并对经营策略进行调整，这就大大提高了企业对市场变化的灵敏度，提高了企业抗风险能力。

(5)打通销售链。企业在不断发展的过程中，其内外部经营一体化需求日益显著，与企业日常运作息息相关的各种角色的信息化程度对企业的发展产生了重要的影响。通过渠道信息系统构建的运营管理平台协同工作，可以缩短工作流程的运转时间，提高工作效率，与上下游企业的关系更密切，从而打通销售链条。

(6)带来业务模式创新的机会。当前，很多产业正在发生剧烈的变化，而那些能够及时应变、锐意创新、利用IT手段改变和创造市场竞争规则的企业可以实现超越式的巨大发展。

7.3.3.3　渠道信息系统的构成

一个营销渠道信息系统，首先有一个目标，其次围绕系统目标又有多种功能，这些功能之间又有各种信息相连接，构成一个有机的整体。

营销渠道信息系统的基本功能，是为企业有效地组织商品分销、实体分配以及整体市场营销活动提供现实的和历史的真实、可靠、充分的情报资料。为实现这一功能，渠道信息系统就要分别具备市场情报收集、市场预测、接受与管理顾客订单、编制分销计划与实体分配计划、绩效分析与评估、文件输送等职能。为了实现这些具体职能，就要相应地建立若干子系统，如图7－1所示。

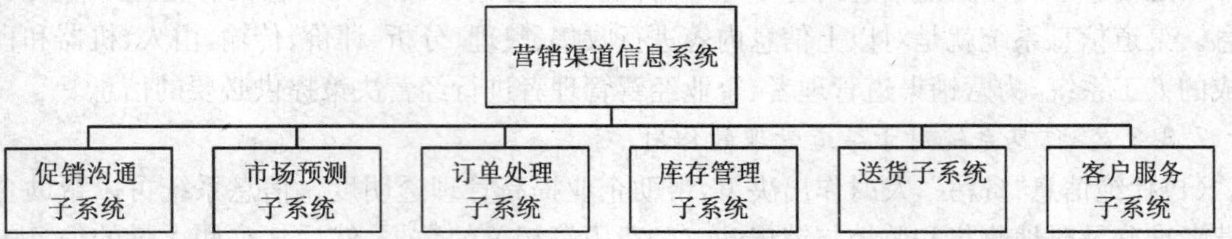

图 7—1 营销渠道信息系统构成

(1)促销沟通子系统。促销沟通子系统主要用于促销方案设计、评估、风险提示、成本分析及有关事务列表等管理和控制活动。当企业采用促销策略提高名牌知名度,或是作为一种提高市场占有率的武器时,促销子系统可为专业管理人员提供重要信息和分析,监控其业务。

促销子系统与订单处理、票据处理、应收账、总账和销售分析子系统集成一体,为企业经营全过程提供支持。

(2)市场预测子系统。预测子系统有众多可供选用的资料分析和数学计算模型,能够让使用者运用已有的或者临时输入的有关行情资料,利用一定的分析和计算模型,推算出有关行情未来变化的预测数据。绝大多数预测子系统采用人机对话方式进行,并且与原始数据的调查与加工整理、预测模型的选择和预测信息传输结合起来一同进行。

(3)订单处理子系统。订单处理子系统具有解答顾客查询、生成报价表、接收顾客订单、分析订单可接收性和订单编号、信息传送等功能,能够帮助使用者迅速、正确地处理和分发顾客订单,从而提高服务质量。它与应收账款模块、存货管理模块联合使用,能够快捷地完成订单处理的所有详细工作。

(4)库存管理子系统。库存管理子系统能够保证存货的准确性、通知组织进货和存货合理水平,并且跟踪货物的流向。该模块通过销货和生产数量的记录分析来管理位于各个仓库的货物(包括订单项中的货物);通过库存分析产生订货建议报告和制作购货单,并能够在管理人员的指令下发送有关信号,从而避免缺货情况的发生并且降低库存量,使管理者对库存成品、原料、采购品、半成品做出更好的规划及控制;同时能提供精确、详细的统计资料给会计、计划及其他管理部门使用。

(5)送货子系统。送货子系统用于制作送货任务清单、优化配送方案、行车路线、顾客收货凭证以及销售服务通知、收款通知等,使公司能够从距离顾客最近的仓库或工厂提取货物,正确、及时、安全、低成本地送交给顾客。

(6)客户服务子系统。该系统主要提示客户服务并制作服务任务清单,包括客户的基本资料管理、信用管理,客户的售前、售中和售后的服务管理等。

上述子系统之间相互连接、相互作用、相互支持,共同完成整个营销渠道信息系统的功能。

7.3.4 渠道信息管理技术

渠道信息管理中涉及的技术很多,其中电子数据交换技术和条形码技术是其核心。

7.3.4.1 电子数据交换技术

EDI 是英文 Electronic Data Interchange 的缩写,中文可译为电子数据交换、电子资料联通。它是一种在公司之间传输订单、发票等作业文件的电子化手段。它通过计算机通信网络将贸易、运输、保险、银行和海关等行业信息,用一种国际公认的标准格式,实现各有关部门或公司与企业之间的数据交换与处理，并完成以贸易为中心的全部过程。它是 20 世纪 80 年代发展起来的一种新颖的电子化贸易工具，是计算机、通信和现代管理技术相结合的产物。

国际标准化组织(ISO)将 EDI 描述成"将贸易(商业)或行政事务处理按照一个公认的标准变成结构化的事务处理或信息数据格式，从计算机到计算机的电子传输"。

EDI 是渠道管理的主要信息手段之一，也是构建渠道信息系统的重要技术手段。企业利用 EDI 的目的在于通过建立企业之间的数据交换网实现票据处理、数据加工等事务作业的自动化、省力化、及时化和正确化，同时通过有关销售信息和库存信息的共享来实现经营活动的效率化。在渠道信息系统中，EDI 技术的主要功能在于交换和传输、存储电子数据、转换文本数据标准格式、提供信息查询、安全保密、提供技术咨询和信息增值服务等。世界上最大的零售商沃尔玛已使用 EDI 技术与 3 000 多家供应商进行通信往来，同时建立订单库存管理系统和电子订货系统，将连锁店、采购者和供应商连接起来，将销售信息和订货信息自动传送到信息处理中心，并同时将一些特定的信息每天都传送给联机往来的供应商或生产厂商，保证了产、供、销整个流通过程的畅通无阻。

EDI 技术具有如下一些优点：

(1)避免数据的重复录入。在 EDI 系统中，渠道成员中一方录入的数据能够直接传输给其他各方使用，避免了其他各方数据录入中的错误，降低差错率，保证数据的准确性和可靠性。

(2)提高企业信息管理及数据交换水平。EDI 技术可以大大提高企业数据处理和交换的速度和可靠性，加速企业实施准时生产计划(JIT)和零库存管理等经营战略。

(3)确保企业间票据和单证传输的安全和迅速，从而加速资金的周转。

(4)提高企业工作效率，进而提高对客户的服务水平。

要实现 EDI 的全部功能，需要具备以下 4 个方面的条件：

第一，数据通信网是实现 EDI 的技术基础。为了传递文件，必须有一个覆盖面广、高效安全的数据通信网作为其技术支撑环境。由于 EDI 传输的是具有标准格式的商业或行政有价文件，因此除了要求通信网络具有一般的数据传输和交换功能之外，还必须具有格式校验、确认、跟踪、防篡改、防被窃、电子签名、文件归档等一系列安全保密功能，并且在用户间出现法律纠纷时，能够提供法律证据。

第二，计算机应用是实现 EDI 的内部条件。EDI 不是简单地通过计算机网络传送标准数据文件，它还要求对接收和发送的文件进行自动识别和处理。因此，EDI 的用户必须具有完善的计算机处理系统。

从 EDI 的角度看，一个用户的计算机系统可以划分为两大部分：一部分是与 EDI 密切相关的 EDI 子系统，包括报文处理、通信接口等功能；另一部分则是企业内部的计算机信息处理系统，一般称为 EDP(Electronic Data Processing)。

一个企业的 EDP 搞得越好，使用 EDI 的效率就越高。同样，只有在广泛使用 EDI 之后，各单位内部的 EDP 的功能才能充分发挥。因此，只有将 EDI 和 EDP 全面有效地结合起来，才能获得最大的经济效益。

第三，标准化是实现 EDI 的关键。EDI 是为了实现商业文件、单证的互通和自动处理，这不同于人—机对话方式的交互式处理，而是计算机之间的自动应答和自动处理，因此文件结构、格式、语法规则等方面的标准化是实现 EDI 的关键。

EDI 的国际标准 UN/EDIFACT 标准已经成为 EDI 标准的主流。但是仅有国际标准是不够的。为了适应国内情况，各国还需要制定本国的 EDI 标准。因此，实现 EDI 标准化是一项十分繁重和复杂的工作。同时，采用EDI之后，一些公章和纸面单证将会被取消，管理方式将从计划管理型向进程管理型转变。所有这些都将引起一系列社会变革，故人们又把EDI称为“一场结构性的商业革命”。

第四，EDI立法是保障EDI顺利运行的社会环境。EDI的使用必将引起贸易方式和行政方式的变革，也必将产生一系列的法律问题，例如：电子单证和电子签名的法律效力问题，发生纠纷时的法律证据和仲裁问题，等等。因此，为了全面推行EDI，必须制定相关的法律规范。只有如此，才能为EDI的全面使用创造良好的社会环境和法律保障。

【渠道实践】

美的集团EDI应用

为了满足美的与供应链合作伙伴之间的实时、安全、高效和准确的业务单据交互，提高供应链的运作效率，降低运营成本，美的迫切需要利用提供企业级(B2B)数据自动化交互和传输技术，即EDI(电子数据交换)方案来解决这个问题。经过反复的筛选和比较，美的最终选择业界领先的供应链管理解决方案提供商SinoServices(锐特信息)，为其提供EDI解决方案和技术支持。

在项目实施过程中，首先进行EDI平台以及对各种网络系统、数据备份、防火墙、入侵检测等运行环境进行部署、调试，同时锐特信息深入到美的业务系统应用的各部门中，对实际工作业务流程等进行深层次的调研，并结合美的合作伙伴的业务和操作流程进行全面分析；然后在调研的基础上，立即着手进行EDI平台上的设计和开发，围绕所确定的业务范畴中的流程与数据的调研分析，按照产品线和业务类型的划分，分析企业数据流需求和详细的各类业务数据需求，在此基础上提交了整体项目分析和设计文档。同时，锐特信息对美的业务人员进行EDI操作流程培训，对美的EDI平台管理人员分阶段进行了平台管理和监控方面的培训。

以前的人工处理方式需要从美的的各个业务子系统如ERP、CRM等提取相关数据，再人工转换成合作伙伴所需要的单据格式，通过邮件、传真、电话等方式向相应的接收方发送(人工转换的过程可在美的或合作伙伴方进行)。同样地，当从合作伙伴处接收到各类异构形态的单据之后，要通过人工方式识别、读取，并录入相应的子系统中。

现在，这个工作流程变为EDI平台自动接收各子系统发出的数据，再自动转换成标准EDI报文(或者合作伙伴系统能够直接识别的数据格式)，再自动传输给接收方，整个过程无需人工干预，极大地提升了工作效率。

以美的和其合作伙伴“中信保”的一个业务流程“短期出口险申报”为例：

短期出口险申报的笔数大，数据多来源，数据在传送给中信保之前要做很多“预加工”。例如，美的内部以“订单”为管理单位，而中信保以“发票”为最小业务识别单位，因此美的要对同一张发票下的订单做金额合计，出运日、商品、运输方式也需要按业务规则提取，合并成一张发票提交中信保。同时，数据多以Excel报表作为传递的载体，美的先要从业务管理系统中导出Excel数据，再做数据加工处理交给中信保。在如上操作方式下，仅能够支持每次最大不超过3万条数据的传送，并且多为单向的传送方式(美的到中信保)。而实施EDI方案之后，可支持每次10万条以上的数据传送，美的在操作本企业的业务系统的同时，即可完成保险业务申请，并即时获取中信保业务处理的反馈，不仅加快了业务处理速度，还轻松实现了双方的高效沟通。

(中国物流与采购网，http://www.chinawuliu.com.cn/zhuanti/201202/09/178587.shtml)

7.3.4.2　条形码技术

对于渠道信息的管理和控制来说，信息的收集和交换是至关重要的。典型的应用包括仓库的入库跟踪和零售店的销售跟踪。过去主要通过手工程序进行信息的收集和交换，既费时又容易出错。条形码和电子扫描属于识别技术，有助于渠道信息的收集和交换：尽管这种自动识别系统需要用户大量的资金投入，但是，国内、国际的激烈竞争促使托运人、承运人、仓库、批发商以及零售商等开发和利用自动识别技术，以便更好地参与国际竞争。

条形码技术是在计算机技术与信息技术的基础上发展起来的一门融编码、印刷、识别、数据采集和处理于一身的新技术。其核心内容是利用光电扫描设备识读条码符号，从而实现机器的自动识别，并快速准确地将信息录入到计算机进行数据处理，以达到自动化管理的目的。条码技术主要包括符号（编码、设计和制作）技术、识别（扫描和识别）技术和应用系统（由条码、识读、计算机和通信系统组成）设计技术。

所谓条形码，是一种利用光电扫描阅读设备识读并实现数据输入计算机的特殊代码。它是由一组粗细不同、黑白（或彩色）相间的条与空白组成的图形。按使用目的不同，条形码可分为商品条形码和渠道条形码。商品条形码是以直接向消费者销售的商品为对象，以单个商品为单位使用的条形码，它是一种商品的识别标记，已成为商业自动化的主要技术。当前，国际上有通用于欧洲的 EAN 条形码和通用于北美的 UPS 条形码两大系统，两者可以兼容，分别属于国际物品编码委员会（EAN）和美国统一编码委员会。渠道条形码是渠道过程中以商品为对象，以集合包装为单位使用的。

条形码是有关生产厂家、批发商、零售商、运输者等经济主体进行订货和接受订货、销售、运输、保管、出入库检验等活动的信息源。目前这项技术仍在不断地发展、进步，二维码的出现是突出表现之一。一般的条形码在每英寸上持有 20～30 个字符，而新的二维码在小于一张邮票的区域内可容纳几百个字，几乎可以包含任何信息，并可与其他技术一起使用。

本章小结

1. 营销渠道流程包括实体流程、所有权流程、资金流程、信息流程及促销流程。

2. 营销渠道物流的作用：对企业产品具有增值作用、促进企业存货成本最小化、关系企业营销战略的成败。

3. 科学合理地选择运输、库存方式，有利于提高企业营销的效率，进而提高企业营销的反应能力，提高企业利润。

4. 资金流程管理包括三个主要内容：确定资金回流时间、确定赊销的信用额度、加强应收账款的管理。

5. 渠道信息管理中涉及的技术非常多，其中电子数据交换和条形码技术是其核心。

思考题

1. 渠道信息系统能为企业提供哪些服务？

2. 分析有人认为“库存是必要的魔鬼”的原因。

3. 分析电子数据交换在渠道信息管理中的优点。

案例练习

武汉中百物流配送有限公司下属东西湖吴家山常温配送中心、汉口生鲜配送中心、汉阳低温冷藏配送中心三大部门。在中百的生鲜物流运营中，订单处理和货品配送都有严格的时间限制。不同的货品具体送货时间各有差异，但供应商在规定时间之外送达的货品，配送中心是拒收的。为了进一步缩短货品在冷藏中心的停留时间，冷藏中心在选择供应商时更加注重其专业性，更加强调货品的质量，以简化检验程序，加快货品流动的速度。

物流公司内部建有自己的内部网，各门店及供应商的资料全部由该系统处理。物流公司与集团门店之间有一套订货管理系统，各门店通过内部网向公司请货。公司使用管理软件将接到的订单整合，形成采购单，然后向供应商下订单，订单内容包括采购部门、订货日期时间、指定收货地点、数量、供应商等。业务尚未联网的供应商，公司则将订单传真过去。供应商接单后，会及时向配送中心回馈商品信息，并按指定时间将货品送到配送中心。中心验货后，将到货信息输入电脑，形成配送单，经审核后打印出配送单，交给作业部门配货、送货。

中百物流公司运用微波通信技术，对三大百货商场的销售系统进行实时联网和统一管理，建立公司与中百仓储连锁经营信息系统；采用缆带和专线相结合的方式，广泛搭建各门店与便民总部快速有效的通信平台。

（豆丁网，http://www.docin.com/p—662041216.html）

案例点评：武汉中百物流配送有限公司采用了哪些信息技术为中百仓储连锁经营服务？专业的配送服务可以给企业带来哪些好处？

渠道实训

实训目的	通过访问一个企业，使学生掌握渠道物流管理的内容，了解企业应用渠道信息技术的实际情况，同时发现物流过程中的不足，给企业提出有效的建议
实训内容	要求学生实地走访一个商业企业，对企业的仓储和运输过程进行观察，看看企业使用哪些信息技术
实训要求	1. 访问某一企业 2. 观察企业的物流过程 3. 与小组成员一起讨论收集到的资料，通过所学理论知识，写出一份某企业营销渠道流程分析报告
实训步骤	分组→确定要访问的企业→观察企业的仓储和运输过程→开会讨论→形成某某企业营销渠道流程分析报告

拓展学习

丰田JIT模式

JIT（刚好及时）概念的起源

丰田喜一郎应父亲丰田佐吉的要求，去学习如何制造汽车；学成之后向他父亲提出他的造车计划，并于1937年成立丰田汽车。当时由于缺乏资金，无法像美国汽车厂一样，先造出一堆汽车然后才慢慢地去销售，所以喜一郎就在计划书中提出一个他造汽车的特殊观点：只有在需要的时候，才生产刚好满足客户需要数量的产品(类似现在的接单生产的概念)，并称之为Just In Time(JIT)，即及时生产，后来改称为：刚好及时，以匹配后来JIT向其他非生产领域的延伸应用的需要。

此时的JIT只不过是一种类似现在的“接单生产”的概念。由于在当时的丰田的条件下，实施起来有很多的困难，所以只是停留在“概念”阶段而已，对丰田汽车厂而言尚未有太多的实际影响。

1945年丰田汽车复工，大野耐一主管生产，并且很快就发现当时的生产计划不合理，遂将当时的月计划改成日计划，其大意是：当时丰田一个月约需生产500部卡车，前一月月底就将月计划下达给车间，车间按计划将每个零件或部件都生产出500个之后，再往下道工序转移。这种“批量等待”(等待成为一批，例如500个)的生产方式造成前后工序的等待与忙闲不均，于是大野下令将月计划(每月500台)改成日计划(平均每日20台)，并要求做完20个就向下转移。改善结果发现流动速度加快了、周期时间缩短了、库存积压时间缩短、流动资金的需求也缓解了。大野因此提出了第一个在丰田生产方式(Toyota Production System，TPS)里占重要地位的概念：降低生产和移动批量，可以加快流动速度、缩短周期、降低库存积压、减少对资金的需求。

1948年丰田因生产过剩、产品(卡车)滞销，资金链断裂，被迫将生产和销售分拆经营(产销分离)。这个事件让大野先生体会到“局部优化”(只考虑生产的效率提升，未考虑到销售能力与资转能力)的后遗症及与“站在全局的角度来实施改善活动”的重要性，坚定了大野后来的“全局思维”的理念。

“有需要才生产”这个JIT的核心概念的重要性，大野则是延迟到1950年“大争议”事件发生，喜一郎引咎辞职后，才深刻地体验到，才真正下决心要更深入地去实现JIT。

为了实现JIT，大野先生遭遇的第一个难点

为了实现JIT，大野首先面临一个艰巨的难题：客户无法忍受漫长的生产周期时间！

为了缩短生产周期时间，大野便开始着手分析整个生产过程的时间流逝情况，发现大部分的时间都是在各种等待中流失掉的，所以在早期(1952年以前)，清除各种等待时间便成为其最主要的攻关课题。

在这个缩短生产周期时间的改善过程中，大野先生首先发现等待浪费出现最严重的地方就是流程的断裂点，所以这段时间大野先生做得最多的是：以“制程合并”策略来清除制程中的断裂点。合并策略虽然帮大野解决了许多JIT缩短生产周期的课题，但是无法解决合并的困扰——如何让断开的制程能够更紧密地“合作”起来？——始终萦绕在大野的心头。直到1953年的美国之行，大野才在“超市概念”上获得启发，“以看板来拉动”(传递需求信息及物料搬运指令)的机制终于帮大野实现了让整条制程完全流动起来的梦想。

整个JIT的改善持续到1958年时，大野逐渐发现，只要周期时间缩短了，库存、重复搬运作业也会随之减少，就连以前因为周期时间太长必须冒险提前投产、制造超出需求数量的产品库存(积压资金)的风险也大大降低了。因此，他提炼出JIT未实现之前的四大浪费现象：等待、库存、搬运、过量生产。于是，等待是主因，库存、搬运、过量生产是并发症的概念也就逐渐形成了。

由JIT归纳出来的这四种浪费，加上前述由自动化(或称精实化)归纳出来的不良、多余加工作业、多余动作三种浪费，七大浪费就这样形成了。

1958年的质量召回事件，使丰田的资金链骤然紧张起来，大野又承接了一次释放资金与降低成本的强大压力。这一年是丰田将降低成本的矛头开始转向上游供应链的重大转折点。

1959 年大野在一轮密集拜访供应商(实地考察,现地现物)的行程之后,他发现了供应链中存在许多改进机会的事实,因此开始展开他的"供应链 JIT 改善"旅程。当年,大野优先采取了一个运用自己的日平均排产计划的特征,制定了给供应商"每天的零部件需要量都一样"(只会出现小幅波动)的采购计划,并借此要求供应商拨出特定的设备,来为丰田生产和供应"每天数量几乎都相同"的零部件。这一个策略非常巧妙地解决了"与供应商的其他客户共享设备资源,大家共同接受供应商的排产计划"的排队问题,大大缩短了采购的周期,并因此而降低了丰田与供应商之间的"零部件库存"。

1960～1965 年丰田应供应商的要求,成立了以指导供应商导入 TQC 为重点的团队,丰田供应商支持中心初具雏形,开始向其上游供应链发力。直到 1968 年所有一级供应商基本上都已成功建立了 TQC 系统,供应商质量问题获得解决,进料检验的多余环节终于在这些前提条件建立起来以后给清除掉了,进料免检的条件终于具备了。

1968 年下半年,丰田乘胜直追,又建立"工位零件需求排序表",开始以供应商看板,每天分时段循环拉动供应商的零件供应,取消仓库的中间环节,实现"以同步化物流直接供料到指定工位"的设想,同步化物流的机制至此终于成形。

1973 年丰田这套系统通过石油危机的考验之后,大野终于宣告其 JIT(含上游一级二级供应链的 JIT)已大体实现!

这就是丰田的 JIT 之路,丰田足足走了 30 年才算大功告成!

(搜狐网,http://auto.sohu.com/20150623/n415478484.shtml)

第 8 章　营销渠道的绩效评估

本章阐述营销渠道绩效评价的相关内容，使学生了解营销渠道评价的重要性，学会从营销渠道系统和渠道成员两方面进行评估，根据评估结论，对营销渠道进行适当的调整，实现企业的市场营销目标。

【学习目标】

1. 了解营销渠道绩效评价的原因和步骤；
2. 深入了解渠道系统绩效评价的内容；
3. 熟悉渠道成员绩效评价所使用的指标；
4. 掌握营销渠道调整的方式。

【引例】

高档白酒调整引发营销渠道变革

不久前，五粮液最大的经销商之一银基集团（简称银基）发布公告称，其全资附属公司银基贸易发展（深圳）有限公司已与国酒茅台（贵州仁怀）营销有限公司签订经销协议，公司已获得向广东省团购客户经销及公司旗下品汇壹号连锁店经销贵州茅台酒产品的非独家经销权。

2012 年下半年以来，随着“三公消费”限制等因素的影响，高档白酒陷入持续低迷，银基在这个背景下“移情”茅台引发了业界诸多猜测。专家表示，早在行业调整期之前，国内酒企均已酝酿营销体制改革，银基此举一定程度上将助推酒企深化营销体制改革。

资料显示，银基集团是五粮液酒系列自 2000 年以来在各市场中的最大营运商，凭借其完善的经销网络及优质的渠道管理，与五粮液集团顺利合作 10 余年，于 2010 年 3 月取得由五粮液集团用 10 年时间打造酿制的“永福酱酒”15 年全球独家经销权。在白酒业过去的黄金 10 年中，双方合作获取了巨额利润。

然而，美好的过去没能阻挡双方“分手”的步伐。数据显示，银基集团 2012～2013 财年销售收入 3.9 亿港元，大幅下降 87%，净利润也从 6.98 亿港元跌至亏损 11.34 亿港元。

“上一个财年，银基包销的 68°和 45°五粮液销售业绩大幅下滑并出现巨亏，因此必须寻找新的增长点。”业内人士表示，五粮液目前的经营策略存在不少问题，银基离开也是无奈之举。

“银基移情贵州茅台是出于自身利益考虑做出的选择，因为此轮调整期内经销商也承受着巨大的库存压力和现金流压力，银基在巨亏的背景下，通过调整产品结构来减弱自身的风险，是可以理解的。”中投顾问食品行业研究员梁铭宣认为，在行业调整期内，顺应市场潮流是企业的明智之举。

梁铭宣认为，虽然五粮液的年报显示业绩实现了增长，但其面临着价格倒挂这一挑战，未来五粮液应积极解决，与经销商共进退，否则一旦经销商退出而自身营销体制作用有限，那么发展风险就会很大。

2013 年 7 月，茅台正式开放 2 000 吨经销权的营销新策略，即新经销商一次性支付 6 365.6万元，购买 30 吨，约合 6.37 万瓶飞天茅台，就可以成为茅台经销商，到 2014 年，经销商还可以成为茅台正式经销商。茅台这一“破天荒”的举动首次打破了其专营渠道。

“凭借产品的稀缺性，贵州茅台一向在与经销商的关系中扮演着强势角色。如今贵州茅台放宽经销商进入门槛，表明其产品销售压力较大。”在梁铭宣看来，贵州茅台是白酒行业的龙头企业，其销售压力较大，其他酒企的销售压力也就不言而喻了。

对于银基牵手茅台，梁铭宣强调，贵州茅台放宽经销商门槛短期内可以有助于业绩的提升，但是长远而言不利于企业发展。因为在需求不振的背景下，经销商数量增加意味着市场供给的增加，供求关系不仅没有改善反而更加紧张，贵州茅台或将重返降价阶段。

事实上，银基的“倒戈”现象在当前白酒行业内较为普遍，此段行业调整窗口期对白酒企业既是挑战也是机会。专家表示，在白酒行业调整期，厂家要优化经销商结构，经销商同样也要优化产品结构，白酒经销商在厂家之间的选择和调整，表明市场机制开始起作用，以往白酒企业对经销商的单方面强势格局开始有所转变。

（新华网，http://news.xinhuanet.com/overseas/2013－08/27/c_125254605.htm）

思考：高档白酒为什么要进行营销渠道调整？调整的方式有哪些？可以给白酒企业带来哪些好处？

8.1 营销渠道绩效评价概述

8.1.1 渠道绩效评价的原因

企业的营销渠道是否顺畅，是否完成了预定的目标，如何改进不良的营销渠道等问题，都需要对现有渠道进行评估与控制。通过渠道评估工作，企业的渠道管理人员能够精确了解渠道运行的各方面情况，获得足够的信息数据，并在此基础上对渠道的结构和渠道政策进行必要的调整和修改，做出科学的决策，对渠道体系实施更有效的管理手段，从而提高渠道绩效，增进渠道成员活力，确保整个营销渠道的高效运转；同时可以发现某个渠道成员的绩效过分低于制造商规定的标准，企业就可以找出问题的原因，考虑补救的措施。

8.1.2 渠道绩效评价的概念及内容

营销渠道绩效评价简称渠道绩效评价，是指企业通过系统化的手段对营销渠道系统的效果进行客观考核和评价的活动过程。

营销渠道绩效是一个多维和纵深的结构，既包括宏观方面，也包括微观方面；既包括渠道系统的绩效，也包括单个层级渠道成员的绩效，甚至单个渠道成员的绩效。从宏观方面来说，渠道绩效是指渠道系统表现出来的对社会的贡献，是站在整个社会的高度来考察的；从微观方面来说，渠道绩效则是指渠道系统或渠道成员对制造商所创造的价值或服务增值，是从制造商自身的角度来考察的。

事实上，制造商和渠道成员一般是以独立的经济实体的身份组织在一起，形成一个营销渠道系统。因此，在营销实践中，微观层面的渠道绩效评估又包括制造商对渠道系统的绩效评估和渠道成员对渠道系统的绩效评估。

8.1.3　营销渠道绩效评价的步骤

渠道绩效评价一般分为 4 个步骤，如图 8－1 所示。

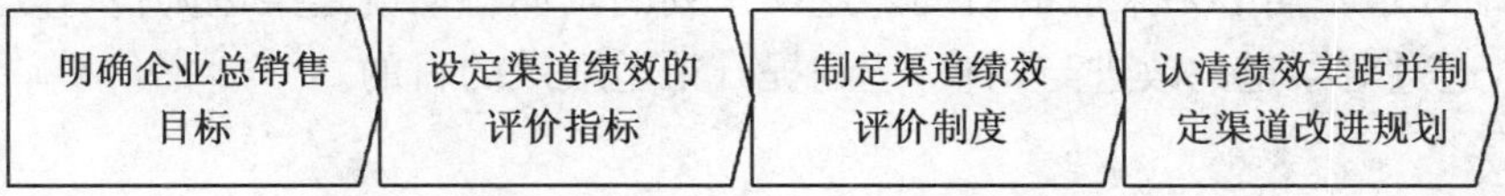

图 8－1　营销渠道绩效评价流程

第一步：明确企业总销售目标。详尽了解企业的经营目标，并将其分解为一系列的销售目标。销售目标在渠道绩效指标中起着基础性的作用。在把企业的总体目标分解成一组具体明确的销售目标时要注意以下几个问题：

一是将企业的每个经营目标一一分解为对应的销售目标；同时销售目标的制定要更加具体、明确和量化，如将经营目标“提高销售环节中的经营利润”分解为“销售额提高 8%”或者“销售成本降低 5%”。这样的指标更加具体，更加易于考核。

二是将企业的经营目标大致分为三类：增加收入、提高利润和提高客户忠诚度，如图 8－2 所示。第三层是经营目标所对应的销售目标。

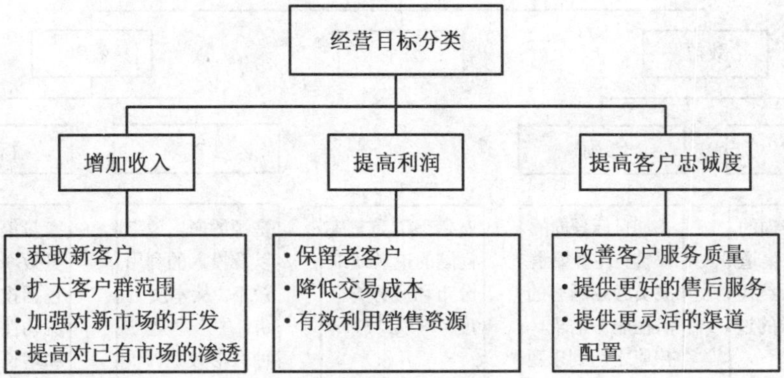

图 8－2　经营目标分类

三是最终确定 3～5 个主要目标。主要目标不要太多，否则会给实施过程带来负担。3～5 个主要销售目标，为制定渠道绩效评价指标提供有效的指南已经足够了。

第二步：设定渠道绩效的评价指标。绩效指标作为评估渠道的一个基准点，是有效渠道管理的一个中心部分。合理的渠道绩效指标基于两个前提，一个是销售目标，另一个是销售过程中的渠道作用。也就是说，设定的渠道绩效指标必须以能够帮助企业实现销售目标为前提，同时也必须能反映销售过程中每个渠道各自扮演的角色。例如，一些厂家会建立品牌形象店，它的渠道职能主要是新品的展示和提供支持服务，那么为其设定高销售额的指标显然不太合适。因此，企业为每个渠道设定的期望值必须能够反映该渠道在销售环节中所承担的职能。

第三步：制定渠道绩效评价制度。渠道的绩效评价使企业管理者能够随时追踪渠道的绩效情况，确保其与对应的绩效指标相符合，并揭示存在的问题。制定渠道绩效评价制度有助于企业科学、规范地执行渠道绩效评价的任务。当把渠道绩效的评价合法化时，渠道成员可以获得相同的机会，公平地与其他成员竞争。这样明确的评价制度也会成为激励经销商的手段。

第四步：认清绩效差距并制定渠道改进规划。管理者利用渠道绩效指标和渠道绩效评价制度，找出渠道现有水平与实现销售目标所需的未来绩效水平之间的差距，并确定为达到销售目标所需的绩效水平而必须采取的行动。这一系列的具体行动就是渠道调整与改进规划制定的核心部分，通过对渠道的改进与调整，达到提升渠道绩效的目的。

8.2 渠道系统绩效评价

对渠道系统绩效进行评价可以由两种不同的角度：一是站在整个社会的角度；二是站在制造商的角度。在两种不同的情况下，所采用的指标也是不相同的。

8.2.1 社会绩效评价

美国营销学者斯特恩等从社会角度出发，提出广义的渠道绩效包括三个方面：效益、公平和效率，如图 8－3 所示。

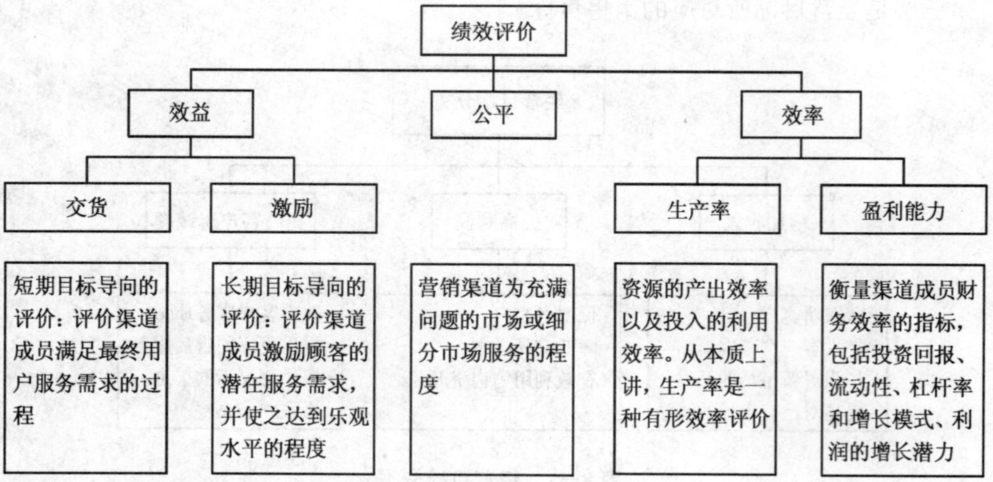

图 8－3 社会绩效评价指标

渠道的效益是指渠道以尽可能低的成本向最终用户输送产品或服务的能力。这一指标的测评重点是渠道交付给最终消费者的效力如何，绩效越高说明这个系统的效益越好。

渠道的公平是指一个国家的每一个成员都有相同的机会和能力去使用和接近现有的渠

道。不同国家的营销渠道的公平性不同，而且同一个国家内不同地区也会不同。如在我国，农村地区特别是偏远山区获取的渠道机会远远低于城市地区。

渠道的效率是指在完成某项具体任务时，社会资源或者费用使用的有效程度。高效率的渠道绩效就能以较少的社会资源完成某项具体任务。

8.2.2　制造商对渠道系统绩效的评价

制造商对渠道系统绩效的评价应该从渠道管理组织、渠道运行质量、渠道服务质量以及渠道的经济效果四方面进行。前三者主要是定性分析，后者是从财务角度定量分析。

8.2.2.1　渠道管理组织评价

渠道管理组织的评价包括两个方面的内容：

一是要考察渠道系统中销售经理的素质和能力。比如，在厂商的某渠道系统中，从事销售工作 3 年以上且达到一定学历以上的地区经理占销售经理总数的比例有多大。该比例越大，表明销售管理组织的素质和能力就越强。

二是考察厂商分支机构对零售终端的控制能力。比如，厂商分支机构是否有自控的零售终端？如果有，自控零售终端的销售额占厂商分支机构所在地销售额的比例是多少？

8.2.2.2　渠道运行质量评价

所谓营销渠道的运行质量，是指渠道成员功能的配合、业务衔接和努力程度等方面的综合水准。为了提高营销渠道的运行效率和渠道功能，营销渠道管理者必须对营销渠道的运行质量及其有关影响因素进行连续、认真的监督、控制和评估，以便尽早发现问题，及时解决。

企业对渠道运行质量的考核，主要是对渠道主体的合作愿望与努力程度是否符合渠道运行要求、渠道各种功能是否发挥正常、商品销售的范围和销售量是否达到了营销渠道目标的要求、渠道外部是否存在威胁渠道健康成长的不利因素、渠道成员之间是否存在发生冲突的可能性等进行评估。具体评价内容包括渠道畅通性、渠道覆盖面、渠道流通能力及利用率、渠道冲突等方面。

(1)渠道畅通性评价。商品或服务价值链的连续性要求商品或服务的营销渠道应保持高度的畅通性，以使消费者所需要的商品和服务能从制造商那里顺利地转移到消费者手里。这就好像输水管道一样，如果不畅通，甚至出现了堵塞，就达不到预期的输送效果。营销渠道的畅通性要求商品所有权的转移、商品实体的流动、货款的交接、信息的交流等都畅通无阻。

①主体是否到位。在营销渠道中，各种营销渠道功能都必须由一定的渠道成员来承担。营销范围大、功能多，需要的渠道成员就多。在营销渠道中的各个环节需要多少经济主体一定要明确、具体，要落到实处。必要的时候，要与有关成员签订经济合同。

②功能配置是否合理。承担任何一种营销渠道功能都需要专用资源，要有一定的资质。例如，制造商应有商品的生产能力或生产条件，储运企业应该拥有一定的仓储设施和运输设施，销售机构要有铺面和稳定的客户群。对有关分销商的资格和能力要进行审查，如果不具有相应的资格和能力，肯定会对营销渠道的畅通性产生影响。

③衔接是否到位。营销渠道前后环节之间，如果衔接不好或衔接不上，整个渠道的畅通性就会受到影响甚至运营中断。例如，商品在批发商手上出现了积压，或者商品在某个中间仓库久久停留不能进入零售环节，这种脱节通常是由于前后环节的成员存在目标差异、利益冲突、缺乏协作精神等造成的。如果渠道是纵向一体化的，不同成员具有统一的产权关系，在渠道运

作中，彼此之间的衔接配合问题容易很快解决。对于“柔性”垂直整合组织来说，维系渠道中各个成员的渠道联结力主要靠成员之间的共同利益和相互信任。一旦这种共同利益和相互信任发生变化，衔接关系就可能出现危机，甚至无法维持下去。

④能否长期合作。营销渠道系统能否长期稳定地运作，取决于有关成员之间联系是否密切，是否有长期的合约。契约型垂直整合渠道经常会面临一旦合同到期而又没有续签新的合同，双方之间的合作关系就会到此为止。相比而言，产权一体化的营销渠道具有较强的稳定性。

(2)渠道覆盖面评价。市场覆盖面是指某个品牌的商品通过一定的营销渠道能够达到的最大销售区域。这个销售区域覆盖的范围越大，能够购买到该商品的顾客数量就越大。评估可以从以下几个方面进行：

①渠道成员的数量。一般来说，渠道成员数量越多，市场覆盖面就越大；反之，则越小。

②渠道成员的分布区域。现代市场经济的快速发展，商品营销渠道出现了扁平化的发展趋势。也就是说，商品营销渠道的环节数、阶次数越来越少，而处于同一环节的中间商数量越来越多。同一渠道上中间商的地理分布非常重要，应当彼此拉开空间距离，不要出现商圈或销售区域的交叉、重叠，避免发生冲突。

③零售商的商圈大小。零售商的商圈是指以零售商的铺面为中心，周围能够方便地光顾这一零售店铺的潜在顾客的分布范围。例如，对于一个日用百货商店来说，能够方便地光顾此店的潜在顾客一般是居住在周围500米的范围。那么以该商店为中心、半径500米所划定的圆形成的区域，就是该日用百货店的商圈。不同地区的零售商的商圈大小可能是不一样的，零售商的商圈大小受经营规模、经营档次、交通条件、竞争者的远近、周围服务环境以及顾客购买行为习惯等因素的影响。

评价渠道覆盖面，主要采用以下两个指标：

一是渠道的市场覆盖面。渠道的市场覆盖面可以直接根据渠道终端零售商的商圈大小来计算，公式为：

市场覆盖面＝各个渠道终端商圈覆盖面之和－重叠的商圈覆盖面之和

对于销售同一个品牌商品的零售商，这种重叠一般来说会很多，在计算渠道市场覆盖面的时候，应当注意把交叉重叠的区域扣除。

二是市场覆盖率。市场覆盖率是指某条渠道在一定区域内的市场覆盖面与该区域总面积之比。市场覆盖率越高，说明营销渠道的网络分布越广，密度越高，空白点越少。其计算公式如下：

$$\text{市场覆盖率}=\frac{\text{某产品的市场覆盖面}}{\text{该市场的全部面积}}\times 100\%$$

(3)渠道流通能力及利用率评价。某个营销渠道的流通能力是指在单位时间内平均经由该渠道从制造商转移到目标顾客的商品数量。流通能力也称为单位时间流通量，或简称为流速，是从营销渠道的横截面上来计算商品通过的数量与时间的比值。对营销渠道流通能力进行评估，是对营销渠道本质功能的监测和估计，也是考察营销渠道是否有能力实现预期销售目标的主要内容。

在设计和建设营销渠道时，要特别重视评估营销渠道的流通能力。在渠道的运作过程中，渠道流通能力评估的重点是流通能力的利用率，即实际商品流通量与流通能力的比较。其计算公式是：

$$\text{流通能力利用率}=\frac{\text{商品实际流通量}}{\text{营销渠道的流通能力}}\times 100\%$$

(4)渠道冲突评价。无论怎样设计和管理渠道，要完全消除渠道冲突是很困难的。过多的渠道冲突会导致渠道效率和效益的低下，但一定程度的渠道冲突可能产生积极的影响，增强渠道成员的发展动力。评价渠道冲突的主要目的并不是完全消除冲突，而是对渠道冲突加强管理。

评价渠道冲突主要是要识别渠道冲突是恶性冲突还是良性冲突；现有渠道利润减少是渠道冲突的结果还是渠道成员本身的问题；某渠道的衰败是否会威胁到企业整体的利润水平。

8.2.2.3　渠道服务质量评价

评估服务质量可以从以下方面来进行：

(1)信息沟通。相对于生产企业，经销商更接近消费者、更了解当地市场，是市场信息的主要收集者和传送者，在一定程度上可以常年为生产企业承担市场调研的职能。沟通的信息包括当地政府的法规与政策、当地市场的经济状况与发展趋势、竞争者的营销战略与最新动态以及企业自身的业务开展情况等。信息沟通的质量好坏对上游企业的营销决策有着重要影响作用，信息沟通质量越好，越有利于生产企业制定更有竞争优势的营销决策。而衡量信息沟通的质量好坏，是通过考察渠道的下游成员对上游成员所反馈的市场信息与产品信息的有效性来进行的，衡量的标准有沟通内容、沟通时间、沟通频率与沟通方式等。

(2)实体分配服务。实体分配就是物流，是指商品实体从生产者向最终消费者转移的过程，即商品实体的空间位置、时间位置和性状位置的变动，包括包装、储存、保管、运输、装卸、搬运以及与之相关的物流信息等活动。实体分配服务质量就是衡量渠道成员满足顾客需求的及时程度，包括快速谈判、快速签订合同、快速交货等。

(3)促销效果与促销效率。促销效果的评价包括事前评估、事中评估和事后评估。如事后评价，考察的是促销活动告一段落或是完全结束后对产品销售、品牌认知等的变化情况，并与其作比较，评价是否达到促销目的，同时也为今后的促销活动提供参考标准。促销效果的评价内容有促销活动前后零售商的销量、商店货架空间的分布、零售商对合作广告的投入、消费者对促销活动的态度等。评价促销效率不仅要衡量促销活动是否达到预期目标，还要考察促销费用是否高于促销所获得的收益。为了提高促销效率，渠道管理者应该记录每一次促销活动的费用、销售的增长量等促销效果，并且要做到事前计划、事中控制以及事后评价。

(4)顾客抱怨与处理。顾客抱怨是指顾客对产品或服务的不满和责难。顾客抱怨实际上也是企业改进工作、提高顾客满意度的机会。企业在收到顾客抱怨以后不仅应当全面了解顾客抱怨的前因后果，而且要及时采取积极的应对措施。企业对于顾客抱怨的处理效率是非常重要的，处理效率低下就容易激化矛盾，而处理及时则往往能够得到顾客谅解，继续信任企业。

8.2.2.4　渠道的经济效果评价

评价渠道的经济效益，一是评价产出，这体现在销售分析方面；二是评估投入，这主要是分析渠道的费用。除此之外，通过一些财务比率如盈利能力和资产管理效率的计算和比较，分析较深层次的原因。

渠道绩效评价的常用方法有两种，一种是历史比较法，另一种是区域比较法。通常而言，这两种方法都比较适合于定量评估。

历史比较法是指将渠道系统或渠道成员的当期销量与上期销量相比较，得出上升或下降的比值，然后再与整体市场的升降百分比进行比较。对高于整体市场平均水平的渠道系统或渠道成员予以奖励，对低于整体市场水平的渠道系统或渠道成员则要做进一步具体分析，找到落后原因并帮助改正。该法的难点在于需要准确把握整体市场平均水平。

区域比较法是指将各渠道成员的绩效与该区域销售潜量分析所得出的数值进行比较。具体做法是：将某区域内各渠道成员在某一时间段的实际销售量与通过分析得出的该区域销售潜量进行比较并排序，然后通过测算相关指标，以确定这些渠道成员在这一时段是否达到了某一标准。该方法的难点在于需要客观把握该区域内的销售潜量。

(1)销售分析。销售分析是渠道运行的经济效果评估的重要内容，主要评价销售计划与目标的实现情况。销售分析可以进一步分为销售差异分析和区域/产品分析。

销售差异分析用于决定各个不同的因素对销售绩效的不同作用。

例题：

假设年度计划要求第一季度销售 8 000 件产品，每件 2 元，即销售额 16 000 元。在该季结束时，只销售了 6 000 件，每件 1.6 元，即实际销售额 9 600 元。那么这个销售绩效差额为 −6 400 元，或 −40%。问题：绩效的降低有多少归因于价格下降？有多少归因于销售数量的下降？可以用下面的计算来回答：

$$\text{因价格下降的差异}=\frac{(2-1.6)\times 6\,000}{6\,400}=37.5\%$$

$$\text{因数量下降的差异}=\frac{2\times(8\,000-6\,000)}{6\,400}=62.5\%$$

可见，约有 2/3 的销售差异归因于未能实现预期销售数量。由于销售数量通常较价格容易控制，企业应该仔细检查为什么不能达到预期的销售量。

区域/产品分析是指按产品类别和销售区域进行比较分析，先找出营销销售额的主要区域/产品，再按照销售差异分析的思路找出主要营销因素。

例题：

假设企业在三个地区销售，其预期销售额分别为 3 000 元、1 000 元和 4 000 元，总额为 8 000元，实际销售额分别为 2 800 元、1 050 元、2 150 元。就预期销售额而言，第一个地区有 7%的未完成额，第二个地区有 5%的超出额，第三个地区有 46%的未完成额。

显然，问题主要在第三个地区。造成第三个地区不良绩效的原因有如下可能：该地区的销售代表工作不努力或有个人问题；有主要竞争者进入该地区；该地区居民收入下降。

(2)市场占有率分析。市场占有率指标是指本企业的产品销售与整个市场的产品销售之间的比例，其既可以反映整个市场竞争的格局，又可以反映本企业相对于竞争对手的市场地位的变化，从而反映营销渠道的运行效率，为营销渠道的改进提供依据。对市场占有率的分析，可以通过以下方法进行：

①全部市场占有率，是指企业的市场销售额占全行业销售额的百分比。企业可以用这种方法测量本企业在行业中的地位，只是在计算时必须注意两个前提：行业的范围和地区范围；计算时是按销售额还是按销售量来进行。

②可达市场占有率，是指企业的商品已到达市场上的销售额占企业所服务市场总销售额的百分比。所谓可达市场，是指企业计划进入的目标市场。该指标可以反映企业在该目标市

场上的渠道效率。

③相对市场占有率，是指企业的销售额与主要竞争者销售额之间的比率。该指标直接反映企业与竞争对手之间渠道效率以及市场地位的高低。

(3)渠道费用分析。营销渠道费用是企业在组织商品销售过程中产生的各种流通费用，包括仓储费、运输费、包装费、人工费、促销费等，可以用营销渠道费用额、营销渠道费用率、营销渠道费用率升降程度来表示。

①营销渠道费用额，是指一定时间内营销渠道内所发生的各种费用的金额，是判断营销渠道财务绩效的基础。

②营销渠道费用率，是指一定时期内，营销渠道的费用额和商品销售额之间的对比关系。可以在不同的企业之间进行比较，也可以在同一个企业内部的不同时期进行比较，或将计划与实际进行比较。通过比较，可以看出渠道费用是否节约，从而可以判断渠道效率的高低。其计算公式为：

$$营销渠道费用=\frac{营销渠道费用额}{商品销售额}\times 100\%$$

③营销渠道费用率升降程度，这是从动态角度反映渠道费用开支节约或浪费的指标。在其他条件不变的情况下，费用率升降程度为正数，则表明渠道费用上升，渠道成本提高；若是负数，则表明费用下降，节约了成本。其计算公式为：

营销渠道费用率升降程度＝本期实际费用率－上期实际费用率

(4)盈利能力分析。利润是企业营销渠道最重要的经营目标，也是企业考察营销渠道的目的，是渠道运行效率的最直接的反映。分销渠道的盈利能力的评价，可以通过以下指标进行：

①销售利润率，这是直接反映渠道盈利能力的主要指标，反映企业每百元销售额所实现的利润水平。如果实现的利润越高，说明渠道的效率越高，经济效益就越好；反之，则渠道效率就下降，效益就越差。计算公式如下：

$$销售利润=\frac{利润额}{商品销售额}\times 100\%$$

②费用利润率，是指销售利润额与营销渠道费用额之间的比率。该指标表示每花费百元费用所实现的利润多少。一般而言，费用利润率上升，说明在同等费用条件下，取得了较好的经济效益。计算公式如下：

$$费用利润率=\frac{利润额}{营销渠道费用额}\times 100\%$$

③资产利润率，是指一定时期内实现的利润额与全部资产总额的平均占用额的对比关系，表明每占用百元资产所获取的利润额。资产利润率指标是站在投资者的立场来评价渠道资产的效益。计算公式如下：

$$资产利润率=\frac{当期利润}{资产总额}\times 100\%$$

上述指标都是反映企业财务效益的，只是角度不同而已。

8.3　渠道成员绩效评价

渠道成员绩效评价是一种定期、全面地评估渠道成员的方法，可以在批发和零售的水平上针对一个、多个或所有的渠道成员进行。评价次数多少不确定，但对每个渠道成员每年评价一次的情况很少见。

8.3.1 渠道成员的重要性

对制造商来说，对通过专业的市场开发代理机构销售其产品的渠道成员的绩效评估可能要比一般的渠道成员要全面完整得多。这是因为这样的企业在市场上的成功往往取决于专业渠道成员的绩效。例如，工业品器械制造商的全部产品一般都由分销商和经销商销售出去，这些分销商和经销商是公司产品进入最终市场的唯一通道，制造商就要对这些渠道成员进行仔细而详尽的全面评估。若一家生产高级化妆用品的制造商利用本公司自己的零售商店或与自己连锁经营的专卖店来销售其大部分产品，同时靠独立的生活用品商店销售较小比例的产品，这时制造商只要对这些经销商进行粗略的评估就足够了。

8.3.2 渠道成员的数目

制造商渠道成员的数目会影响到制造商对其进行绩效评估时的工作量。如果制造商渠道成员数目较多，那么在做评估时，其涉及的范围就比较广，制造商所要考虑的影响因素就多。对于营销渠道采用密集分销方式的制造商，对渠道成员的绩效评估也许只要粗略地从头到尾看看最新销售数字就行了。另一个极端是，制造商与由其经过精心选择的分销渠道成员之间紧密的工作关系能获得大量数据，从而对分销渠道成员进行全面的绩效评估。

8.3.3 制订标准

渠道成员绩效评价包括三个阶段：制订度量渠道成员绩效的标准；根据度量绩效的标准定期评估渠道成员的绩效；推荐正确的行动以减少成员不恰当的绩效。如图 8－4 所示。

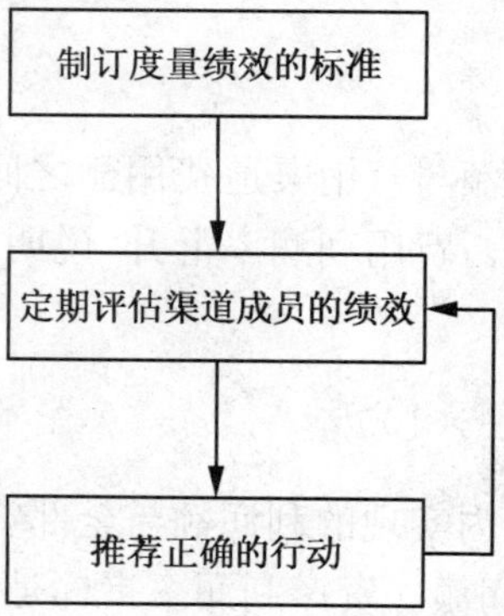

图 8－4 渠道成员绩效评价

众多的研究者和企业提出了多种不同的评价渠道成员绩效的标准，例如：Spriggs 在对重型汽车工业经销商进行绩效评估时，采用了 34 项标准，（见表 8－1）。但是，大多数制造商会采用如下一些指标来评价渠道成员的绩效：渠道成员的销售绩效、渠道成员维持的库存、渠道成员的销售能力、渠道成员对顾客的各种态度、渠道成员所面临的竞争和渠道成员总的发展前景，以及其他辅助评价标准等。

表 8—1　**重型汽车工业中研究渠道成员绩效所采用的 34 项绩效标准**

基于成果的标准	基于行为的标准
1. 总的经销量	17. 服务部门
2. 总的经销利润	18. 保单投诉处理
3. 销售利差	19. 各种建筑物/各种设施
4. 库存周转率	20. 办公室系统
5. 市场份额	21. 雇员激励机制
6. 客户满意度	22. 生意区域的覆盖情况
7. 销售费用	23. 对产品的知识/销售人员
8. 投资利润	24. 销售技巧/销售人员
9. 库存费用	25. 经销财务计划
10. 对顾客服务的总体水准	26. 经销商业计划
11. 按产品类型的销售量	27. 优势/促销计划
12. 每个销售人员的销售量	28. 顾客投诉数量
13. 销售量与定额之比	29. 买方贷款管理
14. 供货商的利润	30. 销售预测——准确性
15. 按产品类型的销售量	31. 销售电话——总数量
16. 不同产品类型的利润	32. 现有顾客的电话数
	33. 非顾客的电话数
	34. 产品展示的数量

(1)销售绩效。销售绩效毫无疑问是最重要的，并且是最普遍地用于评估渠道成员的标准，几乎没有什么指标可与渠道成员的销售绩效不佳相比了。

检查渠道成员的销售绩效时，渠道经理应该仔细地对以下两点加以区分：制造商自己对渠道成员所实现的销售额；渠道成员对他们的顾客所实现的销售额。这两种销售额是截然不同的，在不同时期更会有很大的不同。如果可能的话，渠道经理可以设法将渠道成员对他们的顾客所实现的销售额数据收集回来。可是，制造商收集这些信息的能力，很大程度上依赖于对渠道成员施加控制的程度。

在关联渠道中，渠道成员是特许经营商，制造商可以通过特许合约的法律权力来获取这些信息；在传统的结成宽松联盟的渠道中，制造商获取渠道信息的能力也许会受到很大限制。因此，制造商利用有关渠道成员的销售数据作为目前渠道成员销售的最精确近似值。不管使用哪种销售数据，渠道成员应该根据下列 3 个要点来评估销售数据：

一是渠道成员的现有销售额与历史销售额之间的比较，从中我们可以发现某个渠道成员销售绩效的增长趋势。

二是某一渠道成员销售额与其他渠道成员销售额之间进行交叉比较。这种交叉比较对于经销商的绩效评估来说是至关重要的，可以帮助制造商发现那些最有增长潜力的、值得重点扶持的渠道成员。

三是渠道成员实际销售额与预定销售额目标之间的比较。这项比较的结果不仅可以认识渠道成员完成目标任务的程度，也能帮助制造商评价为渠道成员所设定的销售目标的合理性，为今后确定销售指标提供依据。

(2)维持存货。维持一个适当水平的存货是另一项渠道成员绩效的主要指标。本质上来讲，制造商要求渠道成员做到保持一定的库存，要求达到制造商同渠道成员最初签订的协议的水准。

考核渠道成员维持库存的工作难易不一。如果制造商针对批发层面上的少数渠道成员来考核，那么通常由户外销售队伍作为通常销售拜访的一部分来统计考核。对于那些通过许多批发商和零售商来销售产品的制造商来说，诸如消费袋装食品，这项工作异常艰难，需要企业外部的市场研究公司提供库存监控服务的报告。不管制造商是自己考核渠道成员的库存，还是由外部企业来实施该项任务，都应该从以下这些方面来考虑有关库存的相关问题：

①什么是渠道成员库存的总体水平？

②有多少货架或空间可供存货用？

③相对于公司竞争者而言，提供了多少货架和空间？

④按单位和金额计算的商品细目有哪些？

⑤怎样将这些数字与渠道成员预估计的购买力竞争产品线相比较？

⑥库存量和库存设施怎样？

⑦原有库存还有多少，需要花多少时间才能把它卖掉？

⑧渠道成员的库存管理与库存簿记制度是否恰当？

(3)销售能力。渠道成员的销售能力是指渠道成员的销售人员的销售能力。销售能力不同于销售绩效，因为它既与渠道成员分配的负责制造商产品的销售人员的数量直接相关，又取决于渠道成员所指定的销售人员的素质和水平。这一指标对从事批发业务的渠道成员来说是非常有价值的。

假如渠道成员愿意提供这些数据，制造商应该特别注意以下因素：渠道成员将制造商产品线分配给销售人员的数量；渠道成员销售人员的业务知识和能力；销售人员对制造商产品的兴趣；渠道成员愿意将制造商的额度分配给哪些销售人员，提供制造商产品销售和面临的风险以及与市场范围有关的内部信息。

业务知识和能力常常是销售能力评估的基础。然而，有些制造商已经通过其他的度量方法给渠道成员的业务知识和能力定量地打分，即看该渠道成员总共要用多少额外的销售时间才能完成销售任务。也就是说，经销商需要额外的帮助和时间越多，说明其销售能力越差，反之亦然。不论用哪种方法，一定要看到评估结果随时间所发生的变化，这才是最有用的数据。而要想得到这些最有用的数据，制造商就得进行长期的数据收集。如果渠道成员的销售人员专业知识比较薄弱，就会影响未来销售的业绩数据。

至于销售人员的兴趣，制造商可以通过下面一些具体的行为来进行了解：销售人员参加由制造商资助的学校、各种研讨会和各种学术会议的情况；销售人员是否会主动收集来自批发商客户的反馈信息，是否关心制造商现场销售业务员的意见。如果渠道成员的销售人员对这些没有关注，就说明渠道成员最高管理层没有重视该制造商产品的销售。如果真是这样的话，该渠道成员未来的绩效几乎可以肯定会下降。

(4)渠道成员的态度。渠道成员的态度也可以说是渠道成员对制造商的某些政策的服从度。以渠道成员对制造商及其各类产品的赞同态度作为评估标准,渠道成员的态度最终会影响销售业绩,对这点的重要性一点也不能低估。

然而,该指标在实际的应用中,渠道成员的态度只有在不好的销售数据中反映出来并造成不良绩效后,渠道成员态度的问题才被制造商关注,这才开始着手采取措施。在渠道成员的态度问题影响销售绩效之前及早发现这种消极因素,应该在销售数据以外单独地对渠道成员的态度进行评估。制造商可以仔细地注意渠道成员的某些反映他们态度的行为,以比较直接的观察来分析渠道成员的态度,比如:该经销商的整个经营部署是否符合制造商所要求的程序和步骤,制造商要求渠道成员参加一些比较重要的规划时经销商是否积极配合,等等。

(5)渠道成员所面临的竞争。在制造商进行渠道成员绩效评估时,渠道管理者还应该了解渠道成员所处地区的竞争状况。一般考虑两种竞争类型:一是来自其他中间商的竞争;二是来自制造商自己的渠道成员经营其他产品类别的竞争。

针对渠道成员面临同一区域内其他中间商的竞争来评估渠道成员的绩效有两个目的。首先,为渠道成员的绩效评估提供了一个参照物,有助于提高渠道成员的销售绩效。通过观察特定的渠道成员面临的竞争状况,绩效标准才变得更有意义,才更能看出问题的实质。例如,假设某个特定的渠道成员可能已经被评估为在销售额上表现不佳,可是经过对其仔细了解,如果发现该地区的竞争异常激烈,那么就应该以一种完全不同的眼光来看待该渠道成员的绩效。很可能,在这种异常激烈的竞争环境下他的表现可以认为是优秀的了。所以制造商应该具体情况具体分析,制造商可以适当地走出常规,向那些面临超乎寻常竞争的渠道成员提供额外支持。其次,如果制造商决定通过增加新的渠道成员来拓展分销业务,或认为必须替换现有那些销售绩效不佳的渠道成员时,渠道成员之间的对比信息就非常有用。虽然要获得竞争对手绩效的精确而又详尽的数字有难度,但是通常制造商的销售人员和销售管理人员能提供一般的信息和排名资料,如制造商只要直接要求其销售人员、地区销售经理或其他负责销售管理的有经验的人员,在某些特定的市场范围内,根据渠道成员的竞争对手的重要性来排定名次。

第二种类型的竞争,即由制造商自己的渠道成员经营的各类竞争产品,也应该仔细评估。当然,这里评估的主要问题是渠道成员为制造商的产品及竞争对手的产品各提供了多少支持。如果看起来渠道成员给予竞争产品更多的支持,而仅给予制造商的产品投入了较少的支持,那么这一事实通常会在制造商评估的其他绩效标准(特别是销售业绩标准)中反映出来。可是,渠道成员注意力转向竞争者产品,并导致制造商产品销售下降,这之间经常会存在一定的时间滞后。及早发现渠道成员精力投入的变化,可使渠道管理者处于一个相对有利的地位,以便在渠道成员的行为影响销售额之前,采取相应的措施。

(6)渠道成员总的发展前景。制造商对渠道成员总体成员的期望也是今后制定渠道策略的基础。对于那些符合制造商的市场拓展计划要求的渠道成员,制造商会给予更多的支持;对于增长性、适应性、专业化和总体能力发展良好的渠道成员,制造商会进一步加强合作。

(7)其他的辅助评价标准。上述讨论了最常用的6个标准,包括了多数制造商评估所需要的大部分信息,但是在某些情况下可能还会用到其他一些标准。这些标准中最重要的是渠道成员的财务状况,他们的品质和声誉以及向顾客提供的服务质量。

8.4 营销渠道的调整

8.4.1 渠道调整的原因

(1)出现不满意的最终用户。不满意的最终用户通常很难被察觉到,尤其是在整个行业处于经济萧条状况时,但对不满意的最终用户进行调查、分析,往往会让企业获得更大的机遇。

在电脑行业中,迈克·戴尔正是由于有了从电脑知识比他更少的经销商处购买电脑的不满意经历后,才创造了电脑直销法,开创了个人电脑业的神话。电脑直销法使电脑购买者可以通过电话向专业知识丰富的电脑公司职员而非普通营业员获取产品信息。

(2)出现尚未被发掘的新渠道。新兴的营销渠道会带来全新的顾客期望值,因此有可能会获得意想不到的绩效价值,并且会重新定义生产成本或服务标准。比如,直销保险商就重新建立了精确瞄准顾客需要的行业标准。GELCO保险公司使用电视、广播和邮件等方式将财产/意外保险直接宣传销售给顾客,这样做节约了销售人员和中间商的费用,节省了大量成本,从而创造了成本优势。英国的直线公司利用信息技术,以竞争对手无法相抗争的价格来提供快速便捷的服务,从而成为全球盈利最高的保险公司之一,拥有汽车保险业最低的客户流失率和费用率。

(3)市场上出现空白。各个营销渠道趋向于面对各个不同的细分市场,这意味着如果企业无意中忽略了某一条营销渠道,便可能错过整个细分市场。如果该细分市场对企业而言无关紧要,那也就罢了;但粗心大意的企业会发现目标顾客常会从自己忽视的或者放弃的渠道中购物。与其相反,一些企业善于发现和寻找市场上的空白,对其他企业忽视或放弃的渠道进行开发并加以充分利用。如墓室超市国际服务公司将这个人们忽略的或不屑的行业进行整合和发展,通过15年的努力,现已在18个国家管理着3 900多个墓地和火葬场。

(4)出现贪图安逸的中间商。当企业面对激烈竞争希望采取行动、保持优势时,那些不愿意主动适应新市场的、收入颇丰且贪图安逸的中间商会成为企业的一大困扰。许多汽车企业发现,一旦其大多数的中间商安于舒适的生活而不再考虑如何提高服务质量或扩大销量时,再要提高渠道绩效便会相当困难。

当可口可乐希望像百事可乐那样,以同样的服务和较低的价格进入大型超级市场时,却无法说服它在各地的装瓶商。这些装瓶商常常各自为政、缺乏协调,不愿意向超级市场低价供货。由于不能将装瓶商联合起来,以满足超级市场这一日益重要的客户群,因此,可口可乐难与百事可乐竞争。所以,中间商的安于现状会给企业带来损失或者不利于用户。

(5)交往界面的机会。业务重整已持续了一段相当长的时间,但通常仅限于在企业内部使用。随着业务重整带来的企业绩效的大幅度提高,在渠道以及与终端客户交往的界面上也会发现很多潜在机会。在渠道界面使用跨职能和打破各自为营的再设计法,同样的潜力便在渠道界面上被释放出来。而且因为生产者的渠道关系穿插交错,随着时间的推移会日趋复杂,所以在这个领域十分适合进行大动作的改革。

8.4.2 渠道调整的原则

(1)渠道覆盖率与企业市场营销战略协调一致。营销渠道调整的主要目的是在满足目标市场顾客需求的基础上，扩大企业渠道的覆盖率。根据“二八定律”，企业80%的销售额或利润额通常是由20%的顾客带来的。企业在扩大渠道覆盖率时应围绕企业市场营销战略目标，将影响企业收益的重点客户的需要作为渠道调整的重点，尽可能满足重点顾客的特殊需求，同时在不牺牲重点客户利益的前提下，提高渠道覆盖率。

(2)妥善处理渠道冲突。如果制造商同时拥有多条营销渠道，或期望对营销渠道中不同企业所承担的渠道功能进行重新调整，往往容易触及某些渠道成员的利益，在渠道调整过程中容易引发渠道之间或渠道成员之间的冲突。新设立的营销渠道可能与原有的营销渠道争夺客户；对于渠道功能的重新安排，也可能会使原有营销渠道中某些渠道成员的利益受损。因此，企业对调整过程中产生的冲突要妥善处理，对受损害者做出适当的赔偿。

(3)渠道增值。增加或减少营销渠道可能会产生两种效果：渠道转移和渠道增值。渠道转移是指新增或减少的营销渠道使顾客或用户只简单地从一条渠道转移到另一条渠道，企业整体营销渠道的覆盖面和渠道成本都没有明显的变化。渠道增值是指新增或减少营销渠道可能为企业带来了新的业务，使企业渠道整体的覆盖面增大了，或者降低渠道成本，提高了渠道效率。

8.4.3　渠道调整的时机和步骤

(1)营销渠道调整的时机。营销渠道的调整，时机是非常重要的。调整过早，问题没有充分暴露，企业各部门和渠道成员对存在的问题缺乏认识，渠道管理者很难进行渠道的变革；过晚，则错过了渠道调整的最佳时机，即使改革很顺利，但因变革滞后造成的直接损失和间接损失已经无法挽回。

通常，在企业渠道出现以下几种情况时，应该考虑渠道的调整：

一是随着企业不断发展壮大，生产规模发生了质的飞跃，原有渠道的辐射力难以满足市场需要，或者企业希望提高市场控制力，或者企业为了规避营销渠道中不断加大的经营风险需要对企业的营销渠道体系进行调整。

二是消费者或用户对现有渠道服务不满且有上升趋势。消费者或用户对于渠道服务产出的要求，会随着市场环境的变化而改变，消费者或用户会变得越来越挑剔，要求越来越高。企业如果不对渠道进行改进，势必使渠道运行状况恶化，因而要求或迫使企业进行渠道调整。

三是营销渠道未被充分利用。由于消费者或用户的需求存在购买行为的差异性，单一营销渠道很难适应企业需要，很多企业不得不采取多渠道营销。然而，渠道类型过多，常常容易出现效率低下的情况，有些渠道甚至是多余的。为此，企业应该根据不同渠道的效率，对整个渠道系统进行评估，从而发现问题并及时调整。

四是企业营销战略改变。营销渠道作为企业战略的重要组成部分，一定要与企业发展战略相适应，对原有渠道系统重新评估，根据企业新的战略目标及时调整和制定与之相适应的渠道战略。

(2)营销渠道调整的步骤。营销渠道的调整不是随意无序的，一般分为三个步骤：

第一步，分析营销渠道环境，确定有无调整的必要。营销渠道是一个有机的、开放的系统，消费市场、中间商市场、竞争者市场的任何变化，以及渠道网络外部大环境的突变，都会给营销渠道管理带来新的机会或威胁，渠道管理者需要判定环境变化影响企业营销渠道正常运转的程度，继而决定是否需要进行渠道的调整。

第二步，基于营销渠道选择的限制性因素研究，重新界定渠道目标。对现有营销渠道进行评估，找出限制渠道合理运转的原因，并重新制定新的渠道管理效率目标，甚至是渠道战略目标。如果通过加强管理能够达到新营销渠道目标，则无需建立新营销渠道；反之，则应考虑建立新营销渠道。

第三步,组建新的营销渠道并进行管理。根据新的渠道目标要求,选择适当的渠道调整方式,建立新的渠道规模结构或新的渠道组织关系结构。

8.4.4 渠道调整的基本方式

针对渠道调整的不同原因,企业对营销渠道的调整方式一般包括以下几种:

(1)调整整体渠道结构。企业对渠道整体结构形态的调整,或者对渠道结构要素的若干方面进行较大的调整。例如,格力空调将原来的经销商渠道改为格力参股的经销商合资模式,这种调整涉及格力整体渠道结构的较大变化;又如,在渠道扁平化战略的驱动下,企业取消了原来渠道结构中的经销商,直接向零售企业供货,涉及对原有渠道结构中渠道长度的调整。对整体渠道结构的调整往往可能导致渠道系统的震荡,因而难度较大。

(2)调整渠道中间商的合作方式。如企业为了加大对渠道的控制,将原来的经销模式改为代理模式;为了制约独家代理商的行为,防止其过分扩张,可适当增加代理商的数目,把独家代理方式变为多家代理方式。

【渠道实践】

10年前,美特斯邦威主要依靠加盟商开加盟店来实现销售渠道扩张,但是当大量加盟商到总部讨价还价谈货品折扣的时候,周成建意识到自己可能会被加盟商绑架,因此不惜以高出加盟店5倍的代价开自营店,加强对销售渠道的控制权。美特斯邦威时至今日在一线城市已经全部收回加盟权,实现直营。

(阿里云资讯网,https://www.aliyun.com/zixun/content/2_6_170343.html)

(3)调整渠道政策。渠道政策涉及价格政策、物流政策、市场推广政策、支付政策及奖惩政策等,它们服务于一定的环境,企业可以在不改变原有渠道结构的基础上对这些渠道政策的一个或几个方面进行调整。例如,格力空调在经销商不愿意进货的淡季推出了淡季进货贴息返利的政策,即对那些在淡季进货的经销商补贴其货款利息,并在年终根据经销商的进货额给予一定比例的现金奖励,此举极大地促进了经销商在空调销售淡季进货的积极性。很多企业还会经常调整它们的渠道信用政策,如在一些经销商发生信用问题时,为了减少信用风险,采用"一手交钱,一手交货,款到发货"的政策。

(4)调整渠道成员关系。即在现有的渠道结构框架内,调整与一些渠道成员的合作关系。这种调整可能出于奖励的目的,也可能出于企业对渠道控制等其他方面的考虑。比如,对于经营本企业产品业绩突出的经销商,企业给予优先供货、价格折扣、提高信用额度(如在提货时,别的经销商需要支付60%的货款,而业绩突出的经销商只需要支付30%的货款)等优惠政策或者各种奖励。又如,沃尔玛会定期地对某类产品销售额的品牌份额进行分析,如发现在食用油这个产品类别中,金龙鱼已经连续3个月占据其食用油销售额40%的比例,为了对金龙鱼不断增强的权力进行制衡,下一个月沃尔玛可能会给另一个食用油品牌,如鲁花更多的促销支持,提升鲁花在其食用油销售额中的比重,以此来对金龙鱼形成制衡。

【渠道实践】

西安杨森根据中国国情,除了在全国各地自建销售公司外,还十分重视对分销商的开发工作,并且注重分销商的商誉。

在建设市场网络方面,杨森公司坚持依靠国有商业主渠道销售自己产品的销售策略。对大量经销西安杨森产品的客户在价格上实行优惠,对付款及时者实行现金折让。在与分销商的长期业务交往中,西安杨森的销售政策不但保证了其产品销售渠道畅通无阻,同时也培育了西安杨森和分销商之间互惠互利、相互依赖的新型伙伴关系,调动了经销商销售杨森产品的主动性和积极性。

(66考网,http://www.66test.com/Content/157398_37.html)

(5)调整区域性市场的渠道结构。企业还可以在保持整体渠道结构不变的前提下,对其在某个区域市场上的渠道结构进行调整。例如,在某个市场上增加一条新渠道,以满足某些消费者特有的需要;或者缩小某个地区市场的渠道覆盖范围,减少一个渠道中渠道成员的数量。

(6)重组和更新整个渠道。这是一种对企业现有渠道系统进行彻底调整的方式。企业不仅可能需要突破原有的渠道体系,还需要重新建构新的渠道系统,这会引起渠道流程、渠道成员分工及利益关系的重新调整,因此,既可能遭到企业内部某些既得利益者的反对,也可能受到某些渠道成员的抵制,实施的难度极大。只有在企业战略须彻底变革或者企业现有渠道系统受到严重外部威胁时,才应该考虑实施。

本章小结

1. 渠道绩效评价的步骤有四步:明确企业总销售目标;设定渠道绩效的评价指标;制定渠道绩效评价制度;认清绩效差距并制定渠道改进规划。

2. 从企业的角度考察整个渠道绩效,可以从渠道管理组织、渠道的运行状况、渠道的服务质量和渠道的经济效果四方面进行。

3. 渠道成员绩效评价是一种定期、全面地评估渠道成员的方法。大多数制造商会采用如下一些指标来评价渠道成员的绩效:渠道成员的销售绩效、渠道成员维持的库存、渠道成员的销售能力、渠道成员的各种态度、渠道成员所面临的竞争和渠道成员总的发展前景,以及其他辅助评价标准。

4. 营销渠道调整的基本方式有:调整整体渠道结构;调整渠道中间商的合作方式;调整渠道政策;调整渠道成员关系;调整区域性市场的渠道结构;重组和更新整个渠道。

思考题

1. 为什么渠道绩效评价比较困难?
2. 简述渠道绩效评价的步骤。
3. 营销渠道调整的方式有哪些? 企业如果进行渠道调整,应当如何选择时机?

案例练习

联想新渠道调整

上千家联想的PC渠道代理商在等待。在即将到来的10月,联想将和代理商签订新的合作协议。新的协议中，此前一直在调整的联想新渠道政策将完整地浮出水面。

在新协议签订前，联想新的渠道政策已或多或少开始实施：在一些地区，零售店面可以跨区域向上游分销商拿货，这意味着“炒货”“窜货”“跨区销售”……这些曾被PC厂商明令禁止的行为将慢慢被允许。在这些调整的背后，是联想渠道倾斜力度从代理商向掌控最终用户的零售渠道商转变。

如今，PC市场日薄西山，并逐渐向移动互联终端领域延展，最大程度地扩大PC销量，抢占日益饱和的市场空间，成为各大PC厂商关注的重点。而随着电子商务平台、3C店面、直营旗舰店等新兴渠道百花齐放，曾经强硬的传统PC渠道也逐渐失去向品牌厂商叫板的勇气和资本。

（和讯网，http://tech.hexun.com/2013—10—11/158626704.html）

案例点评：互联网背景下营销渠道调整与传统的营销渠道调整的方式有何不同？

渠道实训

实训目的	通过访问一个企业，使学生掌握渠道绩效评价的步骤，熟悉绩效评价所需要的指标
实训内容	要求学生进行问卷设计和调查，对所需数据进行收集，通过汇总分析对企业营销渠道服务质量进行评价
实训要求	1. 调研某一企业 2. 确定服务质量评价的指标并进行问卷调查 3. 与小组成员一起汇总收集到的数据，通过所学理论知识，对所收集到的数据进行分析
实训步骤	分组→确定服务质量评价的指标→进行问卷设计→问卷调查→数据分析→形成《服务质量评价报告》

拓展学习

互联网时代，营销渠道如何变？

如今，人们把更多的时间花在互联网与移动社交网络上，随之伴生的网购等新的消费模式也越来越流行，电子商务模式正在极大地改变着人们的生活。互联网营销以其媒体的丰富表现、可监测性高、投放精准、成本较低等特点，正在成为各个行业越来越重视的营销渠道。

随着4G的到来，面对更加激烈的竞争，电信运营商都在谋求转型发展。其中，营销模式的转型发展更是重中之重，它将成为运营商整个运营机制变革的触发器。结合互联网营销与电子渠道发展，未来电信运营商该如何实现营销转型呢？

互联网促进营销渠道转型

互联网发展正给营销渠道带来广泛而深刻的影响。一是促进营销渠道扁平化。通过互联网渠道，销售商可以与客户开展直接交易，取消全国、省级等中间代理商层级，在有利于销售商保持销量的同时将中间费用让利于客户。二是大幅降低资产投入和成本费用。互联网渠道相对传统线下渠道可以节省大量固定资产和店面费用，包括实体商铺购置、装修或租赁费用。三是更广、更高效的销售信息传播与末端延伸。互联网渠道不再受时间和地域的限制，可以将销售信息实时通过互联网扩大至更广的范围，实现全国乃至全球的直接销售，同时随着移动互联网技术的快速发展，客户可以通过搜索工具更加便捷地获取产品信息，确定购买意愿。四是较低的库存成本。销售商借助互联网可以更快地获取海量销售数据并开展销售分析，据此快速调整安全库存，以保证相对较低的库存量。

运营商渠道今天仍然以实体为主，较大程度地依赖社会渠道开展业务销售，其省、市、县、乡的多层架构给统一营销的转型发展带来了一定困难。传统渠道营销宣传范围与效果受限，很多新开发的集团或个人业务产品无法有效传播至相应的客户群体。大量传统的实体渠道的营业员都在前台忙于收费、开户等琐碎操作，没有时间与精力对客户进行高价值、高回报的宣传、服务与销售工作。因此，渠道向电子渠道与电子商务方向转型是必然的。

目前，电信运营商电子渠道主要承担着交费、资费套餐订购等业务，号卡开户、终端销量占比不高，同时网上营业厅、网上商城、掌上营业厅等多种形式没有统一的互联网渠道入口。通过电子渠道开展的终端销售其物流过程信息追踪、物流覆盖广度等方面与京东、天猫等品牌电商存在一定的差距，客户体验仍需提升优化。

建立互联网营销渠道体系

顺应趋势，推动建立市场导向的营销渠道体系，做好营销与互联网的有机结合将成为运营商必须面对的课题。

整合线上渠道，推进商城集中化平台，实现集中化营销。借鉴互联网营销思想，运营商加大对网络营销渠道的重视程度，对现有各平台门户入口进行重新整合与定位，将网上营业厅、网上商城和客户端平台整合为一个综合系统平台，打造成涵盖终端销售、开户、业务订购、配件销售全功能的统一销售平台。对于终端客户端（掌上营业厅）应基于现有业务承载规模与营销策略，先期优化定位成终端展示、业务推介和订购办理的平台。通过平台整合有利于打造统一形象的门户，方便聚集客户群，实现运营资源的集中化与高效化。

通过延伸营销网络平台，助力渠道资源优化。在大力发展互联网渠道的同时探索优化实体渠道的布局，推动实体渠道向体验店模式转型。针对网络购物接受度高的区域逐渐减少实体渠道的设置，如对高校和商务办公区在加大推广互联网渠道营销的同时减少社会渠道点，保留少量体验感知的自营渠道点。商务区还可以借鉴O2O运营思想，与大型商场合作开展营销宣传与现场体验，引导客户线上消费。通过渠道资源的综合优化，大量节省投入在中间环节的成本资源（如佣金、渠道门店装修），并用于客户回馈。

以互联网平台为载体，加大数据营销。网络销售渠道较之传统渠道具有更快、更多的数据信息反馈，包括销售信息、产品评论信息、客户满意度等，十分有利于运营商借助大数据工具开展精准商流分析，通过捕捉相关性和销售效果，第一时间开展政策调整（如热门机型推荐、热门应用产品开发等）以及营销宣传政策调整，抢占市场先机。另外，线上的数据分析同样对线下销售具有应用价值，包括不同类别客户套餐喜好度、成本补贴与折扣合理性判断等。

重视物流配送体系的配套建设，确保客户服务感知。客户体验已被看做电子渠道销售的直接生命线。根据国内研究表明，下单是否有货、配送是否及时等物流服务感知对于网络购物的客户满意度具有显著影响。因此，互联网营销必须将物流配送体系纳入重点突破与改善环节。运营商网络销售产品相对电商较为单一，从资源利用与整合的角度出发，运营商应优先选择物流外包模式，联合实力强的第三方物流公司共同完成配送执行工作，其管理专注点仍应放在商流管理和物流资源整合调度方面。

给予互联网渠道更多的资源支持，快速应对市场竞争。网络营销在具备销售信息反馈速度快、海量数据信息加工整理方便的同时，也因为信息更加对称、客户切换成本低、传播范围广等特点，会加速同行间的竞争。因此，运营商应给予互联网渠道更多的动态资源调整权力，如营销案调整权限、号码资源调配等。另外，电子券等电子类促销品对于网络营销适用度更高，匹配使用效果更好。

营销渠道是企业的核心竞争力，时代在变，消费模式在变，必然推动包括电信运营商在内的所有企业都在改变，相信这种创新转型也将帮助电信运营商持续开拓通信市场的蓝海。

（推酷网，作者：丁欣，http://www.tuicool.com/articles/zumiIj）

第四部分

渠道创新篇

第 9 章　互联网营销渠道

本章主要介绍互联网营销渠道的相关理论及应用举例，使学生了解在信息技术时代下新型营销渠道的特点、分类、优劣和实际应用中需要注意的问题，增强学生对新型营销渠道的掌握并能合理应用。

【学习目标】

1. 了解互联网营销渠道定义和特点；
2. 熟悉互联网营销渠道的分类；
3. 熟悉互联网营销渠道的建立；
4. 了解互联网营销渠道与传统营销渠道的不同；
5. 熟悉移动互联网营销渠道的应用。

【引例】

丽江市开淘宝馆　3 000 余种雪山特产网络销售

“淘宝特色中国·丽江馆”正式开业，3 000 余种丽江优质特产借助淘宝网线上开售，今后全国各地的消费者足不出户，就能在网上购买纯正的“丽江味道”。

“淘宝特色中国·丽江馆”提供的特产涵盖丽江市的一区四县，包括永胜县的程海螺旋藻、他留鸡、三川火腿、珐琅银器，华坪县的芒果，玉龙县的雪桃，宁蒗县的苦荞茶，古城区的药材等，所有产品皆是“三品一标”的正品，即绿色、有机、无公害、地标产品或老字号。消费者只要打开淘宝网首页的“特色中国”板块，在城市大全中点击“丽江”，就能看到琳琅满目的 3 000 余种丽江特色产品，产品的购买方式与普通网络购物方式相同。

“淘宝特色中国·丽江馆”得到丽江市政府和阿里巴巴集团的大力支持。该馆是在“政府＋运营服务商＋淘宝网平台”的开放运营模式指导下，依托淘宝网平台已有的大量交易流量，通过运营服务商丽江商盟电子商务有限公司的推广，扩大丽江特色产品网上交易规模，将丽江更多具有本土特色的田间农产品转化为线上可销售的商品。

除此之外，丽江市政府还与阿里巴巴共同启动了“互联网＋丽江”示范区建设活动，并将合作实施“农村淘宝”电子商务综合服务体系、淘宝特色中国地方馆、淘宝大学、丽江市各级政府农村电子商务培训等项目。

（亿邦动力，http://www.ebrun.com，2015 年 10 月 10 日）

思考：在信息时代的背景下，城市发展以及政府工作也进行了不同程度的信息化建设。你认为丽江市扩展互联网营销渠道来销售土特产将带来哪些益处？又会存在哪些弊端？

9.1 互联网营销渠道的定义

互联网营销又称为网络营销，是指组织或个人基于开放便捷的互联网络，对产品或服务进行的一系列经营活动，从而达到满足个人或组织需求的全过程，是一种新型的商业营销模式。

互联网营销渠道是商品和服务从生产者向消费者转移过程的具体通道或路径，其提供的信息传播模式是双向传播，使信息沟通更为方便畅通。随着互联网技术的迅速发展，营销渠道变得越来越简单。企业利用互联网营销渠道销售产品，为消费者提供服务；与此同时，企业利用互联网营销渠道对客户和员工进行相关培训，有利于树立企业自身的网络形象，提高企业影响力和竞争力。典型的互联网营销渠道运营模式如图 9—1 所示。

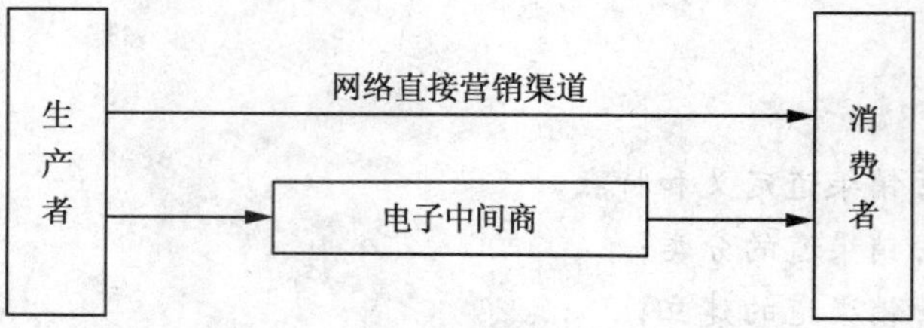

图 9—1 互联网营销渠道模式

9.1.1 互联网营销渠道的特点

(1)每一条互联网营销渠道与传统营销渠道一样，即营销起点是商品生产者，营销终点是消费者或者用户。

(2)传统营销渠道是由参与产品流通过程的各类型机构(例如批发商、代理商或零售商等)组成，而互联网营销渠道的中介模式是电子中间商。

(3)商品从生产者转移到最终消费者的流通过程中，至少要完成一次商品所有权的转移，即“生产商→中间商→消费者”。

9.1.2 互联网营销渠道的功能

一个完整的互联网营销渠道应该具有信息发布功能、订货系统、结算系统与配送系统。信息发布功能是商家为消费者提供全面详细的产品信息以及促销信息，使消费者能快捷地了解相关信息；订货系统是为消费者提供产品预订及销售信息，同时方便商家对消费者订货信息进行管理，例如更改订单、取消订单等；结算系统是指消费者在购买产品时可以使用多种方式方便快捷地进行付款，商家应该为消费者提供多种结算方式，例如现金支持、刷卡支付、手机支付等；配送系统主要是针对产品的配送，对于有形产品而言，商家需要考虑产品运输和仓储的问题，而对于无形产品，商家可以直接通过互联网进行配送。

9.1.3 电子中间商

9.1.3.1 电子中间商的定义

电子中间商又称为网络中间商，是基于互联网来提供信息服务中介功能的新型中间商。

9.1.3.2 电子中间商的类型

(1)目录服务商。目录服务商是将互联网上的网站进行分类并整理成目录形式，使用户能够方便地寻找到所需网站。目录服务包括三种形式：综合性目录服务（例如雅虎等门户网站），为用户提供各式各样不同站点的综合性索引，同时提供对索引进行关键词搜索的功能；商业性目录服务（例如互联网商店目录等），是为用户提供现有各种商业性网站的索引，不提供建设和开发网站的服务；专业性目录服务，是针对某一专业或者主题建立的网站，一般由该领域中的公司或者专业人士提供网站内容，包括用户提供对某一品牌商品的技术评价信息、同类产品之间的性能比较等，对商业交易具有极强的参考意义。

(2)搜索引擎服务商。搜索引擎服务商是为用户提供基于关键词的检索服务，其利用大型数据库存储各类站点的介绍和页面内容，用户能够利用这类服务商提供的搜索引擎对互联网进行实时搜索。目前用户最为熟悉和常用的搜索引擎服务商有百度和谷歌。

(3)虚拟商业街。虚拟商业街是指包括与两个以上的商业性站点连接的网站。虚拟商业街不同于商业性目录服务商的特点在于：虚拟商业街能够为需要加入的商家或者零售商提供建设和开发网站的服务并收取相应费用，例如租用服务器的费用和销售收入的提成等。

(4)互联网内容供应商。互联网内容供应商是在互联网上向目标客户群提供所需信息的服务提供者。此类站点能够为访问者提供大量其感兴趣的信息。目前互联网上的大部分网站都属于互联网内容供应商，并且大多数互联网内容供应商对网络浏览者提供免费的信息服务。

互联网内容供应商的收益主要来源于三方面：一是在互联网上免费提供信息内容，以此促进传统信息媒介的销售；二是降低信息传播的成本，从而提高利润率；三是为其他网络商家提供广告空间，收取广告费和销售提成。

(5)网络零售商。网络零售商与传统零售商相同，是将采购的各式各样的商品通过互联网直接销售给最终消费者，从中赚取差价的商家。网络零售商网上开店的成本明显低于同等规模的传统零售商店，并且网络零售商店的业务均通过计算机自动处理，节省了大量的人力成本，具有极强的竞争优势。

网络零售商分为三种类型：电子零售型网络零售商，例如亚马逊、当当、淘宝等；电子拍卖型网络零售商，例如易趣、淘宝拍卖等；电子直销型网络零售商，例如各大生产型企业的网络直销站点。

(6)虚拟评估机构。虚拟评估机构是指根据预先制定的标准体系对互联网上的商家进行评估的第三方评级机构，通过为消费者提供互联网上商家的登记信息和消费评测报告来降低消费者网络购物的风险，并对互联网市场中商家的经营行为起到间接监督的作用。

(7)网络金融机构。网络金融机构是为网络交易提供专业性金融服务的金融机构，网络交易过程中的信贷、支付、结算、转账等金融业务离不开金融机构的支持，网络金融机构包括各大国有银行、股份制银行、中国银联等。

(8)虚拟市场。虚拟市场又称为虚拟集市，是为想要进行物品交易的用户提供一个虚拟的交易场所，任何人都可以将需要出售的物品相关信息上传到虚拟市场的网站上，同时可以在网站上任意选择和购买其他用户发布的物品。虚拟市场的经营者对成功达成的每一笔交易收取一定的管理费用，例如赶集网、58同城等。

(9)智能代理。智能代理(Intelligent Agent，IA)是指利用专门设计开发的软件程序，根据消费者的喜好和需求预先为消费者自动进行所需信息的搜索和过滤服务的提供商。智能代理软件在搜索时能够根据用户自身喜好和其他用户的所有经验进行自动学习并优化搜索标准。除此之外，还有专门对消费者提供购物比较服务的智能代理，例如中华比较网、一淘网、酷买网等。

9.1.3.3 电子中间商与传统中间商的区别

(1)两者存在前提不同。传统营销渠道中商品生产者与消费者直接达成交易的成本较高，因此需要传统中间商进行分销；电子中间商是对传统直销方式的替代，是中间商职能和功效在新的领域里的发展和延伸。

(2)两者交易主体不同。传统中间商需要直接参加生产者与消费者的交易活动并且是交易活动的核心和驱动力；电子中间商是作为一个主体独立存在，不直接参与生产者与消费者的交易活动，但它提供一个媒体和平台。电子中间商为消费者提供大量产品信息和服务信息，为生产者传递产品服务信息和需求信息，便捷高效地促成生产者与消费者的交易。

(3)两者交易内容不同。传统中间商由于直接参加生产者与消费者的交易活动，因此需要承担物质、信息、资金等交换活动，并且这些交换活动是伴随交易活动同时发生的；电子中间商作为交易的一种媒体，只需要提供信息交换平台，而具体的物质、资金交换等实体交易活动则是在生产者与消费者之间直接进行，因此交易中间的信息交换与实体交换是分离的。

(4)两者交易方式不同。传统中间商主要是进行具体实体交换，包括实物、资金等；电子中间商主要是进行信息交换，属于虚拟交换，可以代替部分不必要的实体交换。

(5)两者交易效率不同。传统中间商需要多次活动才能达成生产者与消费者之间的交易活动，而交易过程中的信息交换不畅会造成生产者与消费者之间缺乏直接沟通；电子中间商提供信息交换可以帮助消除生产者与消费者之间的信息不对称，让生产者与消费者在有交易意愿的前提下实现具体的实体交换，极大地减少交易过程中因信息不对称造成无效交易和破坏性交易，最大限度地降低交易成本并提高交易效率和质量。

【知识扩展】

家电渠道商争相探索微店模式

随着微商的发展越来越火热，家电行业的企业也开始凑热闹：苏宁过半数员工成为微商，国美上万员工开微店，美的推出“美的合伙人”平台，员工、粉丝分销……瞄准熟人生意，能否成为这些企业重构电商和O2O业务的新手段？

渠道商争相探索微店模式

国美电器宣布2015年全渠道战略升级为“全零售战略”，目标到2017年再造一个国美。在国美全零售战略中相当重要的一个部分，是在用户界面平台增加了“微店”，“国美在线是国美全零售战略的核心，国美在线能否实现90%的增长，核心在于员工微店”。目前国美已在西安、厦门试点微店模式，员工在国美微店APP或者微信商城开设微店，微店内60%～70%的商品是由公司规定的必选热门商品，员工将产品推荐给亲朋，实现销售后，可获得与线下门店基本一致的佣金。目前已有1万多名员工开设了国美微店，而国美将近30万的员工能够让国美在线快速增长，覆盖线上线下全渠道。

正在探索微店模式的不仅是国美，另一家连锁巨头苏宁早在2014年底就开始鼓励员工大规模开设微店，苏宁仍在内测的微店APP注册用户已经超过了9万，超过50%的苏宁员工开设了微店。苏宁采取的模式是微店内所有的商品均来自苏宁易购，员工根据自己的兴趣爱好个性化运营微店。苏宁之所以鼓励员工开微店，一方面是互联网的开放性，另一方面电商社交化是趋势。苏宁认为互联网转型离不开员工的高参与和强创新，借由微店不仅能全面激活员工个性化运营、社交化传播的活力，还能帮助员工零风险兼职创业、额外创收，调动个体积极性，形成苏宁转型的推动力。

制造企业尝试开放式微营销

正在进行微店尝试的不仅是零售渠道商，还有家电制造企业。白电龙头美的就正在利用"美的合伙人"的微店平台进行销售创新，而且从开始就是对外开放的形式。这种合伙人模式本质上是一种微营销，让所有愿意参与且热爱美的产品的用户来帮助推荐产品。"美的合伙人"平台是会员制平台，普通消费者只有成为某个合伙人的粉丝才有资格以合伙人价格购买产品。当粉丝购买产品，合伙人将获得相应销售佣金，合伙人增加粉丝还有相应宣传佣金。商城的商品都标有"合伙人价格"和"电商最低价格"，合伙人价格比电商最低价格便宜90～1 300元。"美的合伙人"自2015年1月9日上线后，活跃用户迅速超过9万人，从卖净水器开始，目前已经覆盖美的冰箱、洗衣机、厨房、生活、中央空调等6个事业部，成为集团级平台。

微店模式仅是现有渠道的补充

国美、苏宁等大集团性公司将零售从公司行为进行分散，把每个员工当作微小创业者，让他们成为个体零售商，鼓励员工创业，对内部资源进行再利用，可以充分发挥员工的积极性。但微店是封闭的圈子，大多也就是做熟人、亲戚的生意，并不是在开放性的社会上开店，对销售拉动不会特别明显，仅是互联网时代的一种尝试。已经启动微店模式的企业并未对外公布其微店经营的具体销售数据，苏宁方面提供的数据仅显示"春节7天苏宁微店就产生了超过20万笔订单"，并称内测反应良好。不过企业都表示更看重微店为在线平台或者零售门店导流，为其商品提供更多的出货口。

苏宁认为"千军万马做电商，微店只是第一步"，而国美微店的销量现在未必能超过APP，但未来的总量却很可能与APP的销售抗衡，最重要的是有效利用已经沉淀的供应商等资源。不管是对渠道商还是制造商而言，微店这种方式只是对现有门店和线上渠道的一种补充，是一种渠道拓展的方式，能提升商家的入口流量，不会影响公司整体战略行为。企业通过佣金激发员工开设微店热情，但也有可能会使员工过于注重个体微店，从而影响公司系统化体系的整体目标，需要在员工个体微店和公司集团性目标之间形成平衡点。

（中研网，http://www.chinairn.com，2015年4月2日）

9.2 互联网营销渠道的发展现状与影响因素

9.2.1 互联网营销渠道的发展现状

根据《2015年全球互联网数据报告》的数据显示：2015年1月全球活跃互联网用户渗透率为总人口数的42%，比上年同期增长7%，全球共有超过36亿的独立移动设备用户，占总数的51%，比上年同期增长5%。然而根据CNNIC的2015年第35次《中国互联网络发展状况统计报告》的数据显示：截至 2014 年 12 月，我国网民规模达 6.49 亿，互联网普及率为 47.9%，较 2013 年底提升了 2.1%，详细增长情况见图 9—2。

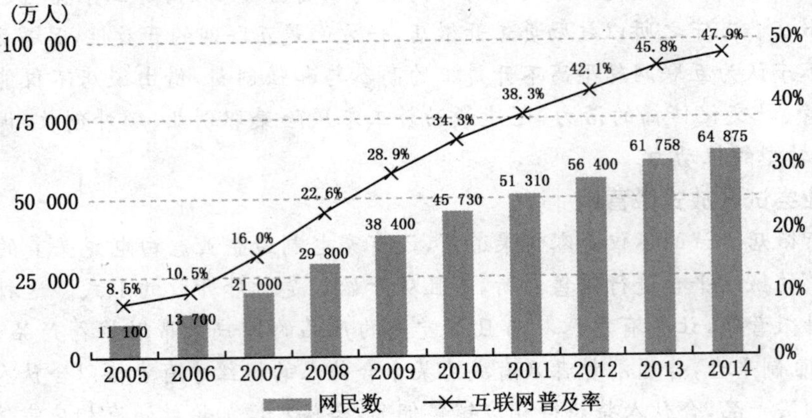

资料来源：CNNIC 中国互联网络发展状况统计调查。

图 9—2 中国网民规模和互联网普及率

在大数据和云飞速发展的背景下，企业信息化和利用互联网开展商务活动的能力已经成为知识经济竞争力的重要标志，同时也成为推动传统企业升级的主要力量，使企业能在技术上有重大跨越。为了适应全球化和世界经济结构的调整，越来越多的传统企业都在考虑如何在战略性互联网的发展环境中设计满足全球市场的营销策略，并找到适合企业本身发展的互联网营销渠道。

中国的电子商务市场尚未完全有效地开发利用，有非常大的利用空间。如何合理应用电子商务并建设完善的互联网营销渠道，是企业拓展自身发展、增强实力的重要方式。大型企业面临的难题是如何有效地发挥互联网营销渠道的作用；而中小型企业虽然能合理利用互联网营销渠道并从中获得利益，但由于企业自身实力不足导致营销渠道的建立并不完善。因此，许多企业会选择在天猫、京东、当当等网络电子商务平台上开展销售活动，既降低费用、提高企业的知名度，又能不再受到地域及时间等的限制。

9.2.2 影响互联网营销渠道发展的因素

9.2.2.1 产品自身特性

企业要注意根据产品的特性来选择互联网营销渠道。某些无形的产品和服务容易数字化并且选择性不强，不依赖传送渠道，可以通过互联网进行远程传输，这类产品使用互联网销售的效率较高；反之，有形产品以及选择性很强的无形产品必须依靠传统的销售渠道来实现产品的空间转移，这就需要一个完整的物流作为辅助，否则其互联网的营销效果会大打折扣。

9.2.2.2 企业自身实力

企业自身实力包括企业的技术实力与企业的资金实力。对于企业而言，建立企业网站无需花费太多，但关键是企业是否具备相应的专业技术和知识来维护自己的网站。如果企业本身技术实力雄厚，开设网站后能够很好地维护并为企业带来可观的收益；反之，若企业本身实力不济，则可选择网络中介开展业务或者聘请专业的网络公司对其网站进行维护。

9.2.2.3 目标市场

企业在对产品的营销渠道进行设计时，必须考虑到产品目标消费者的特点，这是该产品营销活动是否能获得成功的重要因素。如果产品的目标消费者十分了解互联网并能频繁地使用互联网，例如 80 后、90 后的年轻人，企业应该充分利用互联网渠道让消费者通过网络接收到该产品的信息以及各种营销信息；相反，如果产品的目标消费者对互联网比较陌生且接触较少，企业可以选择传统的营销渠道来销售该类产品。

9.2.2.4　5C 因素

在选择互联网营销渠道时，需要考虑 5C 因素，分别为成本因素（Cost Factor）、信用因素（Credit Factor）、覆盖因素（Cover Factor）、特色因素（Characteristic Factor）和连续性（Continuity）。

（1）成本因素：成本主要是指企业在信息服务过程中支付给网络中介的费用，包括中介网络服务站建立网站所需的各项费用以及维护网站及其电子商务渠道顺利进行的费用。对成本进行分析并有效控制是企业在激烈的市场竞争中能否成功的基本要素。

（2）信用因素：信用是指网络服务提供商所具备的信用度，信用直接体现一个企业的价值和综合能力，信用越高说明该网络服务提供商的履约能力和管理水平越高；反之，信用低的网络服务提供商可能在某些方面存在不足。企业在选择网络服务提供商时需要充分考虑其信用度，选择有良好信用度的合作伙伴也是顺利进行营销活动的可靠保证。

（3）覆盖因素：企业通过建立网站对企业自身以及产品进行宣传和营销，覆盖主要是指网站的覆盖程度。对于企业而言，网站覆盖程度高并能进行合理有效的覆盖，必将给企业带来经济收益和社会效益。针对企业特色，利用信息技术来拓展网站的覆盖程度是企业在互联网时代需要考虑的问题。

（4）特色因素：随着网络的发展，消费者对网站的要求也越来越高。试想，在这么多的网站中，没有企业特色、平庸无奇的网站无法令人感兴趣，更别提详细浏览网站了。企业网站不只是要实现产品展示、在线购物或支付，还需要拥有自己的特色。不同的网络站点需要具备不同的特点，而这些具有不同特点的网站将吸引不同消费人群浏览和关注。

（5）连续性：不同的网络站点的生命周期各不相同，只有具有连续性的网站才可能吸引更多的消费者。企业必须意识到一个网站必须保持经常且连续更新，才能不断地吸引访问者再次光临，使潜在的消费者变成客户；若网站一成不变，是无法获得更多的商业机会的。因此，保持企业网站的连续性是互联网营销的一个重要手段。

9.2.3　互联网营销渠道存在的问题

（1）信息交流缺乏真实感。互联网作为一种信息渠道有很多优点，但却有一个致命的弱点，就是缺乏真实感。目前依然有大部分消费者相信"眼见为实"，而在传统交易过程中，消费者能够享受真实的购物体验，例如你可以试穿适合自己尺码的衣服，你可以试吃想要购买的食物，你还可以试用你想购买的任意产品等。互联网营销渠道为消费者提供了相当大的便利，消除了地域的限制，节省了消费者时间，但只能通过互联网信息服务与销售者进行信息沟通，双方的信任度对消费者的消费决定有很大影响，例如销售者无法及时回应消息，销售者与消费者文字交流时可能产生的误解等。通过互联网进行的信息交流同样是无法面对面的虚拟交流，很容易让消费者产生不信任感，这也是影响互联网营销的一个重要障碍。

（2）互联网交易安全存在风险。消费者在互联网进行消费时，除担心在消费过程中缺乏真实感外，还会担心在消费过程中的信息安全问题。在互联网上进行电子交易的时候存在三种信息安全问题：一是消费者自身的信息安全，包括消费者的个人信息以及银行卡账号、支付密码等重要的财务信息，这也是大多数人在使用网上银行和移动支付时十分谨慎的原因。二是企业的信息安全，主要是指订单信息以及转账信息是否会被泄露或者被商业竞争者获取。企业信息一旦泄露或者被盗取，不仅会影响企业产品的营销和自身发展，而且会影响购买和使用该企业产品的消费者的信息安全。三是计算机病毒。计算机病毒不仅能够造成数据和信息丢失，而且能够控制网络用户的计算机，窃取用户的重要信息。计算机病毒的存在和不断更新也让消费者对网络交易的安全持怀疑态度。

(3)资金流的网络化尚未完全实现。几乎所有的银行都向用户提供了在线支付的功能，但是银行和银行之间缺乏统一规范的安全协议，导致银行提供的网络支付工具无法通用，并缺乏统一的规范，这也导致网络用户无法方便快捷地使用网络支付手段。支付宝支付和微信支付等新型网络支付手段的出现在一定程度上缓解了用户对于网络支付便捷性的质疑，但是支付宝支付和微信支付出现的技术限制和安全问题依然无法得到很好的解决。因此，部分互联网消费者对网络支付依然缺乏信心，而选择非网络支付方式，例如货到付款、邮局汇款或者是银行转账等方式。

(4)物流成本高。互联网营销渠道通过减少一些不必要的中间环节降低了成本，能够给消费者提供更多的价格优惠，但互联网面临的最大问题就是物流配送问题。互联网上销售的商品分为有形商品和无形商品，对于无形商品(例如应用软件、在线服务、影音产品以及电子书籍资料等产品)，商家可以直接通过互联网来进行商品的配送；对于有形商品则必须通过线下的物流配送体系送达消费者手中。

目前，企业采取的物流配送方式主要有邮政运送系统、第三方物流企业以及自建物流配送系统。邮政运送系统具有较完善的物流配送体系，几乎覆盖国内的任意一个地方，但邮政运送系统的收费高且速度较慢，影响销售者对于互联网购物的快捷性。我国专业物流企业的发展起步较晚，运输体系尚不完善，虽然出现如顺丰等规模迅速扩张且服务良好的物流公司，但面对国内庞大的物流市场仍显不足。专业物流公司虽然运送速度较快，但还是受到地理位置的制约，并且对于企业而言，与第三方物流公司合作虽然投资较少，但是也存在很多亟待解决的问题。采用前面两种物流配送方式无疑对于企业来说比较被动，如果希望商品能够快速送到消费者手里，企业还可以自建物流配送体系，这样不但可以提高物流配送效率，还能提高消费者对于整个互联网购物过程的满意度，但是这需要庞大的资金支持和人力、物力支持，例如京东和苏宁。

【知识扩展】

京东送货物流为什么这么快？

2015年，中国的大电商平台格局已定，各大平台开始重视的方向已经从过去的价格战转向最后一公里和O2O的布局了。移动电商、社交电商时代的到来，O2O成为每一家平台布局的重点。上市一周年的京东，在2015年初就开始倾注重要战略布局：启动京东到家O2O平台，布局京东到家O2O物流服务。让京东传统的物流升级到快物流服务，而这快物流后台的核心就是京东物流的内核——青龙系统。

京东根据用户的大数据分析，能够预测核心城市各片区的主流单品的销量需求，提前在各个地区物流分站预先发货，客户下单后会在2小时左右享受到惊喜的物流服务。这远远超出了原来的211限时达、次日达等服务了。这背后是用户大数据＋青龙系统＋O2O的运营体系的有效支撑。

京东“青龙系统”到底是如何运营的?

1. 青龙系统作业流程

物流无疑是京东的核心竞争力之一,在每一个用户的订单处理背后,如何实现看似简单的发货与收货,实际上在这背后隐藏着一套复杂的物流系统,京东称之为“青龙”。青龙系统的核心要素包括:仓库、分拣中心、配送站、配送员。实现的流程如下:

(1)仓库负责根据客户订单安排生产,包括订单打印、拣货、发票打印、打包等。它是一个个订单包裹生成的地方。

(2)仓库生产完毕后,将订单包裹交接给分拣中心;分拣中心收到订单包裹后进行分拣、装箱、发货、发车,最终将包裹发往对应的配送站。

(3)配送站进行收货、验货交接后,将包裹分配到不同的配送员,再由配送员负责配送到客户手中。

在整个配送网络中,物流、信息流与资金流的快速流转,实现了货物的及时送达、货款的及时收回、信息的准确传递。

2. 青龙系统的模块构成

解析整个青龙系统,青龙的模块结构主要由整体系统架构+核心子系统组成。

(1)整体系统架构。主体架构上,整个青龙系统成为京东物流的内核,前段接口开放给所有平台,下面直接开放到内部的物流运营机构和第三方物流企业。

(2)核心子系统模块。青龙系统的核心子系统是由6大核心结构即对外拓展、终端服务、运输管理、分拣中心、运营支撑、基础服务组成。

在这6个核心模块当中,实现快速配送的核心主要归功于预分拣子系统。预分拣是承接用户下单到仓储生产之间的重要一环,可以说没有预分拣系统,用户的订单就无法完成仓储的生产,而预分拣的准确性对运送效率的提升至关重要。

3. 青龙支撑快物流

运营体系的核心:预分拣子系统。

青龙配送系统在预分拣中采用了深度神经网络、机器学习、搜索引擎技术、地图区域划分、信息抽取与知识挖掘,并利用大数据对地址库、关键字库、特殊配置库、GIS地图库等数据进行分析并使用,使订单能够自动分拣,且保证7×24小时的服务,能够满足各类型订单的接入,提供稳定准确的预分拣接口,服务于京东自营和开放平台(POP)。

4. 青龙的龙骨:核心子系统

如果说预分拣系统是京东物流的心脏,那么青龙的核心子系统则扮演龙骨的角色。整个青龙配送系统是由一套复杂的核心子系统搭建而成,各个环节都有相应的技术进行配合。

(1)终端系统:通常你会看到,京东的快递员手中持有一台PDA一体机,这台一体机实际上是青龙终端系统的组成部分。在分拣中心、配送站都能看到它的身影。据了解,目前京东已经在测试可穿戴的分拣设备,推行可穿戴式的数据采集器,解放分拣人员双手,提高工作效率。此外,像配送员APP、自提系统也在逐步覆盖,用来完成“最后一公里”物流配送业务的操作、记录、校验、指导、监控等内容,极大地提高了配送员的作业效率。

(2)运单系统:这套系统是保证你能够查看到货物运送状态的系统,它既能记录运单的收货地址等基本信息,又能接收来自接货系统、PDA系统的操作记录,实现订单全程跟踪。同时,运单系统对外提供状态、支付方式等查询功能,供结算系统等外部系统调用。

(3)质控平台:京东对于物品的品质有着严格的要求。为了避免因为运输造成的损坏,质控平台针对业务系统操作过程中发生的物流损等异常信息进行现场汇报收集,由质控人员进行定责。质控系统保证了对配送异常的及时跟踪,同时为降低损耗提供质量保证。

(4)监控和报表:为管理层和领导层提供决策支持,青龙系统采用集中部署方案,为全局监控的实现提供了可能。集团可以及时监控各个区域的作业情况,根据各环节的顺畅程度及时做出统筹安排。

(5)GIS系统:也叫地理信息系统。基于这套系统,青龙将其分为企业应用和个人应用两个部分。企业方面利用GIS系统可以进行站点规划、车辆调度、GIS预分拣、北斗应用、配送员路径优化、配送监控、GIS单量统计等功能;而对于个人来说,能够获得LBS服务、订单全程可视化、预测送货时间、用户自提、基于GIS的O2O服务、物联网等诸多有价值的物流服务,通过对GIS系统的深度挖掘,使物流的价值进一步得到扩展。

青龙系统对于京东来说具有重要的战略价值,是驱动京东到家O2O、敏捷供应链、全品类扩张(特别是生鲜)、末端众包物流等新战略的关键。

(站长之家,http://www.chinaz.com,2015年7月14日)

9.3 互联网营销渠道的渠道冲突

互联网营销渠道以其成本低廉、互动性好、不受时间场地限制以及用户数目庞大的特点,使得越来越多的企业将互联网这种新型的营销渠道纳入企业现有的营销渠道系统中。但是营销渠道的变革必然会导致冲突的产生,而许多企业已经就互联网营销渠道与传统营销渠道的冲突感到棘手。

9.3.1 互联网营销渠道与传统营销渠道冲突的表现形式

(1)价格冲突。互联网营销渠道在很大程度上缩减了传统营销渠道的中间环节,加上没有实体店的租赁费用以及各项管理费用,产品的成本较传统营销渠道低,产品成本的降低会促使商家降低产品的销售价格,或者制定力度较大的促销计划,使消费者得到实惠,增加产品的销售量并扩展产品的市场份额。商家对互联网营销渠道的日益重视必然会引起传统渠道商的不满,使他们陷入非常不利的竞争地位。

(2)目标客户冲突。互联网的最大特点就是不受时间和空间的限制,在任何时间、任何地点,任何人只要接入互联网,在理论上都已成为互联网营销渠道中的潜在客户。如果是互联网营销渠道和传统营销渠道覆盖共同的客户资源,并且都尝试向这些客户销售同一种产品的时候,就必然会存在争夺目标客户的冲突。

(3)利益分配冲突。在传统的营销渠道中,产品是通过各级经销商或者代理商层层传递后销售给消费者的。在这一过程中,每一级经销商或代理商都要从中抽取一定的利润,然而互联网营销渠道则不需要经过经销商或代理商直接销售给消费者,这样会直接损害到传统经销商或代理商的利益,导致在利益分配中产生冲突。

9.3.2 互联网营销渠道与传统营销渠道冲突的原因

(1)销售目标冲突。产品生产商引入互联网营销渠道的目的是减少产品流通环节,降低产品交易成本并扩大产品的销量,而此时产品生产商不再仅仅作为产品的供应者角色存在,它同时成为传统渠道商的竞争者，直接与传统渠道商争抢客户。传统分销商必然会感觉自己的利益受到损害，由此产生互联网营销渠道与传统营销渠道的渠道冲突。

(2)销售领域冲突。

一是销售目标客户冲突。当产品生产商采用互联网营销渠道扩大产品销量时，不可避免地与传统渠道商的客户重叠，引起"横向"和"纵向"的冲突。这些冲突不仅会引发生产商与渠道商之间的矛盾，还会导致产品交易成本大大增加。

二是销售区域冲突。互联网的全球性使互联网营销渠道可以扩展到全球任何能够上网的消费者，突破了传统的地域限制，但这必然会与传统营销渠道的销售区域发生冲突。传统营销渠道的销售区域是先划分好，避免出现区域冲突，而互联网营销渠道无疑打破了这种平衡。

三是销售渠道分工冲突。网络直销的出现会导致传统渠道商不仅要额外承担一部分职能却无法获得相应的回报。例如，消费者向传统零售商了解产品信息并进行购买前的咨询活动，但最后却在网络商店以比较低的折扣价格购买，这样就在无形中把本应该由互联网渠道承担的成本转嫁到传统渠道身上。而在这种情况下，传统经销商虽然付出了销售成本，却无法通过最终实现产品销售来受益。还有一部分消费者通过生产商建立的网站或者网店购买了产品后，却试图通过传统零售商店进行退换货或是后期服务，这进一步导致互联网营销渠道与传统营销渠道的冲突。

(3)理解冲突。虽然产品生产商认为其采用互联网营销渠道是为了利用互联网来扩大产品销售的市场范围，吸引一部分不愿意或者无法从其他渠道购买产品的顾客能购买到产品，而并非与传统经销商进行竞争，但是传统经销商无法认同生产商的这种想法。传统经销商认为，生产商是想通过互联网避开中间商而直接将产品销售给消费者，从而抢占更多的市场份额，获取更高的利润。这两者的冲突来源于生产商关心的是如何把市场做大做强，而分销商则关心市场是如何细分的。

9.3.3 互联网营销渠道与传统营销渠道冲突的治理

对于产品生产企业而言，想要对互联网营销渠道与传统营销渠道进行有效的管理，可以采取以下几种方法。

(1)选择合适的产品和服务。产品生产企业在同时选用互联网营销渠道与传统营销渠道进行销售的时候，应该尽量避免使用两种渠道销售同样的产品，这样能够降低互联网销售产品与中间商产品的对比，从而降低渠道冲突。产品生产企业应该给不同渠道销售的产品配上不同的产品命名、包装及代号，产品外包装上直接标注"网络直供"的标志以示区别。企业从出货源头上把控网络专供产品的出货渠道，保证这些产品全部通过网上商城直销和互联网渠道分销的方式出货，这样就能确保网络专供产品的供货途径，防止窜货，同时也避免与传统渠道产品的价差问题。

另外，80 后、90 后已经成为互联网购物的生力军，他们的需求更趋于时尚化和个性化，互联网营销渠道可以为这类消费者量身定制产品，消费者也可以自由地将互联网提供的素材进行组合，生产出独具特色的个性化产品。

(2)制定合适的价格方案。大部分生产企业选择在互联网销售的价格不低于其他传统中间商或者在互联网销售时不设置折扣来降低两种渠道间的冲突。现在越来越多的产品生产企业意识到如果互联网上销售的产品价格比传统渠道商销售的价格更低的话，必定会损害传统渠道商的利益，因此产品生产企业在进行在线销售时会保持高价并不在网上提供任何折扣。

例如，海尔电器在其网站上制定的价格仅仅比全国统一零售价格低1%～3%，加上运费后和零售价差不了多少，这样能在价格上避免对传统渠道商造成威胁。为了降低渠道间的冲突，产品生产商不应将其网站上的产品销售定价过低，至少不能比其他渠道商的销售价格低很多。

(3)利用渠道优势互补。产品生产企业在充分了解两种营销渠道的优缺点后，可以整合两种营销渠道的优势，例如互联网营销渠道除了传统营销渠道所具备的属性之外，还具备媒体属性。产品生产企业可以利用互联网渠道的媒体属性来进行媒体宣传，迅速提升企业的品牌知名度，通过互联网营销的传播来带动传统渠道的销售。企业还可以利用互联网在为自身产品做宣传的同时，将传统渠道作为产品的展示平台，并同步在互联网上进行产品销售。

对于传统营销渠道而言，其采购体系、物流配送体系和售后服务体系较为成熟，而产品生产企业除了自建的网上商城之外，其他大部分依赖第三方物流外包的方式，这样不仅产品经常缺货、产品配送效率低，而且售后人员无法帮助消费者进行调试、讲解和其他服务。因此，产品生产企业应该将传统渠道商纳入自己的网点商务体系中来，与其建立良好的合作关系，最终达到双赢的效果。

【知识扩展】

互联网营销渠道与传统营销渠道有效互补
——以星巴克APP营销为例

企业APP是企业类手机客户端，主要展示企业形象、产品介绍，并具备消息推送、在线分享、客户留言、企业新闻、位置定位、联系我们等功能。许多用户会利用APP来打发碎片时间，企业正好利用企业APP与用户长期进行信息交流，既节约成本又提高效率。

星巴克在全世界都是家喻户晓的品牌，借助"多数人可以承担的奢侈品"这一理念，使星巴克拥有收入高、忠诚度强的白领阶层和咖啡瘾等消费群体。星巴克APP就如同一个及时分享的社区，它囊括了GPS定位、绑定会员、记录咖啡心情、产品信息浏览和查询以及同步社交网络等功能。星巴克APP营销不仅推广了品牌，更适当地利用APP营销的特点来进行营销。

个性化和人性化的APP营销

星巴克APP作为星巴克在互联网界的新成员，将星巴克的产品和服务有效地融入其中。星巴克针对不同节日和人群推出不同产品，例如针对情人节、圣诞节等节日以及商务男士、白领丽人等人群推出不同的饮品，实现个性化的营销创新。星巴克APP的功能设置十分人性化，APP初推时的两个功能别出心裁："星巴克时刻"帮助消费者记录咖啡心情，分享生活感悟；"门店查询"利用GPS定位告诉消费者寻找离自己最近的门店。

通过APP与消费者互动

APP营销的最大特点是互动性强，这一点是传统媒体无法比拟的。星巴克在推广新品早餐时，利用APP推出"早安闹钟"活动，每天早餐7:00～9:00，在闹钟响起之后的1小时内到达附近的门店购买咖啡饮品，即可半价享受新品早餐。此活动在微博上分享推广后，吸引大量粉丝的关注和参与，推出活动后的一个月内，星巴克APP下载量超过9万次，超过50万人设置了早安闹钟。

利用APP实现营销创新

星巴克通过APP实践新型奖励营销。奖励营销就是消费者在购买商品的同时，回馈相关的奖励，一般以实物为主。在星巴克APP的"星成就"中共有18个成就，完成相应任务就能得到奖励。例如，3个月内累计5次在周一签到星门店，就能获得"周一追星族"成就。这种奖励营销不仅能驱动用户消费并使用APP，更能节约营销成本。

除此之外，星巴克提供将信息分享到社交网络的功能，使用者可以将"星消息"中的促销信息、咖啡知识以及"星成就"中获得的成就快捷地分享给自己的粉丝和亲朋好友，吸引更多人的关注。

除了上述这些功能之外，使用者可以通过APP中的星享俱乐部随时查看自己的消费情况和星星累计信息。星巴克APP实质上是一个企业与顾客、顾客与顾客之间的交流软件，与星巴克门店有机结合，实现目标消费者对品牌的深度了解，巩固品牌地位，促进品牌忠诚度的形成。

（袁政、李思颖：《移动APP在企业营销传播中的应用——以"星巴克中国"APP为例》，《青年记者》2015年第6期第81～82页）

9.4　互联网营销的渠道分析

9.4.1　网络广告营销

网络广告是指在互联网上投放的各种形式的广告，利用网站的广告横幅、文本链接和多媒体的方式在互联网上刊登或发布广告，并且通过互联网切换到用户的一种高科技广告运作方式。与传统的四大传播媒体（报纸、杂志、电视和广播）的广告以及户外广告相比，网络广告具有互动性、及时性、多媒体、跨时空等优势，能够配合企业整体营销战略，进行企业和产品的形象展示，从而吸引消费者的注意。

网络广告的形式包括横幅式广告、旗帜广告、按钮式广告、文字链接广告、弹窗式广告、关键字广告、主页型广告、搜索广告以及网络视频广告等。网络广告的具体计费方式详见表9—1。

表9—1　　网络广告的计费方式

名称	全　称	计费方式
CPM	Cost Per Thousand Impression	按每900次广告展示量计费
CPC	Cost Per Click	按广告点击的次数计费
CPA	Cost Per Action	按广告投放的实际效果计费
CPR	Cost Per Response	按广告浏览者的回应次数计费
CPS	Cost Per Sale	按实际销售产品的数量计费
CPP	Cost Per Purchase	按产品购买行为计费
CPL	Cost Per Leads	以搜集潜在客户名单数量计费

9.4.2　邮件营销

邮件营销（E-mail Marketing）是通过电子邮件的方式向目标用户传递有价值信息的一种

网络营销手段，也是利用电子邮件与受众客户进行商业交流的一种直销方式。邮件营销有用户许可、电子邮件传递信息、信息对用户有价值三个基本要素，三者缺一不可。

虽然邮件营销方式十分老套，但是在基数巨大的情况下邮件营销的效果还是比较明显的。不过目前大多数企业只是用邮件来进行客户维护，对于客户开发则相对较困难。邮件营销的具体实施流程如图 9—3 所示。

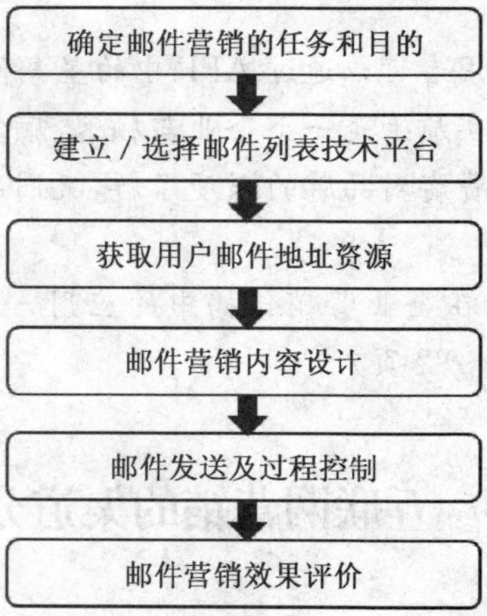

图 9—3　邮件营销实施流程

9.4.3　网络公关

网络公关（PR online）是利用互联网的高科技表达手段塑造企业形象，并为现代公共关系提供新的思维方式、策划思路和传播媒介。自 2001 年开办“中国公关网”以来，企业自身的公关网络更是如雨后春笋般生长起来，中国公关业和企业有了自己的门户网站和宣传平台，能够以最快的速度交流企业信息，公共关系处理得当，对国家、企业以及个人都具有重大意义。

网上公关的主要形式有：

(1)网上新闻发布/网络媒体新闻发布和网上新闻发布会。主要平台：综合性门户网站、行业性门户网站或媒体、新闻媒体的网络版以及网络出版物。

(2)BBS 论坛/社区公关。主要平台：门户网站/行业门户的专业 BBS 论坛、专业社区网站以及网络媒体开设的论坛。

(3)网上公关活动。与线下的公关活动相对应，网上公关活动主要指企业在网络上开展或组织的企业公关活动。主要平台：重要媒体网站、门户网站、SNS 社区以及论坛网站等。

9.4.4　搜索引擎营销

搜索引擎营销（Search Engine Marketing，SEM）是让用户发现信息，并通过搜索引擎点击进入网站/网页进一步了解其所需要的信息，通过购买搜索引擎上的关键词来进行品牌呈现和流量引导。搜索引擎优化营销的主要目标包括被搜索引擎收录和在搜索结果中排名。

搜索引擎营销的方法主要有竞价排名和定价提名两种。

(1)竞价排名是网站付费后才能被搜索引擎收录并靠前排名，付费越高者排名越靠前；而竞价排名服务则是由客户为自己的网站购买关键词排名、按点击计费的一种服务，客户可以通过调整每次点击的价格，控制自己网站在特定关键字搜索结果中的排名，并通过设定不同的关键词来捕捉不同类型的目标访问者。

目前国内最流行的点击付费搜索引擎包括百度、雅虎和谷歌等。企业即使已经制定 PPC (Pay Per Click，按照点击收费)付费广告和竞价排名，也应对网站进行搜索引擎优化设计，并将网站发布到各大免费的搜索引擎中。

(2)定价提名是基于 DataEX 架构、FIBI 架构和云计算等技术，集效果和推广成本、排名和转化率等多重优势于一体的互联网搜索营销解决方案。FIBI 架构实现全网搜索引擎的物理算法分析，DataEX 实现多个系统数据的无缝连接和实时交换，Paas 架构的云计算充分保障海量访问检索的需求，因此定价提名是互联网 SEM 领域将技术产品化、服务化的全新解决方案。

【知识扩展】

谷歌排名优化圣经

在企业对网站进行排名优化时，成功的程度取决于网站所在的行业、潜在市场和竞争水平，但下面的要点能仅仅依靠谷歌，在一年的时间里，打造一个成功的网站。

(1)准备工作和建立内容。网站在注册域名之前，应该至少准备足够 90 个网页的内容，这 90 个网页是真正的内容，而不是链接页、关于我们页、联系我们或者版权声明等网页。

(2)域名。网站应该选择一个容易建立品牌的域名，你要的是 Google. com，而不是“关键词”. com。包含关键词的域名应该被丢弃，最有效的做法是选择易于建立品牌和容易辨识的域名。

(3)网站设计越简单越好。网站设计的一个指标是文字内容的比重应该大于 HTML 格式的比重。整个网页应该规范化，在所有的浏览器上显示正常，并且用逻辑的方式安排网站，例如在目录中使用关键词。

(4)网页大小。网页大小最好控制在 5K～9K，虽然很难做到，但对搜索引擎和对访客都有效。

(5)网页内容。每天一页高质量的、有内容的网页，有实效性和主题的文章永远是最好的。文章使用标题，用黑体来强调重点，并且注意语言的逻辑性。

(6)网页密度和位置等。在这些地方用一次网站的关键词：网页标题、说明标签、正文标题、网址 URL、黑体、斜体或网页的最开始，关键词密度介于 5%～20%。

(7)导出链接。在每一个网页链接向一到两个排名高的网站，在链接文字当中加上关键词。

(8)网站内的交叉链接，是指同一个网站内的链接。在你的网站内将高质量的内容互相链接起来，尤其对谷歌而言，基于共同内容的相互链接对在你的网站之内分享 PR 是非常重要的。

(9)开通网站。最好不要使用虚拟主机而是使用你自己的单独的 IP 地址，并且确保你的网站可以被搜索引擎蜘蛛所索引。所有的网页都应该链接向你网站里其他的网页，所有的网页距离主页都不应该超过两次点击，所有内容页也都应该链接回主页，一个在所有页上都存在的菜单系统，应该链接到你的网站上的主要部分。

(10)网站提交。将网站主页提交到谷歌等搜索引擎。

(11)记录和跟踪。使用一个高质量的能够记录访客来源的日志分析软件,来记录和跟踪访客。

(12)观察引擎蜘蛛。观察来自搜索引擎的蜘蛛们,确保蜘蛛在爬行你的整个网站。

(13)主题性的分类目录。每一个行业都有自己的权威分类目录,将网站提交到这些分类目录当中。

(14)链接。到谷歌版本的开放目录查询你网站所在的行业,找到可以免费交换链接的网站并要求与这些网站交换链接,并在主题性的网页上选择一段内容作为链接的文字。

(15)导出链接。当网站收到交换链接请求时,要通过谷歌仔细查看对方的网站和 PR 值。不要链接到有问题的网站和质量不高的网站,并且确保对方网站和你的是同一个行业内。

(16)丰富你的网站。可以用一些内容丰富网站,例如推荐网页给朋友、论坛、邮件列表以及电子杂志等。

(17)研究日志文件。过了 30～60 天之后,网站应该已经得到一些访客。仔细分析人们是用什么关键词搜索找到你的网站的?是不是有一些很莫名奇妙的关键词组合?为什么人们会用这些关键词找到你的网站?有没有什么东西是你忽视的?很有可能你应该以这些为主题,创建更多的网页。

仔细研究你的网站和日志,给搜索引擎需要的网页。搜索引擎会准确地告诉你,他们想要什么。你要仔细看,在你的网站日志中有一座有待开发的金矿。

(18)每天增加一页高质量的网页,谷歌喜欢大量的高质量的内容和以一系列关键词为基础的广泛的内容。在经过一年以后,网站应该已经拥有 400 页左右高质量的内容。这些内容应该使你的网站在很广泛的关键词里面得到好的排名。

(阿里云,https://www.aliyun.com,2014 年 12 月 17 日)

9.4.5 搜索引擎优化

搜索引擎优化(Search Engine Optimization,SEO)是一种利用搜索引擎的搜索规则来提高网站在有关搜索引擎内的自然排名的方式。SEO 的目的是为网站提供生态式的自我营销解决方案,让网站在行业内占据领先地位,从而获得品牌收益。

搜索引擎优化的内容包括内部优化和外部优化两个方面,具体优化内容如表 9—2 所示。

表 9—2 搜索引擎优化内容

优化方式	优化内容	优化举例
内部优化	META 标签优化	标题、关键词、描述等优化
	内部链接优化	相关性链接(Tag 标签)、锚文本链接、各导航链接及图片链接优化
	网站内容更新	每天保持站内文章的更新等
外部优化	外部链接类别	利用博客、论坛、B2B、新闻、分类信息、帖吧、知道、百科、相关信息网等保持链接的多样性
	外链运营	每天添加一定数量的外部链接,使关键词排名稳定提升
	外链选择	同自己网站相关性比较高、整体质量比较好的网站交换友情链接,巩固稳定关键词排名

【知识扩展】

企业网站的SEO优化策略与技巧

● **企业网站SEO优化策略**

(1)关注用户体验。对于企业而言,建设网站的目的是让用户找到需要的信息,并以此产生客户访问量,提高网站的关注度。网站从建设初期,在域名选择、网站结构、网页风格、代码编写等方面力求精简清晰。不要在网页上使用大量的动画效果或是影响打开速度的元素,这样对于用户来说能方便打开网页,而且能够快速地找到所需信息。做好网站优化,尤其是内部优化。记住一个原则:最好用的网站不一定最好看。

(2)关键词研究。关键词的选择是网站能够在搜索引擎上得到一个好的排名的首要任务。对于专业的SEO研究者来说,研究关键词是用户能够找到自己网站的一个重要指明灯,它能够显著提升网站的访问量和排名。但用户的搜索习惯是不断发生变化的,例如通过百度搜索引擎的下拉框、相关搜索等方式,可以发现用户使用的搜索词会受当前社会热点、新闻时效性等影响。因此,对于网站上的关键词不能一成不变,而是要顺应市场的发展变化,坚持每天分析关键词。

(3)利用空间或微信提高排名。不同行业的企业网站推广方式也不相同。比如,有些企业网站销售的是大型设备,无法直接通过电子商务网站进行在线交易,因此在网站上,只是介绍产品的基本配置、性能描述、产品优势及联系方式。对于这类企业网站,可以通过一些空间或微信方式进行推广。利用QQ空间做网站推广,目前在互联网上非常流行。现在无论哪个年龄段的从业者,大多数都在使用QQ相互联系,因此QQ空间也成为一种常见的交流方式。当日志有更新或有评论时,QQ程序上会设置提醒,可以吸引别人来查看日志,并且QQ空间本身在百度搜索引擎上排名相对靠前,如用户在搜索条输入关键词,排名相对靠前的是百度空间、百度百科,QQ空间排名也相对靠前。因此,对于企业网站来说,利用QQ空间无意中走了捷径。

(4)注重外部链接。外部链接对于网站优化来说是难点之一,而且相当费时费工,甚至无法保证有投入就有回报。但是建设好外部链接,尤其是难度大的链接效果反而越好。因此,网站的SEO人员不能盲目追求链接的数量,而是更多关注链接的质量。对于外部链接的建设,更应该从自己建设转变到吸引外部链接上,而吸引外部链接更多地需要网站在更新过程中进行,并注重原创内容的发布。原创内容对于企业网站来说并不易,企业不可能每天都有新的产品发布,或是新的技术研制。因此在原创内容上,应更加关注行业相关信息的分析,以及对于目前市场情况等概括性分析。原创内容不仅发布在自身的网站上,还可以向本行业的权威网站投稿,并附上本站地址。一些权重高的网站通过原创内容了解并信任以后,便会给该网站一个单向链接,但这个过程可能需要经过几个月时间。

● **企业网站SEO优化技巧**

(1)内部优化。目前随着搜索引擎算法的多样化及复杂程序,内部优化在SEO中也越来越占据重要的位置。内部优化主要包括关键词优化、URL优化、代码优化、网页结构优化及网站结构优化等。关键词优化是最基本也是最重要的内部优化,决定了能否让更多的用户搜索到相应的关键词,使网站目标关键词在某个搜索引擎上得到更好的排名。

(2)外部优化。网站外部优化主要是指链接优化,主要就是为网站合理增加有效、有权重的外部链接。外部链接在整个网站优化中占据重要地位,也是网站推广、提高排名的最大难度之一。在搜索引擎诞生初期，链接的作用只是单纯地引导用户从一个网页跳转到另一个页面。但随着SEO的兴起，外部链接表示了网站的权重性，是否被其他网站信任，也成为了搜索引擎排名的一个重要依据。实践证明，高质量的外部链接，在增加网站访问流量的同时，能够快速提升网站知名度，和其他网站对于本站的友情链接。

企业网站在进行优化的时候，更加要注重利用互联网上现有的免费资源。但是SEO优化永远不是一蹴而就的，必须通过长期不断的研究分析，才能够得到好的排名。

（Metinfo，http://www.metinfo.cn，2015年3月27日）

9.4.6 社会化媒体营销

社会化媒体营销（Social Media Marketing，SMM）是指利用社会化网络、在线社区、博客、百科或者其他互联网协作平台和媒体来传播和发布资讯，从而形成的营销、公共关系处理和客户关系服务维护及开拓的方式。互联网营销中的社会化媒体主要是指具有网络性质的综合站点，其主要特点是网站内容大多由用户自愿提供，并且用户与站点不存在直接的雇佣关系。

社会化媒体营销的常规渠道有以下几种。

（1）网络新闻。其价值在于能在短时间内提升企业的曝光度，同时将媒体报道的负面消息通过正面的覆盖压制下去。发布网络新闻的方式包括：通过百度搜索新闻稿发布可以对比相关的发布平台和通过猪八戒等威客网站寻找相关的渠道进行发布。

（2）百度贴吧。其价值在于能帮助企业或个人搭建一个自有平台，让潜在客户在贴吧内互相交流，从而提升品牌的曝光度，产生用户黏度。百度贴吧的运营方式是申请企业品牌关键词的贴吧名。贴吧里的内容不要随意删掉，定期维护贴吧，提高贴吧本身的影响力。

（3）知识问答，例如百度知道、知乎、360问答、搜狗问问等。其价值在于能通过知识问答平台提高企业的转化率。知识问答的运营方式是企业通过注册多个马甲一问一答的形式来推广企业的品牌或产品。

（4）百科，例如百度百科、互动百科、360百科、搜狗百科、维基百科等。其价值在于能替代企业简介的功能，让潜在客户通过百科了解企业的品牌、产品、服务、团队等有效信息，对潜在消费者产生影响。百科的运营方式是搜索同行业领先的企业，复制其框架，将自己企业的内容添加进去即可。

（5）论坛。其价值在于能在短时间内将话题迅速传播出去，吸引网友的注意力，形成热点新闻。论坛的运营方式是将企业的产品包装成有趣的点进行传播，目的是吸引其他网友的互动。

（6）话题营销。其价值在于通过活跃度较高的渠道发布引起网友兴趣的话题，同时让媒体报道并不断扩大话题的传播效果。话题营销的运营方式是抓住网友关注的某个话题进行放大传播，在短时间内发酵并持续曝光。

（7）博客营销。其价值在于通过行业领袖将企业的专业信息推广出去，吸引更多粉丝关注企业的产品和品牌信息。

（8）SNS社区营销。其价值在于能通过SNS社区以点带面，将影响扩大至潜在消费者朋友圈关系的用户，以期提高消费者对产品和品牌的信任度，从而促进购买行为的发生。SNS社区营销的运营方式是站在朋友的立场上提供有价值的信息，并将产品植入进去形成传播。

(9)即时通信营销(包括腾讯 QQ、微信、新浪 UC、移动飞信等)。其价值在于能一对一地和潜在客户进行交流,并且能把客户圈在某个渠道内进行营销,在提升品牌热度的同时也能带来用户黏度。

(10)视频营销。其价值在于能全方位、多维度地表达企业的相关信息,同时通过潜在客户对视频的分享,影响到其他周边的用户。

【知识扩展】

借力话题营销 立白集团再创营销新典范

伴随《立白皂液我是歌手》第三季完美收官,由节目引发的话题也随之增多。作为节目的冠名商,立白集团完美地把立白皂液的"真天然,真浓浆"与节目所引发出来的话题巧妙结合,借力话题营销,再创营销新典范。

借力营销成为立白独创新模式

作为立白集团旗下第一洗涤品牌,立白品牌不仅是国内领先洗涤品牌,还是娱乐营销高手,不断为业界创造出一个又一个成功的营销典范。在第二季《我是歌手》节目中,通过结合立白洗衣液洗护合一的产品内涵做出衍生创意,立白集团的营销人员与节目组联合策划了"合一体",从红遍网络的"歌手合一体""爱情合一体"到"一首歌诉说你的年代爱情",立白集团营销人员都紧抓《我是歌手》的节目内容,策划了一系列互动率超高的情感营销,与观众产生强烈的共鸣,同时让"洗护合一"的品牌内涵更为深入民心。这种借力营销是立白品牌独创的一种创新娱乐营销,节目借力立白品牌,歌手借力《我是歌手》,立白品牌再借力歌手,不断地产生消费者关注的内容,加大相互之间的互动机会,真正影响到目标受众,彼此借力,双方共赢。通过节目结束后的数据调查,立白洗护高端系列在整体销量提升中的占比从原来的 9.74%左右升到了 25%以上。这不仅体现了品牌形象的一个很大提升,同时也是产品结构健康转变。立白集团的借力营销初战告捷。

借力话题营销再升级

在《我是歌手》第三季播出后,立白集团借力营销模式再升级,从主持人古巨基从"洗护新专辑"等看似语误的措辞,到"天生巨基零瑕疵"等冷笑话,成为节目直播当晚社会化媒体的热门话题后,开启借力话题营销。

就在古巨基主持中说出"看来这一次张靓颖是玩真的"后,立白我是歌手 3 官方微博马上发布"玩真的"海报。业内人士发现,这个"这一次玩真的"跟立白皂液主打"真天然,真浓浆"同出一辙,正是立白皂液今年主打的关键点。随后,很多不同的品牌也纷纷参与到#这一次玩真的#话题中,根据自己品牌或产品诉求点输出创意,成为创意圈内的狂欢节。

当期节目播完以后,"这一次玩真的"话题阅读量已达到 4.2 亿,参与话题互动人数达 9 万,微博即时热门话题排行上升至第 7 位,力压"周杰伦昆凌大婚""武媚娘传奇"等同一时期的娱乐圈热门话题。随后立白我是歌手 3 官方微博联手我是歌手官方微博分别以"这一次玩真的"作为造句活动的命题,引来数十万粉丝参与,立白集团借力话题营销取得了开门红。

借歌词话题 #玩真的#热度再次飙升

立白集团营销人员在引爆"玩真的"话题后,继续不断发掘节目中的话题热点,令其与品牌巧妙关联起来,从而形成品牌资产。

在本季的《我是歌手》中,第一位踢馆歌手李荣浩的出现,不禁让粉丝充满了联想。因为在李荣浩的《李白》歌中有一句唱到"要是能重来,我要选李(立)白"。粉丝顿时雀跃,纷纷在李荣浩微博留言，称其主动报名参加踢馆是因为跟立白集团有关。网上更不断爆出传闻，李荣浩为成功踢馆抱赞助商大腿，踢馆歌曲会选唱《李白》等传闻。根据这个话题热点，立白集团营销人员与节目组在话题上不断配合，令当期节目热门关注点聚焦在李荣浩本人身上，也让立白品牌红火了一把，网民纷纷改编《李白》歌词："要是能重来，我要选立白！"

当然，传闻终归是传闻，最终李荣浩没有踢馆成功，节目中也没有唱《李白》。但是，在随后媒体爆出一段节目花絮视频"众歌手与李荣浩合唱《立白》"后，令#这一次玩真的#话题曝光量直接上到5.2亿，参与话题人数超过25万。业内人士称，立白集团在新一季《我是歌手》开播后，所成功进行的话题营销再次为营销模式创立了新典范。

（中华网，http://www.china.com，2015年4月15日）

本章小结

1. 互联网营销渠道是商品和服务从生产者向消费者转移过程的具体通道或路径，其提供的信息传播模式是双向传播，使信息沟通更为方便畅通，具有信息发布功能、订货系统、结算系统和配送系统的功能。

2. 电子中间商是基于互联网来提供信息服务中介功能的新型中间商，一般分为目录服务商、搜索引擎服务商、虚拟商业街、互联网内容供应商、网络零售商、虚拟评估机构、网络金融机构、虚拟市场和智能代理。

3. 影响互联网营销渠道发展的因素有产品自身特性、企业自身实力、目标市场和5C因素。

4. 互联网营销渠道与传统营销渠道冲突主要表现为价格冲突、目标客户冲突和利益分配冲突，造成两者冲突的主要原因是销售目标、销售领域和理解上的不同。

5. 互联网营销渠道包括网络广告营销、邮件营销、网络公关、搜索引擎营销、搜索引擎优化和社会化媒体营销等。

思考题

1. 互联网营销渠道的产生有何意义？
2. 电子中间商与传统中间商有什么不同？
3. 如何解决互联网营销渠道和传统营销渠道间的冲突？
4. 微博营销和微信营销各有哪些优劣势？
5. 你如何看待APP营销？

案例练习

某商人从事土鸡蛋生意，所在地区为二线城市，前期经营以批发加盟为主，不做零售，并在农贸批发市场有固定店铺做批发。目前面临的经营状况是：资金紧张，地段不好，线下广告做了不少，网络广告做得不是很多，但是都没有达到比较好的效果。不过总算积累了一批固定用户，勉强可以维持店铺运转，而且辛辛苦苦积累起来的土鸡蛋收购渠道也不想放弃，现在想尝试移动互联网营销。

案例点评：

主要特征：该行业为小众行业，竞争小，但是客户群体也小众化。

主要劣势：主要市场环境干扰因素是饲料鸡蛋冒充土鸡蛋，打击人们对土鸡蛋的信心，使购买人群产生疑虑。

主要优势：该商人经营的确实是纯正的土鸡蛋，而且人们对高营养的土鸡蛋的需求在快速增长，具有购买力的人群在增加。老客户对品质过硬的土鸡蛋产品比较忠诚，容易重复购买。

请根据微信营销和 O2O 营销的方法为该项目制定营销计划。

渠道实训

实训目的	通过访问企业网站以及互联网，使学生了解互联网渠道管理的特点和工作流程以及互联网营销渠道人员必须具备的基本知识与技能，并且与传统营销渠道进行对比分析，回顾和加深前面章节的学习内容并能灵活应用
实训内容	要求学生通过互联网访问一家企业网站、企业其他网络宣传方式以及在其他网站上搜索相关信息，综合分析该企业在互联网营销渠道方面的工作任务和特点，了解该企业信息化建设程度以及对互联网的利用效果，并与传统营销渠道工作进行对比
实训要求	1. 通过互联网访问一家企业网站、企业其他网络宣传方式以及在其他网站上搜索相关信息 2. 记录该企业的信息化建设程度和互联网营销渠道管理工作状况，并与该企业的传统营销渠道工作进行对比，归纳总结 3. 与小组成员一起分析收集到的企业互联网营销渠道工作的材料，完成一份某企业互联网营销渠道管理研究的报告
实训步骤	分组→确定小组研究的企业→收集该企业互联网营销渠道资料→小组讨论→书面归纳总结讨论意见→完成分析报告

拓展学习

盘点改变世界十大创新应用

移动应用正在改变我们的沟通、旅行、学习以及做事方式，这些应用正通过软件跨越各种限制，彻底改变运输、递送、外语学习、健身等行业，并让我们与亲朋好友的联系更为紧密。

1. 微信

微信有 6 亿多用户，它是世界上最大的通信应用之一。微信成功的关键之一就是它实际上不仅仅是一个通信应用，你可以使用它做很多事情，比如打游戏、转账汇款、视频通话、打车、订餐、购买电影票、读新闻、预约医生等。对于数亿中国人来说，微信是他们早上醒来后打开的第一款应用，也是晚上睡觉前最后浏览的应用。

2. Snapchat

这款应用的日活跃用户数量超过 1 亿人，主要用户是 18～24 岁的青年人，它已经成为一种文化现象。Snapchat 只是一种应用，没有网络接口，它的最初创意是：一旦信息阅读后就会立即永久消失。Snapchat 就是即时讨论照片和表达自己的应用。但它也已经成为一款消费媒体，它的 Discover 部分提供许多出版商的内容，包括 CNN、BuzzFeed、Mashable、《People》以及《Vice》杂志等。Snapchat 的目的似乎是尽可能地挽留用户，而这种策略看起来已经发挥作用。

3. Uber

在所有新兴按需应用中，没有比 Uber 更能体现出“分享经济”的优势，它将使用智能手机应用打车变为一种主流趋势。只需按下手机按钮，你就可以打到出租车，在应用中输入你想去的目的地，然后利用储存在上面的信用卡付费。如果 Uber 的计划顺利，它最终不仅能接送乘客，还将成为我们递送包裹、杂货等任何东西的最佳助手。这款应用已经在全球 58 个国家和地区的 300 多座城市中开展业务，但只在部分城市中测试其他服务。Uber 的饮食递送服务 UberEATS 已经在洛杉矶、纽约、多伦多推出，同时在旧金山、纽约以及芝加哥推出同城快递服务 UberRUSH。

4. Shyp

Shyp 主要帮你解决麻烦的邮寄业务，具有颠覆整个航运行业的潜力。使用这款移动应用，你可以为任何想要邮寄的东西拍照，Shyp 快递员会上门取货，并将其送到最近的邮寄点，物品在这里打包并发送。Shyp 最近已经升级，允许用户名与地址绑定。为此，当人们想要邮寄物品时，只需要输入自己的名字即可。此外，他们还提供内置包裹追踪器，通过它代替你与邮局打交道。Shyp 已经证明其可提供你需要的、经验丰富的快递员。如果 Shyp 控制物品如何运输和递送，它可能改变整个行业，就像 Uber 改变运输行业一样。到目前为止，Shyp 仅在纽约、迈阿密、洛杉矶、芝加哥、旧金山等城市运营，但其每月新客户都以 20%的速度增长。

5. Slack

Slack 可能不会真的逼死电子邮件，但它正在打造新的沟通方式，即便没有电子邮件，沟通也变得更容易。如果你不知道这款应用正以怎样的速度彻底改变企业内部沟通模式的话，你可以将其想象成为现代版的团队网络聊天室。你可以在公共频道或私人团队中与同事沟通、共享文件等。这款应用面向那些员工经常需要内部沟通的大小企业，现在非常热门。其他应用和服务也可以直接与 Slack 兼容，这让其看起来就像一个“指挥中心”，能让员工各尽其责。

6. Lark

Lark 利用人工智能与人类专家相结合的方式，帮助人们减肥和保持身体健康。这款应用可以帮助你追踪个人锻炼和饮食情况，它还有短信界面，看起来好像你正与私人健身教练进行一对一沟通。Lark 的创意是让人摆脱追踪饮食和锻炼的繁复方式。只需要告诉 Lark 你吃过什么，它就能依据你制定的目标和过往饮食习惯为你提供营养指导。这款应用还可利用智能手机和智能手表上的传感器追踪你的健身情况。这款应用免费使用，同时为教练团队、病人或卫生保健供应商提供企业定制版。

7. Duolingo

Duolingo 是一个“寓教于乐”的免费语言学习平台，将学习外语的过程变成如同玩游戏一样有趣。这款应用将外语学习的过程分解成不同层次，用户可以根据自身水平进行选择。每完成一个阶段的学习，用户都可以获得点数奖励。这款服务完全免费，不需要你为学习而花钱。Duolingo 的目标是让你能流利地听讲其支持的 13 种语言之一，它甚至可在第一时间提醒你温习功课。Duolingo 已为学校推出了自己的语言测试认证。在测试期间，监考人员可通过手机摄像头和麦克风监考，这家初创企业也正为整个班级提供学习平台。如果你问人们使用 Duolingo 的主要原因，他们会告诉你：不是因为他们在上面能学到东西，而是因为其非常有趣。”

8. Google Photos

Google Photos 是用于管理和储存云端照片的最好应用，它的界面超级容易理解，还有相机不具备的功能，比如面部识别、通过简单描述查找照片的能力等。现在有1亿人在使用这款应用，理由是：对于许多智能手机用户来说，当前设备储存空间太小，而 Google Photos 可提供廉价、灵活的存储计划，让你将照片、视频储存到其服务器上。

9. Airbnb

自从有了 Airbnb，用户几乎可以在世界任何地方就近找到便宜的住宿之地。只要下载这款应用，并输入你想去的地方，你就会看到世界各地的人们出租客房或整个住宅的信息，你甚至能够找到城堡、农场甚至树屋。这款应用还有搜索过滤功能，应用内通信功能可联系房主。停留在一个地方时，用户无需再承受巨大压力寻找住所。传统旅馆非常担心 Airbnb 的强势崛起，因为 Airbnb 的房租比酒店客房便宜得多，有些人甚至将自己的房子改造得让客人有宾至如归的感觉，而非仅仅是一家旅馆。

10. Foursquare

Foursquare 堪称是“签到”服务的鼻祖，在 Yelp 等服务崛起之后，外界已经很少能听到它的声音了。但是 Foursquare 现在正经历复兴。自从其从社交网络 Foursquare 独立出来，成为独立应用 Swarm 以来，这款应用已经变得比以往更好。Foursquare 不仅可从世界各地的餐厅中获得大量反馈，而且其推送通知有助于发现无比有趣的新场所。

（新华网，http://www.xinhuanet.com，2015 年 11 月 1 日）

第五部分

渠道实务篇

第 10 章　渠道案例

10.1　微软零售店——新渠道战略

10.1.1　微软公司的历史

微软公司是由比尔·盖茨(Bill Gates)和保罗·艾伦(Paul Allen)在 1975 年创立的,主要以个人电脑(PC)的 Windows 操作系统、办公软件(Microsoft Office)和其他的软件服务产品而得名。20 世纪 80 年代,微软和 IBM 公司合作创造了与 IBM 第一台个人电脑匹配的操作系统(Operating System,OS)。在 1990 年之前,微软还一直是硬件制造商的程序语言和操作系统的主要提供商。1990 年之后,微软的重点转移到了向企业和个人用户提供操作系统上来,如今这一部分已经占微软公司销售额的很大比例:2009 年下半年,这部分业务创造的收入占总收入的 43%。2009 年之前,微软只通过百思买和 CompUSA 向顾客提供软件产品。为了实现公司的发展和多元化,微软也开拓了新产业,1996 年和美国全国广播公司(NBC)合资成立了全天候有线新闻频道 MSNBC。在 21 世纪前几年,微软公司通过推广 Xbox 第一代进入了视频游戏机的市场。

微软公司是高新技术产业中的领先企业,也是世界上最大的软件公司。公司现在关注的重点是产品创新,不仅注重提升产品的趣味性,更注重通过新产品实现"更好地服务客户与促进技术创新"。

10.1.2　变革的需求

尽管微软公司一直在操作系统市场中处于领先地位,但来自主要竞争对手苹果公司(Apple)的 Mac 操作系统在 2008~2009 年的市场份额增长了 37%,直接造成了 Windows 操作系统同期的市场份额下降(见图 10—1 和图 10—2)。因此,微软公司 2009 年的总收入和毛利润与 2008 年相比有所下降,而苹果公司 2009 年的收入和利润则有所上升。

在此之前,苹果从来没有被认为会动摇微软公司 Windows 操作系统的地位,现在这种观

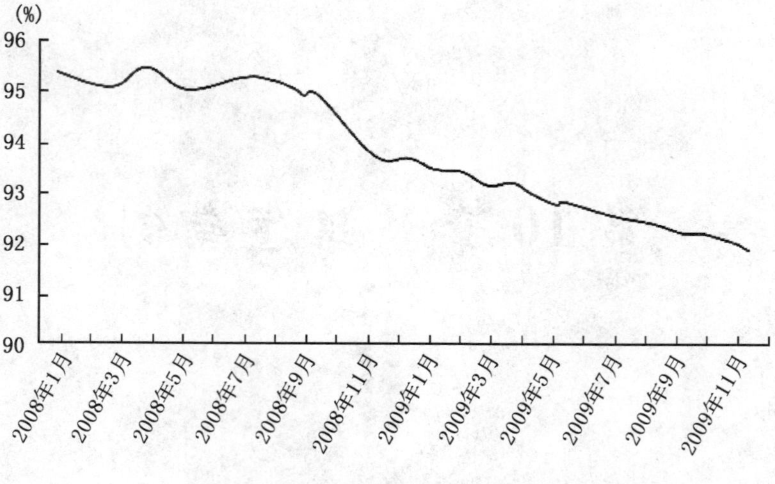

图 10—1 Windows 市场份额

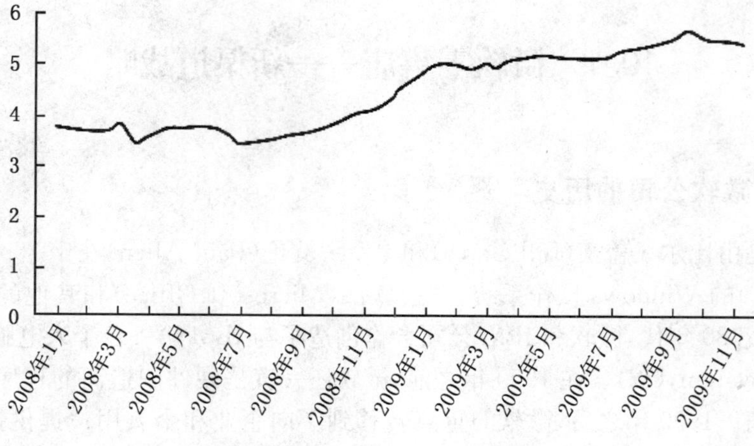

图 10—2 Mac 市场份额

点必须改变了。微软公司的管理者确信苹果公司是操作系统中的有力竞争者,此外,苹果零售店空前的巨大成功也直接导致了苹果公司市场份额的增长。事实上,2008 年苹果每平方英尺的销售额达到 4 700 美元,这是零售业有史以来的最好成绩。通过开设零售商店,苹果公司不仅为产品创造了一种销售渠道,更为顾客提供了一种难忘的商店气氛和从未有过的购物体验的服务。这些举动使得需要更高技术支持的客户转而购买苹果的 Macbook 电脑,因为微软公司在这方面做得远不如苹果公司。

为了挽救 Windows 日渐缩减的市场份额,微软公司的管理者正在寻找一种能够维持与扩大客户群的战略。微软的首席运营官(COO)凯文·特纳(Kevin Turner)说,微软正在试图建立与客户的长期关系,能够"真正传达客户的需求,并真正凸显软件的魔力与技术的价值"。微软公司的管理团队想出了一种与苹果公司类似的办法,"加深与客户的沟通,继续实现第一时间了解他们对于产品和购买方式的需求",即开设公司自有的零售店。微软相信通过这种方式,公司能够对新型的产品实现更好的控制,并将其销售给顾客。

微软公司在 2009 年 2 月雇用了沃尔玛的前总裁戴维·波特(David Porter)为微软零售店

的副总裁。波特致力于组建一支能够实现微软长期营销目标的专家团队。当谈到微软的新渠道战略时，波特这样说道："我们的客户说，他们消费这些高科技产品时，想要的是更多的选择、更高的价值和更好的服务，这些也正是我们希望通过微软零售店实现的……我们想要证明微软，这个品牌，能做的有很多。"

10.1.3　微软零售店

微软的第一和第二家零售店于 2009 年 10 月末在亚利桑那州的斯科茨代尔和加利福尼亚的米申维耶霍市开业。2010 年 7 月微软又在加州的圣迭戈市和科罗拉多州的隆特立市新开设了两家零售店。2010 年 7 月，首席运营官凯文·特纳称微软计划开设 12 家以上的零售店，因为"（微软零售店）对于我们来说是个绝好的学习手段"。微软零售店的店面有四个"区"，使顾客能够进行不同的技术体验。此外，店里特有的电脑配备了便携式播放器 Zunes、Xbox 视频游戏控制设备、耳机和宽大的显示屏，墙上还装有巨大的 LCD 显示屏列，零售店的最里面是笔记本电脑包和其他软件等产品。购买软件的客户可以在终端机上选购所需的功能，而后他们会得到一个虚拟的认证和软件光盘，这个光盘的封面和软件手册也是即时生成的。Xbox 迷们能够在店里的游戏专区享受到 94 英寸的大显示屏、专座和控制柄带来的游戏体验，同时顾客还能够在店里享受电脑的定制服务，能够自行选择 Xbox 控制设备和 Zunes 播放器，以及由微软和 Skinit 公司合作提供的"皮肤"，即电脑外观设计。微软斯科茨代尔市零售店的经理柯丽尔·席博德(Cheryl Hibbard)说："微软零售店里集中了各种顾客的选择和偏好，因此所提供的服务就是要让顾客通过技术将个性化的需求和风格表达出来，不管是内在的还是外在的"。

微软公司致力于在零售店中提供与众不同的销售服务，在这样一个友好的店面环境中，顾客能够得到关于产品功能和特性的信息，从而加深了对微软产品的了解。

10.1.4　接下来做什么

微软在操作系统的市场中领先了很长时间，但它不太了解零售。微软自有零售店的开设，是对苹果渠道战略的对抗，也是这个操作系统巨头的一次大胆尝试。微软能做到吗？也许有人会说，苹果在企业发展过程中的创新是苹果的零售战略成功实施的关键，而这正是微软所缺乏的。微软公司众多管理者也意识到了公司自有零售店开设所面临的重重挑战，但是他们仍决定通过仔细规划、发展和提升公司的零售战略，为现有的和将来的客户提供更高层面的顾客和技术支持。正如波特所说："零售是一项有趣的商业活动，它永远也不会结束，总是有新的商品在等着你，也总是有更好的方法，我们总是能不断提升我们的服务。因此，让我们变得更好吧！这也是微软零售所追求的。微软得明天将比今天更出色，它的每一天都在进步。"

微软的管理者对于微软零售的未来保持乐观的期待，然而它还是因为与苹果零售店太过相似而被人指责抄袭，甚至有传闻说，微软聘用了苹果的员工和店铺经理就像"洗劫"了苹果零售店。简而言之，微软被指控"模仿"了苹果的渠道战略，而不是设计自己的战略。此外，微软希望通过开设自有的零售店，能够提升公司的渠道战略，不用再依赖于百思买和 CompUSA 将产品销售给顾客。问题的关键在于：微软在保持与原有的独立零售商的关系的同时如何实现渠道战略的提升？

（伯特·罗森布洛姆著，宋华译：《营销渠道：管理的视野》，中国人民大学出版社 2014 年版）

思考题

1. 为什么微软公司会开设自有的零售店,从而改变了它原有的渠道战略?

2. 微软零售店的开设和运营能够带给其他顾客需要的服务和购物体验吗?为什么?

3. 通过开设自有的零售店,微软只是为了模仿苹果,从而实现"一样好"吗?你认为微软这一举动背后还有其他原因吗?

10.2 克拉克花店——渠道会非中间化吗

10.2.1 花卉的营销渠道

20多年前,人们不把本地杂货店、折扣店以及量贩店看作主要的花卉销售商。花卉不是日用品,消费者主要从当地的花店买花。全国性的通信服务提供商,如国际送花会(FTD),通过为全球范围内的花卉购买及配送提供便利性服务,也在花卉零售组织中发挥着重要作用。当时信用卡还不像如今这样普遍,因此,人们让花卉种植户安排花卉的异地配送。绝大多数消费者认为花卉适用于特殊的场合。

今天,量贩零售与花卉的每日促销使消费者从现金购买和自运的方式中解脱出来。此外,消费者可以通过互联网直接联系各地花店,并通过花店的网站发订单。消费者也可以访问网络服务站点,甚至是一个能够在当地、全国乃至全球配送花卉的种植户。

10.2.2 克拉克花店的历史

克拉克花店位于纽约州北部的乡村,是一家有着11年历史的鲜花零售商。花店的创始人和所有者是鲍勃·克拉克与迪伊·克拉克,寄托了他们把花卉送入千家万户的梦想。克拉克家族自1976年即从事花卉业,公司从家庭作坊成长为拥有3家提供全面的服务的花店、1家花园中心和2家零售店的地区性盆栽花种植商和批发商。克拉克花店对花店选择现购自运方式的消费者提供新鲜、实惠的花卉。玫瑰最畅销,"情人节"则是花店最重要的节日。通过冷藏可以最大限度地保持花的新鲜,花卉可以销往欧洲,插在花筒和花瓶里,摆放于店铺中。

历史上第一次,鲍勃和迪伊主要从纽约州奥尔巴尼、佛蒙特州伯灵顿以及加拿大的魁北克省等地的地区性批发商那里采购。富于创新精神的他们还从蒙特利尔的花卉拍卖中搜寻花种,通过网上代理和买花人网站的服务直接寻找种植户或网上购货。

花店的花来自世界各地:郁金香、百合、鸢尾来自荷兰的球茎花;哥伦比亚和厄瓜多尔的玫瑰;夏威夷的热带花,如火烛、海里康;南非的普罗梯亚麻;加拿大的盆栽。由于花卉市场的定价是基于交易量的,克拉克花店不按束而以盒为单位大量购进其主营花卉,这使得克拉克花店在价格上可以同量贩店及杂货连锁店竞争。采购价格对花卉价格极其重要,要按"每根花茎的成本"来一分一厘地节省,而更高效的配送方式会节约成本,对利润有重要影响。

10.2.3 行业情况

电子商务和直接向花卉种植户或网上供应商买花,以及地区性批发商可能会面临的"去中间化",都使得像克拉克花店这样的花卉零售商处于令人羡慕的地位。传统分销渠道正面临着以技术为导向的直接供货商的竞争,后者变革了传统的采购方式。

20年前,鲜花用批发商的卡车和灰狗巴士配送到纽约州北部的乡村,在此之前是用火车。典型的方法,要么花卉是美国生产,以陆路方式运给地区性的批发商;要么是通过代理进口花卉,先运到迈阿密、佛罗里达等接收港,然后再用卡车配送给地区性批发商。州际运输商用冷藏卡车运花,地区性分销商紧接着用小货车和厢式货车将花卉送到当地零售店。花卉行业传统的分销渠道是从花卉种植商到批发商,再到零售商,之后到最终消费者(见图10—3)。虽然批发商的卡车仍在运花卉产品,但是联邦快递和包裹服务公司已经以强大的竞争者身份开始向零售商和消费者配送花卉。

尽管沟通方式和运输方式已经改变,花店依然分销绝大多数花卉产品;非传统型的零售商如超市、折扣店和摊贩只分销剩余的部分。消费者购买的鲜花中有约一半是为了像"情人节"这样的特殊日子而买的。21世纪的分销渠道是不断演化的。零售商和消费者能够通过电话、代理、网络或其他转售商直接从种植户那里购买花卉,这些选择在以前是没有的。

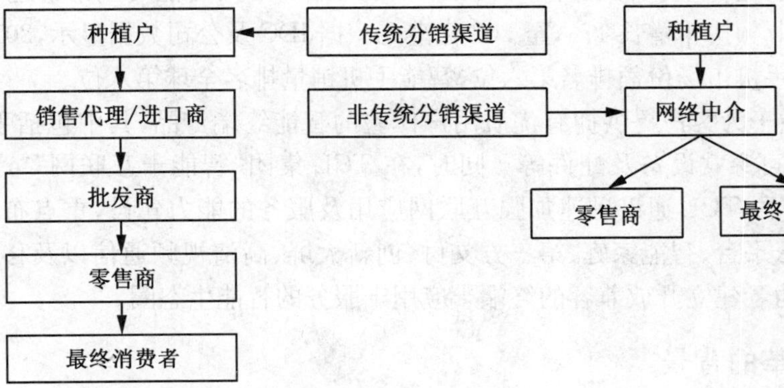

图10—3 花卉行业分销示意图

10.2.4 批发商的角色

一些零售商喜欢亲自挑选所要经销的花卉。如果这不容易实现,他们就必须确信批发商有能力选择产品,因此一个值得信任的批发商会成为好帮手。一些小型花卉企业,如克拉克花店,对某些品类的花卉经销不了太多,但消费者对产品品种的要求是很广的,因此花店需要确保自已能及时可靠地调出库存,以维持生计。传统批发商能够为花店提供供货保证,因而再次成为有价值的资源。

鲜花一般以包装盒而不是以花束运给批发。传统的批发商能对产品进行再包装、分拣和摆放。小零售商很难从品种多样、数量多少和易腐烂这三个因素中权衡出一个合理的选择,尤其是在需求高峰期,为了保证订货提前期,就很难储存所需的存货。

(伯特·罗森布洛姆著,宋华译:《营销渠道:管理的视野》,中国人民大学出版社2014年版)

思考题

1. 是什么因素决定了传统批发商在花卉产品营销渠道中所扮演的角色?

2. 这些因素在21世纪有明显的改变吗?

3. 你认为传统批发商必然或应从花卉营销渠道中去中间化吗?请解释批发商去中间化的根本原因或为什么需要批发商继续留在渠道中。

10.3 TCL手机的渠道变革

10.3.1 关于TCL通信

全球领先的移动终端产品和互联网服务提供商TCL通讯科技控股有限公司(简称TCL通讯)成立于1999年3月,是TCL集团旗下核心产业之一。TCL通讯总部位于中国深圳,其产品和服务销往全球170多个国家和地区,全球雇员达15 000多名。2015年前三季度TCL通讯手机及其他产品总销量同比上升14%,至5 540万台,其中:智能终端销量达3 110万台,同比上升20%;营业额按年增长1%,至203亿港元。据IDC及公司数据显示,2015年第二季度,TCL通讯全球手机市场份额排名第六位,智能手机销量排名全球第八位。

TCL通讯专注于为客户提供拥有优质用户体验的智能终端产品,其中包括手机、平板电脑、移动互联设备、可穿戴设备及配件等。同时,在TCL集团"智能+互联网""产品+服务""双+"战略的指导下,TCL通讯迅速加强互联网应用及服务的能力建设,重点布局移动互联网应用服务、智能云平台、智能家庭、第三方支付、创新大屏、高清视频通信以及移动医疗等新兴互联网业务,致力于建立开放兼容的终端+应用+服务的智能生态圈。

10.3.2 变革的背景

2005年,TCL与苏宁电器签署了一份手机直供销售合同,这标志着TCL抛弃了曾创造辉煌业绩的"精细化代理模式",转而采用彩电销售模式,剔除当地的省包(省级代理商)、地包(市级地方经销商),由TCL移动当地分支机构进行"自营"和"直供"。

根据2005年2月TCL集团董事会发布的销量公告,TCL的手机销量为200 298台,不到2004年同期的1/4。重压之下,TCL移动通信技术有限公司总经理袁信成开始寄希望于成功的彩电营销模式。

多年来,TCL的手机销售一直采用"精细化代理模式"的渠道策略。在当时市场迅速成长以及相对供不应求的情况下,这种模式帮助TCL成为国内手机业的领头羊。但是,随着市场的成熟,这种代理模式的弊端就逐渐显露出来:代理商渠道层层叠叠,从区域上分,有国代、省代再到地包;从机型上分,代理商各自错位、各自为政。

而直供模式是把省包和地包等中间环节砍掉,由公司的分属机构进行自营,自己承担物流,经销商零售终端承担资金流直接向公司本部转账,经营部直接发货到零售店。这和彩电销售的模式一样。

这种销售模式可以使TCL迅速应对市场的变化,准确预测市场的整体需求;避免过长、过深的渠道造成手机产品大量积压,从而缩短资金回笼的周期。

但是,全盘复制彩电业的模式在TCL移动原班经营团队内部引起争议。反对者认为,彩电大都直通大卖场,而手机的零售终端更多、更复杂,其销售模式也应更加多元化;而且,彩电销售强调的是专业送货,而手机更灵活多变。

TCL 移动也为这次渠道变革进行了人事调整。主管营销的副总经理黄万全、甄龙等都有彩电业的经历。人事调整将职位与责权细化分流，加入了更多的彩电元素，以人的更替来实施一种彩电的营销思维。利润压力已经无法让 TCL 保持良好的心态去做手机的研发和生产，也许还是营销的变革能够刺激销售。直供模式可能是未来手机销售的一个趋势，但是经营思路要符合大势，业务模式却不能简单等同。

10.3.3　行业人士建议

产品质量、客户需求、竞争环境以及销售模式等都将影响销售业绩。TCL 手机销量的持续走低，并不是由单一的某个因素引起的，而是受到了一系列因素的综合影响。变革销售渠道，可以使得 TCL 移动和客户的沟通更加顺畅，更了解客户需求，但 TCL 移动并不能就此止步，应该针对了解到的市场需求的变化，加大对产品研发的投入，同时做好售后服务工作。

(1)渠道变革是趋势。销售渠道扁平化是大势所趋，TCL 移动应采取双渠道甚至多渠道的销售模式，针对不同的目标市场，采取不同的销售模式。例如，“大型零售商＋传统地县级分销商＋运营商渠道”这样的渠道模式方案。

(2)完善渠道管理。要保证销售渠道畅通，必须加强对终端销售商的管理和培训。TCL 要加强分支机构销售点的管理和支持能力，同时加强对促销员的培训，要建立分支机构对销售商的支持，提供适当的销售培训甚至是解决方案来帮助他们提高销量，同时通过激励措施，提高终端的忠诚度。

(3)控制渠道成本。影响渠道模式选择的一个重要因素是渠道成本。TCL 可以在国内找一家渠道商进行紧密合作，依托渠道商分销，稳定一定的市场份额，同时也控制了分支机构人员增长的成本。

(4)节省成本就是增加利润。TCL 自己承担物流可能会增加成本，TCL 是否需要建立一个独立物流体系还是借助其他专业规模渠道商满足运营商的需求是值得分析的。因为，从长期来看，专业渠道商(多品牌)的成本一定低于 TCL 的自有物流系统。

(5)产品研发是关键。销售渠道的变革只能治标，而产品研发才是 TCL 手机的治本之策。没有过硬的质量，没有新颖、独特的产品，仅仅靠渠道的变革，TCL 手机并不能实现真正的复苏。

(6)售后服务是保障。与国外知名手机品牌相比较，国产手机的一个软肋是产品质量不够好。当质量达不到消费者的期望时，做好售后服务工作就是提升顾客品牌忠诚度的良策了。

TCL 可以在顾客流量大的网点，定期开展免费保养业务，比如为消费者清洁手机。通过客户服务，把消费者的品牌忠诚度维持在一个高的水平。

(本文由 Cindy Bin 整理，更多案例分析和网上讨论请登录世界经理人网站，www.cec.globalsources.com)

思考题

1. 您认为 TCL 彩电销售的经验能否成功移植到手机业务上？

2. TCL 应该怎么做，才能使它的手机销售渠道更有效，从而有助于提高其在手机市场的占有率？

10.4 五粮液公司的渠道战略

10.4.1 五粮液公司介绍

五粮液集团有限公司(简称五粮液公司)是五粮液品牌的拥有者,是著名浓香型白酒五粮液的生产公司。集团的前身是20世纪50年代初8家古传酿酒作坊联合组建而成的“中国专卖四川省宜宾酒厂”,1959年正式命名为“宜宾五粮液酒厂”,1998年改制为“四川省宜宾五粮液集团有限公司”。其最大股东是宜宾市国资委。集团公司始终坚持“以质量求生存,谋发展”的理念,视诚信和产品质量为企业生命,不断强化产品质量监督管理,公司产品得到了市场及消费者的广泛认可。大力推进品牌建设,2012年,五粮液品牌价值达659.19亿元,连续18年稳居食品行业第一。五粮液公司多年来坚持“发展才是硬道理”,努力开拓创新,坚持“酒业为主、多元发展”战略,不仅在酿酒主业上发展迅猛,在其他行业也取得了显著的成果,集团旗下业务众多。

10.4.2 五粮液公司渠道策略

在总的渠道策略方面,五粮液公司之前的营销渠道模式是“总经销商模式”,销售模式为四级:即从总公司到省级平台商,之后到运营商,再到终端。在销售终端方面,中高端白酒渠道运作常常采取三盘互动营销模式,即“名烟名酒店+高档餐饮+团购”的运作模式。此外,大型的KA(Key Accouut)渠道地位也不可小视。目前,五粮液团购销量占比约为20%~30%。这个比例的团购销量足以对集团公司的业绩产生较大影响,而在意料之中的是,团购的客户主要是政府、军队等大客户。

五粮液公司是中国白酒行业商业模式集大成者,其活跃的商业模式创新给整个中国白酒带来了前所未有发展动力。五粮液公司通过专卖店渠道构建封闭性零售终端,而遍布全国多层次经销商系统助推了五粮液专卖店建设步伐,具体有以下几种模式:

(1)全球总代模式。为适应五粮液全球化需要,公司选择了拥有海外渠道与全球化理念经销商授权全球总代,给五粮液海外市场拓展带来了活力,也为五粮液全球市场导入了新生力量。目前,五粮液全球总代主要有银基商贸、华泽集团等。而来自韩国的乐天集团则是五粮液第一家韩国总代商贸集团。

(2)大区域与省级总代模式。五粮液从20世纪90年代开始就着力培养自己商业生力军,其中大区域与省级总代模式是基础性商业模式,如百川商贸、翠屏酒业、粤强实业、懿丰商贸等都是与五粮液征战市场近20年的超级经销商,五粮液在成就自己的同时,也成就了中国白酒市场超级经销商群体。

(3)全国性总代模式。五粮液十分重视商业力量在企业建设中的积极作用,通过对经销商结构性分层,构建起庞大的面向全国市场总代理模式经销商。如前述银基商贸与华泽集团,既是全球总代,也是某些五粮液细分品牌全国总代,而五粮液品牌资源也奠定了这些企业构建网络渠道核心动力资产,对推动这些商贸企业自身发展起到了基础性作用。浙江商源、北京市糖、金榜题名等核心商贸企业也获得了五粮液部分产品全国性总代,五粮液品牌资源同样给这些商贸企业发展注入了新鲜活力。

(4)地级市场代理模式。随着白酒市场竞争进入结构调整阶段，五粮液开始构建自己的地级市场代理商群体。这些群体对于五粮液未来发展具有更加基础性的作用。目前，五粮液经销商群体构成正在发生深刻变革，如安徽天韵商贸、陕西高川商贸等区域性代理商成为五粮液公司的新宠，对于推动五粮液渠道扁平化将起到重要作用。

(5)针对特通渠道代理模式。五粮液秉承商者无疆战略思想，针对特通渠道构建起密不透风的渠道网络。实际上，五粮液可能是最早意识到团购商业价值的一线名酒企业。为满足团购商等特殊渠道经销商经营的需要，公司开发了大量面向特通渠道的产品。这些特通渠道代理就好像沙子一样渗透到各个领域，使得五粮液获得了高速成长。

(6)面向终端市场零售商业模式。五粮液是国内最早构建专卖连锁体系的一线名酒品牌，其专卖店高峰时期达到上千家。这些密布全国的专卖店对于树立品牌形象、实现顺价销售起到了决定性作用。

10.4.3　五粮液公司渠道战略

在此之前，五粮液销售渠道僵化，五粮液营销体制并未得到很大改观，长期依赖政务消费渠道，如今需要企业转向商品消费渠道的深耕。如此深刻的变化，需要五粮液对渠道策略进行大幅改动。因此，五粮液公司已经对渠道实施了“手术”，业内普遍称为“渠道下沉”，即削减渠道的层级，进行“扁平化”，减少经销商环节，使得自身和消费者都能获得更多的利益。

在竞争极为激烈的 21 世纪，移动互联网正在深刻地改变信息传播方式，也在改变宣传和营销方式。五粮液公司需要重视相关产业的发展，努力加强人才储备，使自身能够适应新时代的变革。

思考题

1. 为什么说五粮液公司是中国白酒行业商业模式的集大成者，它的模式给同行企业什么启示？
2. 谈谈你对五粮液“名烟名酒店＋高档餐饮＋团购”的运作模式的看法。
3. 在竞争极为激烈的 21 世纪，移动互联网正在深刻地改变信息传播方式，也在改变宣传和营销方式。五粮液集团应该如何改变渠道战略以适应市场的需要？

10.5　美的渠道变革之轨迹

对于众多的家电代理商来讲，美的日电集团(简称美的)这几年对渠道的变革，一波一波余震不断，而 2011 年的余震则更为猛烈。2011 年 5 月，美的启动新一轮的渠道变革，此次变革，对于很多代理商来讲，触动的是自己手中的市场经营决策权，以前所承担的市场经营决策职能将被削弱，区域市场操作的权限被区域销售公司牢牢掌控。

回顾美的渠道变革所走过的历程，可以看出它追逐着美的制冷集团渠道变革的步伐，在践行空调渠道改革的成功模式。

美的渠道变革始于家用空调产品。2005 年美的开始空调营销改革试水，由广东美的制冷设备有限公司与代理商合作成立了三家控股销售合资公司，即：广东美的制冷设备有限公司与中山顺昌投资发展有限公司合资组建中山美的空调销售有限公司，成为美的家用、商用空调在中山等区域唯一的经销平台；浙江省五金交电化工有限公司合资组建浙江美的空调销售有限公司，负责美的空调在杭州、嘉兴、湖州三个地区的销售；上海锦辉工业供销公司合资成立上海美的空调销售有限公司。这三家合资销售公司美的占51%股份，参股代理商占49%股份。

2006年，美的扩大合资公司的范围，开始推动各地营销中心实体化运作，在北京、上海、杭州、重庆、长沙、芜湖等地试点与经销商合资成立8家空调销售公司，在有效监控之下，销售业务权充分下放至试点销售公司。销售业务权下放，使企业可以快速响应市场需求，使美的空调在国内市场份额不断提升。

2007年，美的家用空调事业部进一步推动各地分公司与代理商成立合资公司。如美的空调浙江销售分公司与代理商杭州百诚集团共同成立了美的浙江杭嘉湖销售公司，负责杭州、嘉兴、湖州三个地区的销售代理。公司组建后，大部分原来分公司的职业经理人变身为合资公司的股东，原二级代理商得以打掉中间环节，开始直接与厂家合作。

2008年上半年，美的渠道改制基本完成，当时在全国建立起58家营销分公司。此时的营销分公司已经逐步退出，由美的空调经销商与美的分公司管理团队合资成立。美的制冷集团不投资，也不占股，合资销售分公司与总部完全变成市场关系。

2009年，美的进一步推动营销模式变革，继对各地销售公司实体化变革后，对总部资源进一步整合。制冷家电集团以家用空调国内事业部营销公司为平台，整合制冷集团市场部国内市场及冰箱事业部国内营销等非业务管理职能，成立中国营销总部，负责空调和冰箱市场销售，实现统一管理内销市场。各区域市场冰箱业务统管机构也并至当地美的空调销售公司，搭建起统一的销售平台。原美的空调销售公司也更名为美的制冷家电销售公司。

至此，美的实现了销售平台下移，总部的权限下放到分公司，原有分公司的职责转移到合资公司，由"总公司—分公司—代理商—经销商"变为"总公司—合资公司—经销商"，缩减了环节，流程更短，市场反应更快。而美的也逐步退出了合资销售公司，如2009年注销中山市美的空调销售有限公司，出售控股子公司成都市美的空调销售有限公司、云南美的空调销售有限公司、汕头市美的空调销售有限公司等，完全实现了销售渠道社会化。

美的2007年底在河南进行了与代理商成立合资公司的试点工作。2008年美的扩大试点区域，全国各地的分公司开始选定当地的代理商，成立代理商控股、美的参股的合资销售公司，由美的派遣总经理负责市场的经营。

2009年，美的全面推行渠道变革，由于美的产品线长，每个品类都有自己的一套代理商体系，各体系也即产生了各自的营销公司，出现组建的销售公司过多，管理难度非常高，致使各股份公司之间存在着资源浪费现象。

2010年，美的对旗下五大事业部的国内销售本部职能重新进行整合，将原生活电器、微波电器、环境电器、整体厨卫、精品电器、小家电销售公司下设各驻外营销机构调整至中国营销总部，成立日用家电集团中国营销总部，在全国下设60个分部，成立以美的为大平台的销售公司，成为美的所有日电产品在当地的总代理商。调整后，原各事业部分部与代理商成立的销售公司的股本还给原股东，代理商可以重新参股至新的销售公司或者退出。

2011年5月，美的再次推进渠道变革，对下设各分部进行调整，最新设立63个分公司。集团统一搭建营销平台，各销售公司作为一个具有管理和经营双重职能的平台，进一步强化销售公司总代理商的职能，代理商营销业务的决策权由区域销售公司承担，代理商的地盘被缩小。美的分公司依然是独立法人，代理商可以入股，由美的派出总经理。美的渠道变革与空调具体操作方式上有一些差异，即美的强调营销渠道的社会化。由于小家电产品的特殊性，在改制上没办法像空调改制那样一步到位地改制成与自身没有产权关系的社会化渠道。美的的渠道改制，采用了先合资化再社会化。因此，目前合资分公司还是以美的为主要股东，代理商可以入股参与进来，也可以选择不参股至销售公司，只是作为美的分公司的经销商客户。合资公司也会引进社会股东，即使以前没有做过美的产品，只要愿意投资入股也可以。但投资者只能是股东，具体的业务操作只能由美的分公司负责。美的在经历这几次渠道变革以后，2011 年，美的原来的省级代理、市级代理和县城经销商，全部变成与美的各地分部对接，甚至一些发达的乡镇经销商，都由美的分公司直接操控。其变化：2011 年 5 月以前，美的各地的销售公司把货卖给代理商，代理商可以再寻找其他县区的经销商，由经销商开专卖店或由经销商负责与所在区域的零售商合作。但 2011 年 5 月以后，代理商的业务区域被进一步缩小至某个区域，通过品类增加，使区域市场做深、做精。原来代理商公司开发的县级市场经销商客户，则要交由美的分部洽谈合作，如果代理商不愿意丢掉这个区域，那么就要自己再去成立独立的销售公司成为县级经销商。变革之后，对原来代理商因承担分销的职能而形成的库存以及业务团队美的分部都可以接收。

2011 年，美的的渠道变革由上至下全面展开，各地的分公司完全成为美的在区域市场中唯一的代理商，与营销总部完全变成贸易关系。总部操作的规范化管理，具体到各地分公司和谁做生意、和哪个代理商合作、怎么做专卖店等，均由分公司直接负责并自负盈亏。

美的渠道变革依然在进行当中，变革会让企业离市场更近，市场反应速度更快，对终端的掌控更强。但是步子迈得过快，从市场的反馈来看，确实造成渠道的动荡；而美的唯一不变的就是变。

思考题

1. 美的渠道变革是如何追逐美的制冷集团渠道变革步伐的，它践行了哪些空调渠道改革的成功模式？

2. 互联网时代，美的渠道变革依然在进行，它是否正在经历着渠道的动荡？对此，你有哪些好的设想？

参考文献

伯特·罗森布罗姆．营销渠道管理[M]．北京:机械工业出版社,2003.

杨明刚．市场营销策划[M]．北京:高等教育出版社,2011.

李先国．分销渠道管理[M]．北京:清华大学出版社,2007.

宿春礼．营销渠道管理方法[M]．北京:机械工业出版社,2004.

高哲鹏,田光峰,聂亚娟．渠道管理实操细节[M]．广州:广东经济出版社,2006.

张广玲．分销渠道管理[M]．武汉:武汉大学出版社,2005.

胡介埙．分销渠道管理(第三版)[M]．大连:东北财经大学出版社,2015.

吴健安．市场营销学(第三版)[M]．北京:高等教育出版社,2007.

郭国庆．市场营销学[M]．北京:中国人民大学出版社,2008.

梁文玲．市场营销学[M]．北京:中国人民大学出版社,2014

秦陇一．市场营销学[M]．北京:清华大学出版社,2014

孟韬．营销策划方法、技巧与方案(第二版)[M]．北京:机械工业出版社,2013

弗朗西斯·布拉辛顿,斯蒂芬·佩蒂特．营销学[M]．北京:中国市场出版社,2008.

袁成升,成颖．市场营销学理论、案例与实训[M]．北京:北京大学出版社,2012.

代秀辉．西藏5100水销售模式待破局,分身做格桑泉被指添乱[J]．法治周末,2015－9－23.

吴勇毅．全渠道的春天[J]．销售与市场,2015－6.

孟祥茹．现代物流管理[M]．北京:人民交通出版社,2010.

黄辉,林略．物流学导论[M]．重庆:重庆大学出版社,2008.

蔡改成．仓库与库存管理实务[M]．武汉:武汉理工大学出版社,2007.

潘迎宪．物流仓储管理[M]．成都:四川大学出版社,2006.

马克态．成功的分销渠道管理[M]．北京:中国国际广播出版社,2003.

居长志,郭湘如．分销渠道设计与管理[M]．北京:中国经济出版社,2008.

李飞．营销渠道:设计与管理[M]．北京:清华大学出版社,2003.

杨春富．营销渠道管理[M]．南京:东南大学出版社,2006.

王方华,奚俊芳．营销渠道[M]．上海:上海交通大学出版社,2005

张闯．营销渠道管理[M]．大连:东北财经大学出版社,2012.

史达．网络营销[M]．上海:上海交通大学出版社,2010:123－135.

中国互联网络信息中心．第36次中国互联网络发展状况统计报告[R]．2015－7－23.

袁政,李思颖．移动APP在企业营销传播中的应用——以“星巴克中国”APP为例[J].青年记者,2015(6):81－82.

王鑫．电商环境下营销渠道与传统营销渠道冲突研究——以化妆品企业为例[D]．北京:首都经济贸易大学,2014.

邓美秋．电子商务模式下的网络营销渠道研究[J]．中国商贸，2012(3)：134－135.

武婉莹．互联网时代商品销售渠道浅析——以微信营销为例[J]．经营管理者，2015(1)：294－295.

李荀．网络营销新平台：SNS营销[J]．中国市场，2014(26)：10－11.

徐可塑．移动APP营销策略探析[J]．现代营销(学苑版)，2015(4)：61.

史达.网络营销[M].上海：上海交通大学出版社，2010：123－135.

中国互联网络信息中心.第36次中国互联网络发展状况统计报告[R].2015－7－23.

袁政，李思颖. 移动APP在企业营销传播中的应用——以"星巴克中国"APP为例[J]. 青年记者，2015(6)：81－82.

王鑫. 电商环境下营销渠道与传统营销渠道冲突研究——以化妆品企业为例[D]. 北京：首都经济贸易大学，2014.

邓美秋. 电子商务模式下的网络营销渠道研究[J]. 中国商贸，2012(3)：134－135.

武婉莹. 互联网时代商品销售渠道浅析——以微信营销为例[J]. 经营管理者，2015(1)：294－295.

李荀. 网络营销新平台：SNS营销[J]. 中国市场，2014(26)：10－11.

徐可塑. 移动APP营销策略探析[J]. 现代营销(学苑版)，2015(4)：61.